考古与文物漫谈

黄秀纯 著

图书在版编目（CIP）数据

考古与文物漫谈 / 黄秀纯著. -- 北京：北京联合出版公司，2018.12

ISBN 978-7-5596-2833-6

Ⅰ.①考… Ⅱ.①黄… Ⅲ.①文物—考古—中国—普及读物 Ⅳ.① K87-49

中国版本图书馆 CIP 数据核字 (2018) 第 278678 号

考古与文物漫谈

责任编辑：章懿
出版发行：北京联合出版有限责任公司 / 北京联合天畅发行公司
社　　址：北京市西城区德外大街 83 号楼 9 层
邮　　编：100088
电　　话：（010）64256863
印　　刷：北京富诚彩色印刷有限公司
开　　本：787mm×1092mm　1/16
字　　数：373 千字
印　　张：25
版　　次：2018 年 12 月第 1 版
印　　次：2018 年 12 月第 1 次印刷
ISBN 978-7-5596-2833-6
定　　价：68.00 元

文献分社出品

未经许可，不得以任何方式复制或抄袭本书部分或全部内容
版权所有，侵权必究

目 录

树丰碑于青史　发潜德之幽光 / 1

序言 / 1

第一篇　考古

少年时代访古探秘

一、家住南城海柏胡同 / 3

二、海柏胡同8号院奇人奇事 / 10

三、回忆老天桥往事 / 18

四、琉璃厂的变迁与厂甸庙会 / 28

五、家住南城——陶然亭往事 / 37

六、北京的一环路在什么地方 / 43

七、漫谈历史上真实的唐僧——用脚走出来的丝绸之路 / 46

文物纪事

一、入行学习文物鉴定 / 52

二、漫谈中国古玩行业起源及发展 / 54

三、庆云堂 / 70

四、收购文物趣谈 / 74

五、陈清华藏书回归见闻录 / 77

六、成都、重庆之行 / 86

七、巧妙征购《汉刘熊碑》 / 90

八、中国古文字发展简述 / 96

九、中国书圣王羲之与《兰亭序》 / 103

十、《三希堂法帖》鉴赏 / 106

十一、我所知道的田家英 / 110

考古往事

一、北京市古书文物清理小组成立始末 / 116

二、踏进考古大门 / 122

三、整理定陵出土金银器及捶拓长陵功德碑 / 150

四、顺义县大营村西晋墓的发掘 / 161

五、辽韩佚墓中发现珍贵瓷器 /163
六、琉璃河西周燕国墓地发掘纪实 /168
七、北京龙泉务窑发掘纪实 /183
八、朝外高碑店发现荣禄墓 /191

发掘金陵趣谈
一、金陵沿革 /194
二、调查金陵 /201
三、考察十帝陵 /205
四、考古发掘 /208

尊敬的师长
一、追忆我考古人生重要的引路人——宿白先生 /216
二、怀念徐苹芳先生 /221
三、我与于杰先生 /224
四、赵其昌心系定陵 /227

意大利考察记
一、圣彼得大教堂 /231
二、梵蒂冈城 /236
三、庞贝古城遗址 /243

第二篇 文物漫谈

漫谈文房四宝
一、纸 /252
二、墨 /253
三、笔 /260
四、砚 /262

印的由来及发展过程
一、印的名称起源 /266
二、印的发展过程及其流派概况 /267

三、印泥的制作与鉴定 / 269

古瓷窑遗址调查

一、河南省古瓷窑址调查记略 / 273

二、湖南长沙窑、江西景德镇湖田窑 / 282

三、调查吉州窑 / 288

四、龙泉窑调查记略 / 292

中国古代陶瓷发展简述

一、绪论 / 300

二、关于瓷器起源的讨论 / 303

三、中国陶瓷发展概况 / 306

宋代五大名窑

一、宋代瓷业的昌盛 / 321

二、五大名窑的兴起 / 323

第三篇 说拓碑

收藏与鉴赏

一、收藏 / 331

二、鉴赏 / 333

三、文物市场 / 336

说拓碑

一、石刻发展种类 / 342

二、传拓起源 / 354

三、拓片的种类及方法 / 356

四、拓印材料和工具制作 / 360

五、传拓程序 / 364

六、各种器物拓法 / 368

考古著作目录

一、专著及报告 / 377

二、论文 / 379

三、简报 / 381

后记 / 383

树丰碑于青史
发潜德之幽光

中华民族历史悠久，文化灿烂；

华夏文明源远流长，一脉相承。

在几千年的中华民族发展进程中，我们的祖先创造了无数人类文明的杰作。这些人类文明杰作既包括如繁星般点缀在华夏大地上的那些宏伟壮丽的古建筑，也包括曾深藏于皇宫大内和豪宅深院的那些小巧玲珑的国粹精品、书画文玩。它们历经沧桑、几经浩劫留传至今，弥足珍贵，使人需仰视而得见。它们是我们民族兴衰荣辱的实物见证，既记载了我们祖先的光荣与梦想，也烙印了我们民族的屈辱与迷茫。保护、传承这些历史文物，普及文物知识、历史知识，是当今文物工作者的职责和历史使命。

现在，当一般观众走进博物馆中观赏那些陈列于高大展柜内的古代文物时，当普通游客跋山涉水不远万里来到那些古建筑面前时，常常是惊叹、敬畏之情多于亲近、喜爱之情。但是，一般文物书籍和讲解，大多是向人们介绍文物的历史、科学和艺术价值；而隐藏在这些文物背后的故事，这些文物历经千百年留传至今所经历的艰难险阻、沧海沉浮，是大多数观众和游客参观时不能了解的。今天，我们编写这本书，就是想为读者撩开罩在文物表面的神秘面纱，讲述它们背后的那些曲折的故事，让读者走近文物、亲近文物。让读者走进文物所产生的那个时代中，走进与这些文物息息相关的那些人的曲折人生中，与文物一起重温发生在它们身上的善恶美丑、悲欢离合，以此来呼唤人们更加热爱我们祖国灿烂的文化，更加珍爱祖先留给我们的这些宝贵的文化遗产。

舒小峰

序言

在《考古与文物漫谈》一书即将付梓之际，作者黄秀纯先生嘱我为此书作序。我年事已高又有眼疾，实不敢应允。此书不同于"考古发掘报告"是单纯的学术研究，这篇《序言》必须全面考虑，综合各方面的成果，意义非凡，所以考虑再三还是高兴地答应了。

我与黄秀纯先生自1968年北京市文物管理处成立的时候就在一起共事了。那个时候我在首都博物馆筹备处，黄先生在考古队。但是真正了解黄先生是从20世纪80年代中期，我从首都博物馆调进北京市文物研究所开始，屈指一算至今也有三十余年了。

黄秀纯先生有很多长处。他为人热情诚恳，勤而善悟，敏而好学。他不是学考古专业的，却能胜任考古工作。正像他自己所说的"历尽千辛万苦"，为了追求自己的梦想抛家舍业，长年奋斗在田野考古发掘第一线，因此常愧疚妻子一个人在家带两个孩子之不易。

黄先生对工作不挑拣，不怕累，始终充满激情和责任感。20世纪60年代末开始，黄先生参加元大都遗址、大葆台汉墓、房山琉璃河西周燕国墓地等大型古遗址、古墓葬的发掘。在配合基建考古工程中，及时抢救出元大都遗址出土的元青花凤首扁壶等十余件元青花的瓷器窖藏，还有石景山区八宝山辽韩佚墓出土的五代越窑青釉划花宴乐人物执壶、温碗、盏托等国宝级文物，这些文物都是北京地区出土的古瓷器的重器。更重要的是，他主持发掘了北京门头沟龙泉务窑址和房山金代皇陵，完成了两项重大考古课题研究。

龙泉务窑是北京首次发掘的辽代瓷窑遗址，发掘后出版的《北京龙泉务窑发掘报告》，填补了我国辽代瓷器发展史的空白，具有重要的学术价值。其《报告》入选"2001年度国家社会科学基金项目"，并荣获2004年北京市第八届社会科学优秀成果奖，这在北京考古界迄今为止还是不多见的。

房山金陵考古成果是北京建都八百多年的实物见证，其意义不言而喻。黄先生有幸参与发掘和撰写《北京金代皇陵》发掘报告，是他考古人生中重要的里程碑。此外，他还在专业性很强的《考古学报》《考古》《文物》及《中国文物报》等发表学术报告、论文八十余篇，成果丰硕，令人欣佩。

黄秀纯先生幽默风趣，活泼开朗。逢年过节说段相声、讲个笑话、表演节目必不可少，是文物研究所的"开心果"。特别是退休后仍然发挥余热，利用自己所学专业在央视《鉴宝》及各地电视台鉴宝收藏栏目中参加鉴宝活动，宣传普及文物知识，传播正能量。晚年他的业余生活丰富多彩，经常带妻儿老小出国旅游，也让我们同辈人羡慕不已。

《考古与文物漫谈》一书的出版，集中地体现并总结了他多年的研究成果。正所谓"天助自助者"，作为一位自学成才的考古学家，黄秀纯先生当之无愧。借此机会，祝愿他古稀之年老当益壮，福寿安宁，万事顺遂。是为序。

原北京市文物研究所所长

北京市考古学会会长

契丹女真辽金史学会名誉会长

研究员　齐　心

第一篇 考古

少年时代访古探秘

一、家住南城海柏胡同

老北京以南城文化底蕴最为深厚,史称"宣南文化",地域指原宣武区一带,明代称宣南坊。这里有老天桥练杂耍说书唱戏的民间艺人,有大栅栏商业街,有文人雅士常聚会的琉璃厂文化街,以及数不清的来自全国各地的会馆,散落在大街小巷之间,从而形成北京特有的文化内涵。

我小时候居住的海柏胡同,位于宣武区北部偏东,原名海北寺街。因胡同西口有一座坐东朝西的辽金时期古刹"海波寺",清末民初改称海北寺而得名。寺庙不大,两进院落,正东大殿面阔五间,南北两侧为厢房。门外有两棵老槐树,寺庙久废,改为民居。1965年整顿街巷名称,改为海柏胡同。

这条古老的胡同曾经居住过不少名人雅士,最为著名的当属清代大学者朱彝尊。朱彝尊(1629—1709),字锡鬯,号"竹垞先生",浙江秀水人,博学广识,凡天下之书无不披览。康熙十八年(1679年)授翰林院检讨。康熙二十二年(1683年)入值南书房,赐居皇城内景山北黄瓦门北东街,康熙二十三年(1684年)

因私带小童入宫抄书而被劾免职，自黄瓦门移居宣武门外海波寺街居住。院内有两株古藤、一棵桦树，旁有太湖石砌成的自然台座，可坐在此处饮茶作诗。其书屋名曰"古藤书屋"。

竹垞先生罢职后，因贫穷而不能回归故里，留在京师。以辽、金、元、明历代建都为背景，摘采群书及遗贤故老传闻，集成《日下旧闻》，凡四十二卷，为后人研究北京的人文、历史、地理、民俗文化提供了翔实的文字资料。

古藤书屋曾是宣南士人名宅，也是文人雅士聚集的场所。在朱彝尊以前就有金之俊、龚宗伯、何元英居住于此。朱彝尊以后又有章翰翔、黄俞邰、周青士、蒋景祁、孙致弥、王云冈等在此居住，到了清中期仍有名士居住其中。后由在朝官员温汝适等人集资购买，改为"顺德会馆"。

海柏胡同从东到西有三个会馆：顺德会馆、澧阳会馆、广西三馆。其中以顺德会馆最大，馆舍拓展为上万平方米，百余间房子。顺德会馆，顾名思义，类似广东省顺德地区驻京办事处，在过去交通不发达的时代，专门接待广东顺德地区及外地来京参加科举会考的举子或商人，以及待迁的官员等等。

现在顺德会馆旧址内仍居住着上百户人家。大院由东、西、中三个跨院组成，大门在北，中轴线略偏西，由北向南有穿堂门，院内古树参天，曲径通幽，古老的石碑横倒竖卧。我小时候，经常和院内的同学陈义冉、李镇元在倒伏的石碑上打乒乓球。每当夏季来临，晚间大人们在树下喝茶纳凉聊天，几拨孩子在院子里捉迷藏。那时候我们虽然在胡同东口住，和院子里头的孩子两码事，但是老五（大号严在文）、林朋浩、林朋方、王庸、王哲、汤宗哲、小宝等发小儿不约而同地跑到这个院子躲藏起来。这个院子太大了，对于孩子来说简直就是广阔天地，只要藏好了很难找到，况且还有个穿堂门。儿时的我只知道疯跑，不知道朱彝尊是何许人也，更没听说过古藤书屋，只感觉这个院子大，房屋密集而神秘。直到参加工作查找工具书，看了清乾隆年间于敏中等奉敕所编的《日下旧闻考》，才知

修复后的古藤书屋

顺德会馆

道鸿儒学士朱彝尊曾经住过顺德会馆,在此编辑《日下旧闻》。现在朱彝尊住过的古藤书屋虽然被列为北京市文物保护单位,但是在这个大杂院中很难寻觅其具体位置了。自 2004 年起,顺德会馆大院已经拆得七零八落。

海柏胡同内居住着文艺界及梨园行的名人也颇多,如著名京剧表演艺术家叶盛章、叶盛长(叶世长)、茹富兰、茹元俊、谷春章及评剧表演艺术家小白玉霜。

叶家是梨园世家,原籍安徽省太湖县。其祖辈叶忠定是四喜班京剧花脸演员,父亲叶春善是富连成班主,培养了很多享誉中外的京剧演员。

叶春善生有六女五子,大多从事戏剧工作。其中叶盛章住在海柏胡同旧门牌 19 号,为一代名丑,艺兼文武,并以武丑挑大梁,蜚声南北。叶盛长住我们斜对门,老门牌 8 号院,擅长做工老生,与我父亲是同学。叶盛长有七女一子,女儿有叶爱珠、叶红珠、叶宝娣,小女儿小名叫小白兔,其他叫不出名字了。儿子叶金援工武生,叶红珠工刀马旦,最拿手的好戏是《十三妹》。我小时候和叶金援虽然是发小儿,但是我们不经常在一起玩儿,人家是"好孩子",不和我们一起疯跑。只记得 1958 年"除四害"打麻雀的时候,叶金援把他们家舞台上用的"令旗"拿出来,我们人手一旗,在街上彼此摇旗呐喊。

与海柏胡同一街之隔的香炉营五条住着相声大师侯宝林、郭全宝。大鼓书名家马连登、马增芬、马增蕙住在香炉营六条。由于南城椿树地区离前门大街戏园子如广和楼、中和戏院、同乐轩戏院等比较近,所以这一地区住着很多梨园行名角,如萧长华、姜妙香、马富禄、慈少泉、李四广、李少春、李盛春、李春恒、裘盛戎、袁世海,以及拉胡琴的徐兰沅等等。

1958 年,椿树地区为了弘扬京剧国粹,在市长彭真的倡导下成立了"椿树人民公社业余京剧团",参加剧团的人大多是梨园行的家属及票友,他们都是角儿。真正上台表演得有"龙套",在剧中饰演一般群众或零星配角的演员都叫"跑龙套",故跑龙套的角色便找一些中小学生充任。我那个时候上小学五六年级,

老生叶盛长

琴师泰斗徐兰沅

叶春善（中）与富连成科班学员

什么也不懂，被几个同学拉去参加他们的演出。当时没有专业志向，就是玩玩儿而已。到了剧团才知道跑龙套也不容小觑，先由导演白云溪先生讲什么是龙套，为什么要学龙套，如何"跑龙套"，等等。

戏剧舞台上规定"龙套"四个人为一组（行话叫一堂），代表双方交战的千军万马或侍从，所以"龙套"又是一个集体组织，分为头、二、三、四家。根据场上主帅的不同服装，穿着各色不同的"龙套"服饰。随着关羽的，关羽穿绿色服装，"龙套"也穿绿色服饰；随着赵云的，赵云穿着白色服装，"龙套"也是穿着白色服饰。"龙套"在双方交战时只摇旗呐喊，不直接参与战斗。他们手中拿的东西一般都是标枪旗，因此"龙套"又叫"打旗的"。他们在舞台上总是跟随着主帅后面跑动，所以"跑龙套"一词因此而得名。各种戏码的"龙套"走场不一，规矩也很多，跑不好就会闹笑话。我第一次上台不免有些紧张，用侯宝林先生的话说叫"晕场"。也不是老晕，下台后就不晕了。

那天，导演白云溪先生把场，特意嘱咐三旗："照顾着点儿他（指我）。"大幕拉开，锣鼓点儿一响，第一次上场我就"晕菜"了，闹了个笑话。那天演的可能是《甘露寺》，跟着赵云，小摆队上。前面头旗、二旗出场，走到台口标枪旗一点，两个人一碰头往台两边走，一边站一个。下面三旗、四旗上场，到台口标枪旗一点，两人一碰头，我看见三旗嘴一努，似乎说："站那边去。"我以为让我跟着他呢！三旗一转身走了，我打着旗跟着他屁股后面稀里糊涂跑过去了。结果一边一个，一边三个。本来是"二板儿"站成"幺儿鹅"了，惹得台下哄堂大笑。

业余剧团每星期六必有活动，或走场或彩排。活动时大多在西草厂西口文丑萧长华家，或者在永光寺西街琴师徐兰沅家。演出时多在菜市口影剧院或宣武区工人俱乐部，还经常送戏下乡巡回演出。曾演过《打渔杀家》《甘露寺》《钓金龟》《豆汁记》《铁弓缘》《拾玉镯》《四郎探母》《女起解》《二进宫》《大登殿》等折子戏。演出前帮助抬戏箱、拉大幕。劳动报酬极少，只是每次演出完了加一次夜宵，可以吃饱。在三年自然灾害时期，能够吃饱饭就很满足了。

后来同剧团的小伙伴有的考上专业剧团了。如孙桂生考上了北京京剧团，梁鸣玉考上荀慧生京剧团，还有一个姓刘的同学考上中国评剧院。我也考了几次，但都没被录取。

2004年，随着庄胜二期工程占地，海柏胡同开始拆迁。至2014年，将这条胡同里的名人故居纷纷拆除。特别是朱彝尊故居，被拆得七零八落。由于有北京市文物保护单位标志，故没有全部拆完。但是，又不知道在这个院子里的上百间寓所中，到底哪间是古藤书屋，哪个院子朱彝尊住过，已无从考查。只有在一进大门的东侧，有小花园的地方翻盖了几间，算是保护了。

二、海柏胡同8号院奇人奇事

海柏胡同8号是我家祖产。我曾祖父叫黄永昌，祖父黄德祥，我父亲黄树琪。据我老姑奶奶讲："咱们老黄家是跟着皇上进的北京，进了皇宫御膳房当了厨子……一年七千大洋俸禄，年三十儿晚上祭祖，八仙桌上码半尺厚的银圆……"我大伯说："咱们老家在无锡开永和堂饭庄……"我表姑（我老姑奶奶的闺女）说："民国时期，你七老祖在湖北给九门提督做饭……挣回来的钱交给你老祖，在北京置房子……你爷爷我二舅每月背个钱褡裢去收房租。……解放后都交公了……"我父亲对我说："顺致门大街有一处三进的四合院……现在被一个幼儿园占着……咱们家的房子在骡马市大街果子巷里包头章胡同，是两进的四合院，1953年卖了。"老黄家坟地在现在的八一电影制片厂，占地三亩三，里面种的松柏树粗的两个人搂不过来。后扩建厂址把松柏树全卖了……在这些零碎的口口相传的片段中可以看出，我们家祖上很富有，后来家道败落。后来，因为把分给我父亲和伯父的祖产房卖了，我四爷黄德荣把我们一家接到海柏胡同8号院，安置在东屋，而把我伯父一家安置在旧鼓楼大街北药王庙一处小四合院。我爷爷黄德祥与我四爷是一奶同胞兄弟，我爷爷奶奶去世早，因此，我四爷爷对我们照顾有加。

海柏胡同8号是一处典型的倒座门四合院，高台阶，红漆门，石门墩，高屋脊，砖雕的门楼，上面雕着花卉。木门上原有一对兽面衔环铜铺首及铁皮包的门槛，1958年大炼钢铁时，街道居委会令我四爷爷拆下来交公回炉炼钢了。木门两侧的青石雕卧狮的门墩，也在"文革"时期"破四旧"中给砸毁了。

迈进门槛是宽阔的门道，方砖铺地，墙壁洁白。走过门道，在院内正中原有一座彩绘木制的影壁。影壁南用砖镂空砌砖台，其上放置一口灰陶的大鱼缸。

每当夏季来临，在鱼缸内种植慈姑水草，几条小鱼在鱼缸内游来游去。鱼缸的南侧有两株盆栽的石榴树，点缀着小院生机。院内南屋是正房，面阔三间，一明两暗，前出轩廊，原来是我爷爷奶奶住的房间，后来租给了齐白石的至交董立言一家居住。北屋面阔三间半，亦出轩廊，是我四爷爷四奶奶一家居住。

东西两侧为厢房，均为两明一暗。西屋是我三姑妈一家，我家住东房。小时候院子很大，我和邻居董宗孟及本家小叔叔王胜曾在院子里练骑自行车。后来各家都搭起了小厨房，并在廊子里堆满蜂窝煤和大白菜，院子空间越来越小。再后来柱子上的漆没有了，柱子也没有了，把轩廊接成屋子了。

老邻居董立言——我称其为董大爷。董大妈相夫教子，典型的大家闺秀。生有三女一子，大女儿董慕晖，二女儿董慕时，子董宗孟，小女儿董慕晗。董立言（1931—1969），现代书法家，专攻楷书，擅长蝇头小楷，独树一帜。早在1950年参加人民美术出版社工作，在连环画编辑部四年期间一直负责小人书《水浒传》《三国演义》等连环画下面的手写体叙述文字，共约书写了13万小楷体字。

董家仍藏有1962年为普及书法及简化汉字书写知识，董立言以蝇头小楷形式抄录"毛主席诗词二十一首"寄与天津美术出版社，并以行书墨宝至函出版社，手稿如下：

天津美术出版社负责同志：

　　在您工作百忙中，打搅一些您的宝贵时间。我是一位爱好书法者，研究楷书已有三十余年之历史，学过王、欧、褚、赵等体，擅长小楷。于五六年（1956年）加入北京中国书法研究社，样书在历年出国展览颇得好评。去秋政府大力提倡书法以来，全国各地已经重视起来。现在中小学校成为必学课程。同时，我国又在推行简化汉字，但在市面上并无简化汉字字帖。兹特殊写一部简化汉字《毛主席诗词二十一首》随函寄上。评审，不知是否全乎！贵出版社要求，为希，指示为感，倘能出版，对于初学书法和学习简化汉字或许有些帮助。如不选用，请早日赐

2004年拆迁时合影（黄浩、张颖、岳世君、黄岳、黄硕）

1963年春董立言和同事在人民美术出版社门前合影
（二排左一董立言）当时社址在灯市口37号

董立言致函天津美术出版社手稿

还，为盼！专此致以敬礼！书出，董立言。

六二、五、十八（1962年5月18日）。

1964年，董立言又以虔诚之心沐手而用蝇头小楷再次敬书《毛主席诗词三十七首》呈送给毛主席。此册为经折，蝴蝶装，硬镶，剜裱，楠木面，小楷书题签"毛主席诗词三十七首"。然后装在一个花卉锦缎面、云扣锦匣套中。

锦匣盖上贴红签，以工整的小楷书首题"庆祝中华人民共和国建国十五周年纪念谨呈毛主席，董立言敬献。一九六四年十月一日"。其中内心每开高13厘米，宽8.2厘米，共二十四开十二合页。全册以鬼斧神工之巧，将三十七首诗词安排妥帖，总字数二千六百零二字，无一字不精，无一笔神移，令人叹为观止，干净整洁，保存至今。

董立言先生的书法作品传世稀少，以蝇头小楷抄写毛主席诗词更是凤毛麟角，敬献给毛主席的手抄本诗词应属海内孤本，只此一件。另据董立言的长子董宗孟回忆："此件'呈送毛主席诗词手迹'或根本没有往上呈送，不知何时流散在民间，被一个南方人收藏，我们想出钱买回来人家不卖。"前十几年我在家中收拾文件资料的时候，从一个档案袋中翻出一张字条。我打开一看，是楷书写的毛主席诗词："一从大地起风雷／便有精生白骨堆／僧是愚氓犹可训／妖为鬼蜮必成灾／金猴奋起千钧棒／玉宇澄清万里埃／今日欢呼孙大圣／只缘妖雾又重来。毛主席七律诗一首。山阴董立言。"这幅字不知道董大爷或董宗孟什么时候送给我的，至今保存完好。今睹物思人，能不凄然？

董立言在京城也是玩家，春天放风筝，秋天斗蛐蛐儿。家中收藏各式各样的大小不同的风筝，最大的风筝高约两米的硬翅沙燕，最小的有画家曹克家亲手画的掌中小沙燕。床铺下面码放着20余件"古燕赵子玉"款识的澄浆泥蛐蛐儿罐。柜内收藏着齐白石为其刻的40余方闲章，墙上挂着齐白石先生画的四条屏及韩小梅大师为董立言夫妇亲笔画的肖像。董家虽住陋室，但是往来宾客颇多，如马晋、曹克家、娄师白、王雪涛、许麟庐、徐邦达等，寒来暑往，都是董宅座上宾客。另据董宗孟回忆：家父曾相邀八个现代书法艺术家合璧的扇面，分别为：郑涌先、肖锺美、马晋、康殷、曹家琪、王传恭、周怀民、董立言等人。以个人所长，别具一格的形式分别写在扇面正反两面。同样形式及内容，八个人每人一份，各自保留。扇骨由董立言提供，号称"京城八绝"。

每年开春后，董大爷就带着我们去天安门广场放风筝。特别是放那个高大的沙燕，围观的人巨多，放飞以前在大风筝背后系上一张弓，弓上拴着各种锣鼓等小乐器，再由两个孩子举着，松手后，董大爷加助跑使劲把风筝放起来。待风筝飞向太空，能发出悦耳动听的鼓乐齐鸣之声，在场围观的群众无不抬头仰望天空，发出啧啧的赞叹。董大爷放风筝技艺高超无比，最难能可贵的是在我们住的四合院里，用大竹竿挑起这两米来高的大风筝，借风势把风筝放飞出去。收风筝的时候一把一把往回拽，特别是快到房檐的时候，心平手稳不刮不蹭，稳稳当当地把风筝收到手中。有时候还在风筝绳上系上一串串红灯笼（内有装电池的小灯泡）。天黑以后除了眨着眼睛的星星外，还有一串串红灯笼随风轻轻地摇摆，吸引着全院街坊们抬头仰望拍手称奇。

每当暑假来临，董大爷带着我们三个孩子去胡同西口的宣武门城墙上逮蛐蛐儿、油葫芦或蝈蝈儿。董大爷养蛐蛐儿是极讲究的，每年到夏季把床铺底下的带有"古燕赵子玉"款识的蛐蛐儿罐都掏出来刷洗干净，然后在罐的底部放雕刻极细的花纹过笼和青花瓷月牙水呈。斗蛐蛐儿的探子专门用鼠须扎成，逮蛐蛐儿的罩子亦用极细的铜丝编制。蛐蛐儿逮回来后经过筛选，把善斗的挑选出来，用专门称蛐蛐儿的戥子称，然后按《蟋蟀谱》起名，再用工整的小楷写在象牙牌子上，立在蛐蛐儿罐旁边。如"蟹青白麻头大翅，重八厘五毫""墨牙白，重八厘""金钱赤红，重八厘""青麻头宽翅，重六厘五毫"等等。凡起过名字的蛐蛐儿，我们几个孩子，包括其子董宗孟在内，一律不准乱动，专门为老爷子斗蛐蛐儿时候用的。淘汰下来的蛐蛐儿才给我们拿着玩儿。

老北京玩儿虫最讲究的是在冬至这天斗蛐蛐儿，俗称"打将军"。蟋蟀养不到冬至就不算好玩儿家，为此，天冷的时候还要给蛐蛐儿罐外面套个外套以保暖。

北屋我四爷爷是个工人，在五四一印刷厂工作，是全国唯一印钞票及票证的地方。早年退休，冬天也有养虫嗜好，夏天我们把逮到的油葫芦不要了，都给老爷子。我四爷爷找个腌咸菜的大罐子底部垫上土砸实了，然后把油葫芦放进去，盖上盖子，放在窗台下边。有一年冬天养了一只过冬的油葫芦，一天早晨把它拿出来放在茶杯里晒太阳，这时候我四奶奶要给我四爷爷沏茶，不知道这杯子里有个活物，以为是茶叶呢！说时迟那时快，滚烫的开水一下把油葫芦烫死了，我四爷爷这个心疼，老两口儿闹气好几天不说话。

记忆中的董大爷是个和蔼可亲的老人，学识渊博，待人诚恳热情，特别是一手好书法，最拿手的是蝇头小楷，能在方寸的纸片上写《千字文》，绝活儿名动京华。这样一位善良的老人，因为解放前在琉璃厂开过"欣生堂"字画店，是私方小业主。"文革"期间受迫害含冤而死！一代大师命殒黄泉，真是中国文化之悲哀！他的家人和我们全院为失去一位亲人而悲痛万分。家人开始清理董大爷遗产，并且自己"破四旧"把一些古书字画偷偷地烧掉，剩下的齐白石四条屏实在舍不得烧了，以极低的价格卖给了文物商店。

我小时候北屋廊子底下放着一个柜式大躺箱，我好奇老想偷偷打开看看。后来才知道里面装的全是瓷器及锅碗瓢盆做饭的家什，说是过去家里办红白喜事的时候才肯拿出来用。我参加工作后我四奶奶让我拿几件瓷器去"韵古斋"鉴定过，有清道光官窑款青花高足盘碗等精美瓷器，有同治、光绪年间的粉彩瓷等等。"文化大革命"中南屋董大爷一走，把我四奶奶吓着了，学着南屋，将我曾祖父遗留的珍贵的青花瓷盘碗等偷偷地砸碎了，扔在地沟里用水冲走。

西屋住着我三姑妈，我三姑夫李子权是中共党员，新中国成立前是党的地下

李子权在大会上发言

李子权主持集体婚礼

北京电车公司工会主办第一届集团结婚纪念1950年1月2日合影

工作者，和北平党的地下工作领导人刘仁、贾汀三一起共事。新中国成立后任北京市电车公司第一任工会主席。解放初国民经济恢复时期，各行各业开展增产节约运动与新世纪节约型建设。从"电车公司第一届职工代表大会"老照片可以看出当时的社会背景。"发动全面的合理化建议，开展生产与节约新纪元"，在这口号推动下，李子权在大会上发言。

集体结婚最初叫"集团结婚"。集体结婚是更准确的表述方式。1935年上海首倡集体婚礼，北京紧随其后。但是，新中国成立后，新形式下举办集体婚礼，恐怕是北京市电车公司工会首当其冲了。参加婚礼的男女双方穿着极为朴素，男士身着中山装，胸佩礼花，头戴棉帽或围着围巾，脚穿黑皮鞋；女士身着"列宁服"，系腰带，胸佩礼花，头戴八角帽，脚穿白袜和黑皮鞋。在一个长方桌前，工会主席李子权似乎在为集体结婚的新人主持婚礼。"北京电车公司工会主办第一届集体结婚纪念1950年1月2日"是历史的见证。也是北京地区新中国成立后举行集体婚礼较早的资料照片，非常难能可贵。

另外"北京电车公司修造厂超额奖励大会检修股郭金二班全体摄影一九五〇，四，二二"这张照片是以电车为背景，工人手持锦旗，有站，有蹲，有坐，还有的站在电车顶上，反映了建设社会主义新中国，"比、学、赶、帮、超"运动中，工人们创造了优异成绩超额完成任务兴高采烈的气氛。

童年的我耳濡目染，使我自幼便对传统文化及历史有着浓厚兴趣和爱好，这或许就是我后来走进文博事业的潜在的因素吧！

三、回忆老天桥往事

老北京天桥，位于天坛西门外，先农坛北门一带。由我家所在的宣武门外经过琉璃厂、虎坊桥、友谊医院后身即到天桥。所谓天桥，在历史上是一座北京中轴线上南北方向的汉白玉单孔高拱桥，它纵卧在东西向的龙须沟上，以通"御路"。由于天子经过这里祭天、祭先农，故称"天桥"。

元代天桥处在大都城的南郊，明嘉靖年间增筑外城后，成为外城中心。清代的前门外是会馆、旅店、商业集中之地。天桥一带逐渐出现了茶馆、酒肆、饭馆、百货地摊以及蔬菜、水果、饮食摊点而形成集市。说书、卖艺、唱曲的娱乐场子也散见于集市中，形成天桥的雏形。清光绪年间京汉铁路开通后，车站设在永定门外马家堡，来往的旅客由永定门出入，多在天桥一带落脚。民国时期，这里先后建起了"新世界"游乐场和"南城游艺园"及"天桥电影院"。1924年12月，开通两路有轨电车，即第1路天桥至西直门，第2路天桥至北新桥。从此，天桥周边的商业、服务业、手工业也随之发展起来了，也使天桥逐渐形成集戏剧、曲艺、杂耍等各种游艺和酒肆、茶馆、小吃等商业于一体的综合性娱乐场所。随后，各种百货、旧货市场、估衣摊等也逐渐地多了起来，这时的天桥已经成了老北京平民找乐的地方。

天桥的文娱表演不仅有京剧、河北梆子、评戏、木偶戏、皮影戏，还有评书、快板书、单弦、大鼓书。各种杂耍有摔跤、耍中幡、车技、硬气功、吞宝剑、吞铁球、练武术、飞刀、马戏、变戏法、拉硬弓、举大刀、抖空竹、舞叉、爬竿、抖皮条、耍石锁等等。

老天桥还曾是北京民间文化艺术的摇篮，培育出一大批身怀绝技的民间艺人和著名的艺术家。广为流传的天桥"八大怪"，有说单口相声的"穷不怕"、表

老天桥电影院

老天桥的相声

天桥艺人的杂技

演口技的"酷溺子"、说化妆相声的"丑孙子"、用鼻子吹管儿的"鼻嗡子"、以掌开石的"常傻子"以及"韩麻子"等八个人，活跃于清咸丰、同治、光绪年间。民国时期又有"八大怪"的徒弟，如表演滑稽二簧的"老云里飞"、三指断石的"傻王"、练杠子的"赵瘸子"以及花狗熊、程傻子等等。

  20世纪50年代中期，天桥民间艺术说书的、唱戏的、摔跤的、练武术的、变戏法的等仍然热闹非凡。我上小学三四年级的时候，总去逛天桥。学校大多下午没课，就和班上的伍志平同学约好一起去天桥。他家住在胡同西边顺德会馆，约好路过我家门口吹一声口哨。我听见后，和我母亲或姑姑说："我去上茅房拉屎去。"然后就跑出来去天桥了。有时候回来晚了，到家免不了一顿臭揍，我妈一边打我一边说："叫你又从屎道跑了！下次还去不去了？"我嘴上说不去了，实际上还是偷空摸空地跑到天桥玩儿去。那时候很多著名的艺人仍然在天桥摆地摊，只是形式变了。为了便于管理，一些表演场地用白色粗布拉起了围幔。如说书的、唱戏的、说相声的，还有摔跤的宝三儿——宝善林。练武术的吴长印，最拿手的是耍关公青龙偃月刀。有一次有位留着白胡子的老先生，特意往铜茶盘里放三元钱，专门点吴师傅耍的青龙偃月刀。他与长子对打的"双手带进花枪"也是场场不落的节目。另外，有练七节鞭的"山东徐"，还有单手劈石的"二愣子"，只见这个长者前面放着一堆鹅卵石，"二愣子"半蹲着，左手拿着一块鹅卵石，右手高高举起，大喝一声"开"，右手劈下，那鹅卵石赫然断为两块。拉硬弓的刘雨霖可以手推、脚蹬、嘴咬，同时拉开五张硬弓，没有真功夫是不行的。

  还有变戏法的"快手刘"，每次开场先变"仙人摘豆"。一块白布铺在地上，两个小白瓷碗，四个滴溜溜圆的红豆豆似的玻璃球儿。就这再普通不过的三样道具，却叫他变得神出鬼没。两个小碗来回转，嘴里头念叨着："一个，两个，三个……走！"掀开小碗一看，这边一个豆，那边三个豆。"一个，两个——走！"最后把两个小碗对扣，双手摇一摇，里边发出哗哗的响声。口里大喝一声"开"，揭开小碗哗的一声，流出满满的一碗红小豆。"快手刘"后来合并于北京杂技团，还去过中南海专门给毛主席变"仙人摘豆"。

有一次看"快手刘"变戏法，我坐在前排地上。"快手刘"说："小学生，借我鞋用一下，我给它变没了。"说着就把我的鞋脱了，然后一边敲锣，哐哐，一边喊："大风起！"哐哐，"云飞扬！"哐哐，"南来的！"哐哐，"北往的！"哐哐，"戏法不灵。"哐哐，"全仗布蒙。"哐哐，"快看了！"哐、哐、哐……使劲敲锣。"没了，没了……"一边喊一边掀开白布，一看真的没有了。我不知道那是"扣"，和说书的一样，说到书"扣"之处得要钱了。"快手刘"也是拿着锣翻过来收钱。我急得团团转，哭了，以为我的鞋真的变没有了，说："我的鞋没了！你给我！""快手刘"一边安慰我说："别哭，别哭，我一会儿就变出来。"我不懂戏法是假的，一会儿准能变回来，结果我站起来，光着脚丫跑过去要掀起他的白布。只见"快手刘"手疾眼快，把布捺住。这是变戏法的规矩，任何时候不能动他的道具。戏法是假的，手法是真的。撂地摊变戏法不怕围观，就怕你动他的道具。我当时不懂，这一裹乱，他忙中出错，把我那只鞋掉在变小金鱼的鱼缸里了，结果变出一只湿鞋。我回家后免不了又是一顿"女子单打"。此外还有抖皮条、飞刀、大变活人、马戏、吞宝剑、吞铁球等等。我最喜欢看的莫过于宝三儿摔跤了。

宝三儿跤场就在原天桥电影院对面，高搭凉棚，用白粗布围起一个场子，留下一个出入口。场地中间有一片黄土地，周围一圈长条板凳。开场前跤手们用铁锹翻地，弄得均匀松软，略洒点清水。靠跤场南边有个方桌，宝三儿——宝善林赤背文身，在桌子旁边坐着。左右两边坐着七八条汉子，上身穿白色褡裢，腰系丝绳，下身搭配黑色灯笼裤，脚蹬黑色刀螂肚靴子。其中有满宝珍、陈金权、马贵保、傅顺禄、徐茂、石珍、安宝忠、小镲儿头等人，各个身怀绝技，轮流献艺。开场前先"圆粘子"，即招揽观众。跤手们在场边喋喋不休地边说边绕着场子热

拉硬弓艺人

宝三儿和张文山摔跤

使个"大背胯"

身运动。一般情况,宝三儿每天下午三点左右上场,这时候人最多,先由马贵保、小锛儿头垫场。宝三儿看观众进来得差不多了,从座位站起来,放下鼻烟壶,穿好褡裢,系丝绳腰带,先在场子转几圈"圆粘子"。然后一抱拳,大声说:"各位乡亲,老少爷们儿,我宝三儿给您行礼了!常言说得好:在家靠父母,出外靠朋友。您带着钱的帮我们哥们几个,没带钱您也一边瞧着,站个脚,助助威。光说不练假把式,光练不说傻把式,能说能练才是真把式。常言道:天有三宝日月星,地有三宝水火风,人有三宝精气神!冬练三九,夏练三伏,内练一口气,外练筋骨皮!行家看门道,外行看热闹!好打拳的——"说到这儿宝三儿做个打拳的招式,他的跤友、徒弟们齐声喊:"好拳!"宝三儿接着说:"好踢腿的——"宝三儿腿向上一踢,干净利落姿势优美。众人齐喊:"好腿!"宝三儿接着说:"今天我们哥儿俩赌三下,两下分输赢,三下见胜负。练得好,您带钱的帮个钱缘,没带钱的您老站脚助威;练得不好,您眯缝着眼睛凑合着瞧。咱们走着,诸位您上眼——"接着宝三儿和他的徒弟过招,一般三跤两胜收一次钱。因为是露天演出,观众随来随走,有的观众不给钱看完了转身就走。许多场子的观众多半是孩子,所以,就怕孩子起哄冲场子。

宝三儿跤场经常有业余爱好者帮场助威,所以有不成文的规定:凡是来帮场的,赢家最后得给面子,即使输了脸上也有光。有一次在天桥卖"大力丸"耍大刀的张宝忠,来到跤场凑热闹。宝三儿出来"圆粘子"说:"各位老少爷们儿,今天大家来着了,有张宝忠张爷要来摔两跤,让您开开眼。我们这里请出最有名气的张狗子和他见个高低。张狗子下过天津,走过济南城,参加过全国摔跤比赛,拿过名次!俗话说:玩意儿是假的,功夫是真的。您就瞧好吧!"

张狗子身高体壮,在跤场上论岁数算是较大的一个,穿好褡裢,系好腰带。张宝忠中等个头,他穿的是宝三儿的褡裢。进了场子双手抱拳,大声说:"诸位老少爷们儿,今天我们哥儿俩给您献丑了!咱们走着!"然后两个人一前一后,拿着架势，晃动着身子，一顺边地转着圈儿溜场。转着转着，突然，张宝忠一转身哈腰低背，晃着膀子走向前，飞快出手揪住了对方小袖。但见张狗子也手疾眼快地揪住了张宝忠的领口和腰带。他们相互撕扯着，僵持着。突然，张宝忠一松左手，右手"抄拐子"顺势一扔将张狗子摔倒在地，张宝忠先赢一跤。接着张狗子赢一跤。第三跤张宝忠给张狗子使个"大背胯"，上右腿，一拧身，把张狗子从头顶翻过去扔在地上。就在张狗子着地前的一瞬间，只见他双手以闪电般的速度，抱着后脑勺儿，身体缩成一团顺势一倒。两个人配合默契，干净利索又不露破绽。这时候全场喝彩："好！"张狗子起来喘着气，面向场外，给观众打千行礼，说："各位老少爷们儿，我张狗子给您行礼啦！常言说得好：在家靠父母，出外靠朋友。您带着钱的帮我们哥儿几个两个；没带钱，不要紧，（右手一拍腰）您站脚助威。有位爷说啦，（用手一指）就前边走的那位，他说：今天没带钱，我回家给您拿去。我问：您家住哪儿呀？他说我家住哈尔滨。叫我在这儿等着！"

新中国成立后，天桥宝三儿跤场在宝善林先生执掌下，把单一的摔跤表演逐渐演变成艺术摔跤形式。同时吸收了相声表演艺术形式，摔跤表演时翻打跌扑精彩激烈，溜场子时候现挂、捧逗，语言丰富，滑稽幽默，所以又称"武相声"。1965年一代跤王宝善林先生过世后，宝三儿徒弟马贵保和满宝珍将天桥跤场一直支撑到"文革"前。

拉洋片也是小孩子喜欢看的，一个大箱子，内装若干张图片，并使用灯具照明。在大木箱前面挖四个圆孔，内镶玻璃放大镜。四个人坐在大板凳上，透过放大镜圆孔，可以看到变化的画面。拉洋片的表演者站在高台上拉绳，操纵着架子上的响器：锣、鼓、钹三件打击乐器。发出"咚——镲、咚——镲、咚镲咚镲——咚咚镲……"鼓点儿一停，张嘴就唱："往那里头再看哪，这就是一片。北风呼呼它好冷的天。鹅毛大雪纷纷下，大街小巷呀，成了银山哪。哎……往里边瞧，往里边看。这是第二片……"拉洋片唱的也都是图片内容，但成本大套的词一般记不住，小孩子大都会唱第一句："往那里头再看哪，哎……"

新中国成立后，老天桥这里还有说新评书《铁道游击队》《烈火金刚》《平原枪声》等，有快板书、单弦、大鼓书。最有意思的是"无声电影"，那是一个小小的室外影院，先做一个高约1.5米、长2米左右的架子，用双层黑布包裹成长方形匣子状，两侧各开四个圆孔，镶上玻璃。只要交两分钱便可以坐在旁边的凳子上，将双眼凑近圆孔斜着往前看，里面便放有无声小电影，如《火烧红莲寺》《卓别林》等短片。无声的老片子像下雪花一样模模糊糊，但那也是一乐。每逢节假日，黑布匣子前总是人声鼎沸拥挤不堪。

天桥小吃可谓集北京风味小吃之大全，有"豆腐脑白"的豆腐脑、"面茶张"的面茶、"爆肚冯"的爆肚、"切糕李"的切糕、永利居的肉皮冻；还有蒸了炸、炖杂碎、盆糕、扒糕、炖吊子、油茶、凉粉、绿豆粥、馄饨、锅贴、枣荷叶、灌肠、豆汁儿、炸糖糕、炒疙瘩、驴打滚、卤煮火烧、炸油条、豌豆黄、羊杂面、猪头肉、酱肘子、炒肝、包子、酱牛肉、熏乳鸽、熏乳鸡等一百多种。

逛天桥除了吃、玩儿以外，就是购物了。天桥市场货物齐全，旧货比新货多。各种服装鞋帽、日用百货应有尽有。新旧家具、废铜烂铁、锅碗瓢盆、古旧书刊、古玩字画，琳琅满目。另外，还有镶牙的、卖草药的、卖大力丸的、卖膏药的；有看手相算卦的、剃头理发的、卖各种花鸟鱼虫的，可谓不一而足。不同季节还有卖蛐蛐儿的、卖蝈蝈儿的、卖鸟笼子的、卖风筝的、卖空竹的、吹糖人的。

记得有一年冬天，大概是上小学三四年级的时候，我在天桥花五分钱买了个蝈蝈儿葫芦，一毛钱买了个过冬的蝈蝈儿。上学的时候揣怀里了，到了教室挨着炉子旁边坐着，没想到一暖和，蝈蝈儿叫唤了。蝈……蝈……蝈……这下班上炸了窝啦！老师急了，问："谁带的？"我站起来说："我。"老师说："你出去罚站，把蝈蝈儿掏出来放窗台上！"于是我走出教室，把蝈蝈儿葫芦掏出来放在窗台上。三九天，我的小蝈蝈儿冻死了，我默哀45分钟。

卦摊

吹糖人儿的

　　难忘那年代，丰富多彩的杂耍说唱，风味独特的北京小吃，行业繁多的店铺摊点，使天桥市场门庭若市，闻名遐迩。天桥不仅是北京平民找乐的地方，也是反映老北京民俗文化和市井文化遗产的风水宝地。

　　20 世纪 60 年代，群众喜闻乐见的宝三儿跤场随盛极一时的天桥市场一同消失，各种文艺演出被禁止。改革开放后，第三代传人傅顺禄先生之子傅文刚成立了"北京傅氏天桥宝三民俗文化艺术团"，使一批天桥绝活儿得以传承。每年春节，各公园庙会还能看见他们在舞台上表演摔跤、耍中幡，但是和撂地摊表演不能同日而语了。

卖卤煮火烧

卖茶汤的

白记切糕

四、琉璃厂的变迁与厂甸庙会

琉璃厂是北京的一条老街，坐落在和平门外，跟南新华街交叉，东西长约1公里。清乾隆三十五年（1770年），工部营缮司窑工在琉璃窑厂取土，发现一块辽保宁十年（978年）的御史大夫李内贞墓志，志文记载，墓主人"保宁十年六月一日薨于卢龙坊私地，享年八十。其年八月八日，葬于京东燕下乡海王村"。这段史料出自奉宽《燕京故城考》一文，刊载在民国十八年（1929年）六月出版的《燕京学报》第五期。根据这方墓志，得知琉璃厂在辽代叫作"海王村"。所谓"京东"，是以辽南京城为中心说的，辽南京位于今天广安门外莲花池一带，海王村在它的东城墙以外。

元代定鼎燕京建立大都，在这里设窑烧制琉璃瓦及构件，称琉璃厂。到了明代，营建北京城的时候需要大量琉璃砖瓦及构件，因此扩大了海王村琉璃窑厂的生产规模。清乾隆年间，琉璃窑厂才停烧，将窑厂迁到京西门头沟琉璃渠。

琉璃厂作为地名沿用至今，而窑厂前的空地称"厂甸"。据清代富察敦崇《燕京岁时记》记载："厂甸在正阳门外二里许，古曰海王村，今即工部琉璃厂也。"

明代，每年正月初一至十七日有灯市，在紫禁城东华门外至灯市口一带展示。清康熙年间，把灯市口的灯市南迁到琉璃厂前，搭棚悬灯结彩，游人云集，热闹非凡。各种杂耍、娱乐说唱杂陈其间，还出售古玩字画、古旧书籍、儿童玩具等等，日用百货的摊点与各种小吃摊棚鳞次栉比。《都门杂咏》中有竹枝词唱咏："新开厂甸值新春，玩好图书百货陈。裘马翩翩贵公子，往来都是读书人。"这是厂甸庙会的雏形及琉璃厂文化街的起源。

琉璃厂真正兴盛的时期，是在清乾隆三十八年（1773年）《四库全书》开馆以后，各方编纂人员汇集京师，他们纷纷来此寻书考证，各地的书商也借机纷

琉璃厂的书肆

琉璃厂书画摊

20世纪20年代琉璃厂荣宝斋南纸店

海王村里的旧书摊

庙会上的风筝摊

庙会上的鞭炮摊

至沓来，设摊或开店铺出售古籍善本。此时这里的书店已达30多家。同时，古玩、字画、文房四宝、玉器杂项的店铺也逐渐在这里集中起来，使琉璃厂书市更加兴盛。久居京城的高官显宦、赴京应试的文人举子，几乎没有不到过琉璃厂的，这里成了文人雅士必至的场所。到了光绪年间，这一带已经有书肆、古玩铺、碑帖店100多家了。

1917年，在东琉璃厂新开辟了"海王村公园"。它坐北朝南，大门口石雕券门，上刻"海王村公园"。这处公园实际上是一座宽敞的大院，其东西南三面为书肆、古玩店、字画店、照相室、琴铺等，北面是一座二层小楼，清末曾由端方设为博物馆。1918年，厂甸庙会被北洋政府正式认定为北京城唯一的官设春节庙会集市。

民国以来的琉璃厂，书店、古玩等行业逐渐衰落，特别是抗日战争北平沦陷时期，许多店铺纷纷倒闭。正如《故都竹枝词》中描写的："阅肆张罗雀掠门，海王村里静如林。空闲海估尊哥定，待价千年画宋元。"一片萧条景象。

尽管如此，从民国直到新中国成立初期，琉璃厂依然是文人雅士的聚集地，如鲁迅、胡适、邓拓、田家英、胡厚宣、郭沫若、张大千、齐白石、启功，还有康生、陈伯达等等，都经常逛琉璃厂。20世纪50年代，海王村公园归中国书店所有。80年代，中国书店将大院改造为棚式摊位，出租给个体商户经营古玩、字画、玉器杂项、文房四宝等，商户多达近百家。北面二层小楼设立读者服务部，主要为中央首长及专家学者和机关团体服务。

在琉璃厂经营古玩字画、古书碑帖、金石瓷陶的人，鉴定真伪全凭自己的眼力，积累了丰富的经验。久而久之，这里的店铺从业人员中，出现了一大批文物鉴定专家，如孙瀛洲、程长新、耿宝昌、傅大卣、孙会元、张彦生、马保山等等，他们在各自从事的专业中，成为一言九鼎的鉴定权威。

琉璃厂之所以成为闻名遐迩的商业区，不仅仅因为卷帙浩繁的古籍与文人的雅兴，每年的厂甸庙会，更令全城的百姓趋之若鹜。清代另有一首竹枝词，不仅记述了厂甸的景象，还兼带着提到妇女们到宣武门外象来街的象房看大象的活动："琉璃厂甸又新开，异宝奇珍到处排。妇女摩肩车塞路，都言看象早归来。"（得硕亭《草珠一串》）

春节逛厂甸是老北京人过年时最大的乐趣之一。人们在辛勤劳作了一年后，扶老携幼，到这里观看诸般曲艺杂耍，为孩子买一串一米长的大串糖葫芦以及风筝、空竹、面人、鬃人、毛猴等民间玩具，那个高兴劲儿就别提了。

我小的时候，家住琉璃厂附近，每年春节从初一到十五几乎天天逛厂甸。从南新华街到虎坊桥路口，马路两边摆满了民间艺人的摊位，五花八门，应有尽有。如空竹、风筝、十八般兵器、泥人、面人、不倒翁、毛猴、绢人、兔儿爷……厂甸庙会上年味最浓的、最引起孩子们兴趣的当属抖空竹，我也是爱好者之一，每年必买一个空竹，抖坏了为止，来年再买一个新的。

厂甸的节目也分区域，沙土园胡同一般表演曲艺杂耍、拉洋片；北京风味小吃摊位多在后孙公园胡同，什么豆汁张、茶汤李、爆肚王、切糕白等等，数不胜数；古书文玩类大多在琉璃厂摆摊，经、史、子、集等古籍，金石瓷陶，玉器杂项，碑帖拓片，文房四宝，各类小件应有尽有。整个厂甸，喧嚣杂乱的人声，京腔京调的吆喝声，嘎嘎作响的风车声，嗡嗡的空竹声，噼啪噼啪的鞭炮声，到处是喜气洋洋，一派欣欣向荣的过节景象。

新中国成立初期，每年都开放厂甸庙会，1964年是规摸最大的一次，从和平门外护城河桥头起，到虎坊桥路口，大街两侧摆设摊位750多个，游人高达400万人次。那时候我已经参加工作了，就在琉璃厂北京市文物商店，还有幸参加了厂甸的夜间值班。

早在20世纪60年代初，著名学者邓拓先生就曾呼吁"将琉璃厂恢复到乾隆时期的盛况"。1980年，文化部和北京市人民政府作出恢复琉璃厂文化街的决定，国家财政部拨巨款对琉璃厂进行改造工程，拓宽道路，将理发店、副食店、百货

庙会上的拉洋片

庙会上的大糖葫芦

20世纪60年代厂甸庙会的盛况

店、加工厂等全部拆迁改建,所有店铺均为仿古建筑,雕梁画栋,气宇轩昂。改建后的琉璃厂文化街面积达到34000平方米,扩建了荣宝斋和中国书店,新安置了54家老字号店铺。每个店铺门口均挂着名人所书墨地金字匾额,其中陆润庠的"韵古斋",翁同龢的"宝古斋"、张大千、郭沫若等为"庆云堂"题写的匾额尤为精彩。这些匾额题字均出自历代名家之手,有的流畅洒脱,有的刚柔兼备,有的清新脱俗,简直就是历代书法展。在琉璃厂文化街中,经营历史最悠久的商店是"荣宝斋",其匾额"荣宝斋"三字题写的时间也最早,是清光绪二十年(1894年),同治状元陆润庠所题,至今已有百年历史了。

今天站在东西琉璃厂十字路口,放眼望去,一座座厅堂建筑典雅俊逸,百态千姿,鳞次栉比,各具特色。随便走进哪一家店铺,皆古朴典雅,幽静整洁,大书架和百宝格曲折迂回,营业人员谈吐文雅有识。文化街经营历代书画、文房四宝、古铜玉器、古玩瓷器、竹木牙雕等,真是"九市精华萃一街",成为人们"雅游"必往之地。

琉璃厂是北京一条古老的文化街,自童年时代一直陪伴着我。蜿蜒曲折的街道,古朴典雅的店铺,众多美妙而传奇的故事吸引着我。

20世纪60年代初,上中学的我和同学到北京宣武区文化馆曲艺队学习曲艺表演,其地址就在东琉璃厂原火神庙旧址,这里原来是古玩玉器铺,院内是油漆彩画的仿古建筑。每当夜深人静,我从文化馆回家的时候,看到一家挨着一家的古玩铺,室内幽暗的灯光、古旧的家具,特别是店内陈设的古老而稀奇的古玩,总是让我驻足良久。那时的琉璃厂已无往日的辉煌,房屋低矮,店铺陈旧,只有挂在店铺上的老牌匾还依稀闪现着昔日的风采。清乾隆时期,为防火安全,在琉璃厂东西两端各设一座铁门,俗称"厂东门""厂西门",早已荡然无存。昔日百余家古玩店铺等,在西琉璃厂西端仅存一家南纸店,东端有荣宝斋、萃珍斋、来薰阁、庆云堂、邃雅斋;东琉璃厂有中国书店、汲古阁、松筠阁、宝古斋、韵古斋、墨缘阁、振寰阁等10多家。其余店铺早已被改建成居民住房或医院、商店、银行、理发店等。虽然如此，我却常常在这些硕果仅存的古玩店铺前流连忘返，也曾突发奇想：长大成人后，能在琉璃厂文化街工作该多好啊！

天遂人愿，心想事成。1964年我从北京市文化局主办的职业学校文物鉴定班毕业后，真的来到琉璃厂，被分配到北京市文物商店工作。

"逛厂甸"之风在史无前例的"文化大革命"中，也以"破四旧"的名义被取缔了，直到2001年才恢复厂甸庙会。

如今，为了不影响交通，厂甸庙会的"民俗区"搬到了陶然亭公园内，而"文市区"依然在东、西琉璃厂一带，人们还能欣赏耍狮子、舞龙等文艺表演。除此以外，每年初三还增加了"鉴宝"活动，请专家免费给广大收藏爱好者鉴定古代艺术品。这成了厂甸庙会的新节目，也是延续了琉璃厂的文化渊源。

王春福、黄秀纯在鉴宝现场的合影

古刹慈悲庵

革命志士在一起秘密活动

高君宇烈士之墓

五、家住南城——陶然亭往事

"说京城，道京城，西四东四鼓楼前，故宫北海颐和园。内九外七皇城四，九门八点一口钟。哈德门外向西走，正阳往南是南城。南城有个窑台地，窑台正中是长亭。"这是电影《南城旧事》中的童谣。陶然亭最早叫"窑台"，因附近有黑窑厂而得名。

家住南城的人无论大人和孩子，没有一个不知道陶然亭的。我很小的时候家住宣外骡马市大街果子巷里包头章胡同，这是一处两进的四合院，是祖上分给我父亲和大伯的房产。这里离陶然亭很近，但是大人不让小孩子一个人去陶然亭，说是"乱葬岗子"闹鬼。大约在我七岁那年，正值 1952 年，陶然亭始建为公园。我大妈带着我和我二姐推着小竹车去陶然亭说："咱们捡'金砖'去。"我们走粉房琉璃街，穿过南横街，到了黑窑厂，再往南是一片下洼的芦苇地，中间有座慈悲庵，庵院中有座古老的亭子，名叫陶然亭。这里一片荒凉，到处是坟头儿，石碑横倒竖卧零乱不堪，连个人影都没有。好像我大妈也有些害怕似的，带着我们推着车越走越快，只见前面一个大土坑，旁边堆着很多乱砖，从乱砖中我大妈慌慌张张地捡了几块勾纹砖，装在小竹车里就推回来了。直到我搞了考古工作才知道，原来那是金代墓葬出土的勾纹砖，不是"金砖"。后来很长时间我也不明白，我大妈捡回来的"金砖"干啥用。再后来，我们家从包头章胡同搬到了我四爷家——海北寺街 32 号。1965 年整顿街巷名称改为海柏胡同，新门牌 8 号。

陶然亭最早始建于清康熙三十四年（1695 年），工部侍郎江藻奉命监理黑窑厂。他在慈悲庵西部构筑了一座小亭，并取白居易诗"更待菊黄家酿熟，与君一醉一陶然"句中的"陶然"二字命名。

古刹慈悲庵，坐落于陶然亭公园湖心岛西南的高台上，建自元代，又称观音

陶然亭刻碑

高君宇、石评梅合葬墓

庵。历史上这里是文人墨客会集赋咏之地，曾经留下许多传诵一时的诗篇。庵内的陶然亭又是近、现代革命志士的秘密集会场所，进行革命活动。清末康有为、梁启超等曾在此商议戊戌变法。民国初年孙中山先生来京，也在这里参加过政治集会，周恩来、李大钊、邓颖超等曾多次在此进行秘密活动。

园内林木葱茏，花草繁茂，楼阁参差，亭台掩映，景色怡人。陶然亭湖心岛北麓静谧的松林中有著名的早期革命活动的组织者、政治家高君宇、石评梅的石墓，埋葬着一段凄美的爱情故事。"我是宝剑，我是火花。我愿生如闪电之耀亮，我愿死如彗星之迅忽。"这是高君宇生前自题照片的一首诗，也是他短暂而光辉的一生真实的写照。后来，石评梅将此诗以自己的手写体刻在高君宇的石碑上，字字都含着石女士悲伤的心。石评梅死后，她的朋友把她葬在高君宇墓旁，实现了她并葬于荒丘的遗愿，冰雪情谊流传至今。每年清明都会有无数的人前来陶然亭高君宇、石评梅墓地悼念他们半个多世纪前缠绵悱恻的爱情。

小学同学大多数住在椿树地区，离陶然亭公园很近，所以每年春游或者过队日，都要去陶然亭公园或北海公园活动。我手里至今还保存一张1959年4月在北海公园拍摄的珍贵的班级合影，那次可能是春游。第二排坐在正中间的是我们班主任赵桂芝老师，老师右边坐着陈毅冉、贾宝生。赵老师左边是葛秀云老师，在她边上的是刘建强班长，我们班男生学习最好的。前排左起第三名陈小愉大队长，她是女生学习最好的；第一排右侧第一名是谢小九，每年腊八节同学都要起哄喊几天："腊七腊八，冻死寒鸭儿；腊八腊九，冻死小九。"喊急了她就在教室里追打男同学，或者哭着找老师告状去。前排右侧第三名是范君丽。照片左侧第二排第一个陈达忠，第二个祝铁生。照片中还能记住的同学有：靳庭温、刘顺珍、冯翠英、孙贝、杨庆生、赵林、郝连启、郭玉昆、伍志平、高阴年、崔立元、李镇元、李连恒、李爱珍、高淑琴、张桂兰、张小娣、姜敏、闫立成等等，我在后排左起第五个。分别虽数十年，心中却从未失掉对少年时代的珍贵回忆。同学

20世纪50年代陶然亭游泳场

跳水池及最高10米跳台

1959年小学同学北海合影

和校园的模样虽已遥远，触景生情时仍会依稀从心中掠过。

1995年夏，小学毕业三十余年后，部分同学在陶然亭第一次聚会，而且有人提议把赵老师也接来。令我没有想到的是，赵老师已经满头白发坐轮椅了。当年赵老师为了离家近，从外校调到我们学校任教的，是学校里最漂亮最时髦的老师。从四年级接过我们班，时而为班级的成绩喜形于色，时而为学生的顽皮愁眉不展，我们这个班有幸成为她调到这个学校第一届小学毕业生。她后来被评为特级教师，桃李满天下。这次聚会是最热心的同学闫立成、姜敏组织的，我当时在右安门外辽金博物馆整理发掘报告，为了就合着我，大家来到了久别三十余年的陶然亭。阔别三十年后同学之间几乎谁也不认识谁了，但是我们都认识赵老师，虽然头发白了，但依旧是风采不减当年，只是变得更加慈眉善目可爱的老奶奶了。我们轮流推着她，围着她有说有笑，免不了提起童年趣事。那时候的我们仿佛又回到少年时代，忘情得手舞足蹈。老师那天也特别高兴地说："我教了那么多的学生，对你们班印象是最深的，更没想到黄秀纯就你搞考古了。"

三十多年后的同学聚会，坐在陶然亭廊屋内有说有笑，我们虽然彼此分开若干年，但我们之间永远铭记着你、我、他。当我们再次相遇时，和昨天分手一样，彼此之间还是那么熟悉。而且还是在同样熟悉的陶然亭，这里有我们共同的少年记忆。

陶然亭游泳场，在陶然亭公园东门外马路对面，1956年建成。20世纪五六十年代可以说是北京唯一的标准国际比赛池。在这里经常举办国际国内游泳比赛，如果我没记错的话，游泳运动健将穆祥雄曾经在这里打破男子蛙泳100米世界纪录而获得冠军。这里是家住南城孩子们游泳的好去处。进了游泳场首先映入眼帘的是左右两边各有一个蘑菇池，专门给小朋友们玩儿的，里面正中有一个蘑菇状的花伞，循环水从上面哗哗啦啦地流下来，形成小瀑布效果。

蘑菇池前面并排有两个长50米、宽25米的练习池，水深1.1—1.4米，是初学者或一般会游的人玩儿的地方。南边为深水区，即标准的比赛池 50×25 米，池深 2 米，东、西两侧是看台。比赛池的南面是跳水池，有 10 米、7.5 米和 5 米的跳台各一个，下边有 3 米、1 米跳板各一个。深水区和浅水区之间有铁栅栏拦着，到深水区必须有深水合格证。每年从 6 月 1 日开放到 9 月 1 日闭馆。人少的时候票价一毛，用一张普通的白纸片制成的门票，盖上游泳场的印章，记上入场时间和退场时间。进去把衣服可以存放在小柜子里。放暑假人多的时候"脱筐"。票价五分，即几个人把自己衣服脱了放在大竹筐里，交给存衣处领一个手牌，两小时一场。往往游泳时和家里大人要一毛钱，花五分钱买张入场券，剩下五分在回来的路上买根冰棍。游泳是夏天最好的避暑方式，所以每年夏季天热的时候，我和几个发小或者同学约好到陶然亭游泳场游泳。说是游泳其实我不会游，有的同学游得好，他们都能游 200 米以上，而且都考了深水合格证。我不行，顶多游 100 米就不错了。那时候特别爱游晚场 7 点至 9 点的，晚上人少游的痛快。几个孩子成帮搭伙地走着去，走着回来。每年暑假经常去游泳，就是这样从小学到初中毕业我也没考上深水合格证。有深水合格证的同学都会把"合格证"缝在泳裤上，为了过把瘾有时候借个有证的泳裤，穿在身上进去游一次，因为水太深，只能在边上游一会儿就上去。其实游泳是有天赋及水感的，我孙女今年六岁，她妈妈给她报了一个游泳培训班，20 节课。学到第 11 节课的时候就学会了蛙泳，然后又学自由泳，游泳悟性极强。9 月 1 日开学前就考完深水合格证了，但是教练仍然一再嘱咐她："妞妞，你现在会游了，但是一个人不要去深水区。要去，必须有爸爸、妈妈或教练在你才能去，听见没有？"孩子毕竟还小，教练出于安全考虑。

　　改革开放后，为适应周围的环境，这个经营半个多世纪的游泳场停止营业了。2010 年始将在原址建设新的具有现代化功能的室内游泳池，而我一次也没去过。

六、北京的一环路在什么地方

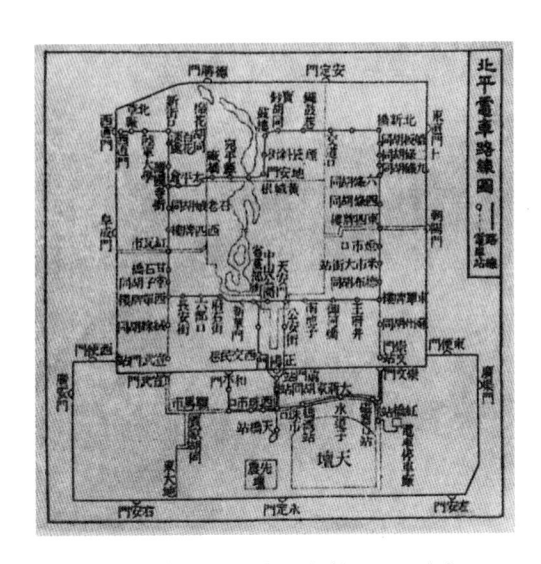

北京电车路线图（红线所示一环路）

随着城市变迁，北京的交通日益发达。20世纪60年代中期拆除了明清城墙，之后又在地下修筑了环线地铁，地面上拓展了马路，由于环城墙而定名二环路。以后依次修筑了三环路、四环路、五环路、六环路。那么北京到底有没有一环路呢？如果有，又在什么地方呢？

其实，老北京历史上确实有过一条一环路，只是现在60岁以下的北京人恐怕都不知道它的具体位置了。有时候我打的和司机闲聊天，有意识地问那些常在街面上跑的出租车司机，95%以上的司机都会说不知道。

实际上老北京的一环路是指北京第一条有轨电车行走的路线。

1921年5月9日，京师政公所署办（相当于北京市市长）张志谭与中法实业银行代表赛利西尔·白乐吉签订了"北京电车合同",组建了北京电车股份有限公司。1922年3月20日,北京的电车工程正式开工,1924年底竣工,1924年12月17日在天安门前举行了北京第一条有轨电车线路运行典礼。据当时《晨报》报道:"典礼毕,有中外来宾数百人乘八辆花车,以天安门为起点经东单、东四、北新桥、交道口、鼓楼、地安门、太平仓(平安里)、西四、西单到天安门,绕行一周。下午两点除了八辆花车外,另加四辆普通车,共十二辆车绕行全线。车上乘客异常拥挤,沿途观者亦人山人海。"

这就是我们所说的老北京一环路,基本环绕皇城一周。它的走向是:从天安门向东,经过王府井、东单,向北拐,总布胡同、灯市口、东四牌楼、北新桥,向西拐,交道口、南锣鼓巷、宝钞胡同、鼓楼,向南拐,烟袋斜街、地安门,向西拐,皇城根、宛平县、厂桥、太平仓(平安里)、护国寺街,向南拐,石老娘胡同、西四牌楼、缸瓦市、西单牌楼,再向东拐,经长安街、新华门、中山公园,回到天安门终点。

其中有一站宛平县,即当时的宛平县署所在地,在地安门西大街东官房。门向南,中间为爱节堂,堂之西为幕厅,后为日堂,各三楹。再往西为牢狱、仪门、戒石亭。民国十七年(1928年)迁移到卢沟桥拱极城,自此,拱极城即为宛平县治驻地。

新中国成立之后,北京市政府大力发展公共交通事业,至1956年,北京有轨电车运营路线已增至九条,第四路即环行,简称"四路环行"。后因有轨电车噪音大、速度慢等问题,同时也为了适应北京城市建设的需要,1959年,北京城内的有轨电车全部停驶。四路环行的有轨电车被进口的匈牙利斯柯达大客车代替,其路线与有轨电车行驶路线相同。只是起止站改在西单,就是现在北京图书大厦的位置。

我小时候,逢年过节母亲带着我和弟弟去我伯父家,经常乘坐环行有轨电车,在鼓楼下车,然后步行到旧鼓楼大街北药王庙胡同。那时候,从南城到北城,就算出远门儿了。

天安门前有轨电车道

东长安街的有轨电车

西长安街的有轨电车

七、漫谈历史上真实的唐僧——用脚走出来的丝绸之路

2016年2月16日,山东电视台"收藏天下"栏目邀请我点评浙江省工艺美术大师程育全雕塑的铜工艺品——唐玄奘平安造像,同时,讲一下历史上真实的唐僧。使我有机会查阅了有关史籍,了解了历史上真实的唐僧。

大家都知道,唐玄奘是中国历史上非常有传奇色彩的人物。史书记载他只身前往印度,历经千难万险求取佛教经典。20世纪80年代中期,由中央电视台热播电视连续剧《西游记》,更加使得唐僧成为家喻户晓的人物。那么,历史上的真实唐僧是什么样呢?

玄奘(602—664),唐代著名三藏法师。据《新唐书·玄奘传》记载:"玄奘,俗姓陈,名祎,法号玄奘。生于隋仁寿二年(602年)[另一说生于隋开皇二十年(600年)]河南洛阳附近的一个小村庄里。陈氏家族历代为官,其曾祖父陈钦在北魏时期任上党(今山西长治县)太守。祖父陈康,在北齐时期任国子监博学。父陈惠一度任江陵(今湖北)县令。后解甲回乡,过着且读且耕的生活。陈惠对儒家经典颇有研究,又是一个虔诚的佛教徒。他有四个儿子,玄奘最小。当时佛教特别盛行,玄奘二哥陈素在洛阳净土寺出家,法号"长捷"。玄奘自幼天资聪颖,敏而好学,5岁开蒙诵读《孝经》,"备读经典,爱古尚贤"。由于受家庭影响,玄奘自幼喜好佛学,经常去净土寺听二哥讲经说法。其家门不幸,5岁母亲去世,10岁父亲去世,11岁随二哥陈素在净土寺受学《法华经》《维摩经》等,专心致志研究佛学,很快就掌握了佛教理论基础。隋大业八年(612年),玄奘时年12岁,他受大理寺卿郑善果的激赏,一次在全国性考试中选择14个剃度僧人,玄奘脱颖而出,成为14名剃度僧人中年龄最小的一个小沙弥,破格于东都洛阳净土寺出家。玄奘出家后,首先在净土寺跟景法师学《涅槃经》,和从严法

师学《摄大乘论》达六年之久。

在佛教中最高的高僧是"三藏法师",是指遍通经、律、论三藏者学位。玄奘获得"三藏法师"称号的那一年仅 24 岁。

贞观元年(627 年),他移住长安大寺院——庄严寺,玄奘在苦心钻研佛学中,发现当时国内佛教经论体系杂乱无章,义理含混,理解不一,注疏也不同。于是,决心西游天竺(古印度)取经。此时玄奘"结侣陈表",请允西行学法。是时,唐朝初年,西突厥势力很大,西北边塞局势不稳,唐王朝不允许国民出境。玄奘邀集西行的僧侣,虽然一再申请西行,但均未获得朝廷批准。此时众僧侣纷纷退出西行的行列。只有玄奘决心已定,不改初衷,乃"冒越宪章,私往天竺",偷渡之西行。

贞观三年(629 年),长安闹饥荒,朝廷同意僧侣外出就食,玄奘乘机离开长安,私自跟着一些商人向西进发。一日,来到边塞重镇凉州(今甘肃武威),凉州都督李大亮为执行朝廷禁止私自出关的规定,责令玄奘返回长安。这时的玄奘有幸得到当地高僧惠威的帮助。惠威法师派两个弟子昼伏夜行,护送玄奘经张掖抵达瓜州(今甘肃省安西县东南)。到了瓜州没多久,朝廷的通牒(通缉令)也到了:"通令玄奘返京。"巧合的是,瓜州州吏李昌是个虔诚的佛教徒,为玄奘这种立志求经的精神所感动,当着玄奘的面把通牒撕了,毅然放行。玄奘继续西行,准备偷渡玉门关。

玄奘先是来到一个寺庙欲求佛相助,却偶然遇到一个胡人,名叫"石磐陀",希望高僧为他受戒为居士。当得知玄奘要远赴印度取经求法,十分敬仰,并且拜师,自愿当向导与玄奘一起偷渡玉门关,随师父前往印度取经。有学者认为,这个石磐陀就是《西游记》小说中的孙悟空化身。史书记载:这位石磐陀胡人深为所动,便将一匹往返于伊吾国(哈密)十五次的枣红老马送给了玄奘。但是经过几天的日夜兼程,石磐陀怕玄奘在五峰山被擒而出卖他(当时协助偷渡者也是死

山东台"收藏天下"栏目

玄奘西行取经路线示意图

位于印度巴特那县东南的那烂陀寺遗址

罪），怕惹来杀身之祸，竟产生杀师叛逃的恶念。一天夜里，玄奘刚躺下睡觉，发现有人走过来，定睛一看是石磐陀。只见石磐陀手里拿着刀，向他逼近，走过来，走过去。玄奘知道他动了杀机，大声指责、乞求饶命都不管用了。此时的玄奘非常平静地坐在那里，闭目不视。据《大唐西域记》记载："玄奘说：即使切割此身如微尘者而绝不相引。"意思是说：即使你把我碎尸万段，也绝不会出卖你。在这次谋杀未遂中，胡人石磐陀自觉理亏一去不复返了。

自从石磐陀走后，玄奘只剩下孤身一人，而他前边却是茫茫的戈壁，上无飞鸟，下无走兽，险途莫测。进入沙漠后，玄奘便迷失了方向，找不到水，匆忙中又弄翻了水袋。沙漠中没有水，就等于没有生命。在茫茫的沙漠中，玄奘四天五夜滴水未进，已经奄奄一息了。于是这位虔诚的佛教徒，躺在沙漠中默念观音。对于玄奘而言，观音就是他生命的精神支柱。但真正帮助他走出困境的，却是石磐陀送给他的那匹枣红瘦马，把玄奘带到一口泉水旁。

通过了800里大沙漠取道伊吾（今新疆哈密），年底到达了高昌国（今新疆的吐鲁番），即小说《西游记》中的火焰山，就是指吐鲁番盆地北缘，山体结构由红色砂岩构成。维吾尔语称"克孜尔塔格"，意为"红山"。此时的玄奘身份不再是一个偷渡出境的和尚了，而是高昌国的御弟。高昌国国王与唐僧结拜的目的，是想把眼前这个才华横溢的玄奘留下来。玄奘的西行路途再一次受阻，玄奘以绝食抗争来表示西行的决心。到了第四天，玄奘已经非常虚弱了，国王只好同意放行，而且还提供了丰厚的物资，并且还组织了一个30人的取经团队。此后，他们沿着天山南麓继续西行，经阿耆尼国（今新疆焉耆）、屈支国（今新疆库车）、跋禄迦国（今新疆阿克苏），翻越凌山（今穆山素尔岭），沿清池（今吉尔吉斯斯坦伊塞克湖）西行，来到素叶城（今碎叶城，即吉尔吉斯斯坦西南）。玄奘继续西行，经昭武九姓的石国、康国、米国、曹国、何国、安国、虫国（今乌兹别克斯坦境内），随后又翻越今乌兹别克斯坦南部的布兹嘎拉山口，到达今阿富汗北境，由此又南行经大雪山（今兴都库什山）来到今阿富汗贝格拉姆东，行至现在巴基斯坦白沙瓦城进了印度。真正的唐僧在取经路上历尽千辛万苦种种磨难。在翻越大雪山的时候，一场大雪崩和高原反应，夺去了大多数人的生命，只有两个弟子和玄奘侥幸存活。

贞观五年（631年）秋冬，玄奘穿越中原无数小国，长途跋涉5万余里，终于踏上了印度国土——印度那烂陀寺是玄奘真正的目的地。

那烂陀寺始建于公元5世纪，是当时世界上的佛教圣地，藏经丰富，佛法庄严，大师辈出。常住僧人有4000多人，还有很多来自世界各地的非佛教徒，也在这里学习，整个寺院约有1万多人。从此，玄奘开始在这个世界上最早的佛教大学长达5年之久的学习。玄奘拜师那烂陀寺住持戒贤法师，学习《瑜伽师地论》《百论》《中论》等经典，努力学习梵文，为日后翻译佛经打下基础。他还促进了当时印度大乘与小乘佛教之间的统一认识。在戒日王举办的一次全国性的辩论会上，玄奘得到了印度大乘、小乘佛教的一致认同：大乘佛教徒称他为"大乘天"，小乘佛教徒称他为"解脱天"。从而统一了印度大、小乘佛教理论的分歧。自这次大会以后，玄奘在印度声名远播。

公元641年，玄奘带回梵文夹佛经520夹、657部佛经和佛舍利150粒，辞别戒日王准备回国。玄奘决定沿着丝绸之路南线经过高昌国回长安，按照他和高昌国国王鞠文泰约定：玄奘要在高昌国停留三年，但在归途中得知高昌国国王鞠文泰已不在人世。唐贞观十八年（644年），玄奘到达于阗（今新疆和田），给唐太宗书信中言辞谦和地肯请唐太宗的原谅和帮助。七个月后，唐太宗回信，言辞热情地请玄奘回国。

贞观十九年（645年）农历二月一日，唐太宗在洛阳行宫接见了玄奘，初次见面唐太宗对玄奘颇有好感。此时距他离开长安已过去18年了。一年后，一本由玄奘口述、弟子辩机整理的《大唐西域记》呈现在唐太宗面前。书中记录了玄奘亲身经历的110个国家和传闻所知28个以上的城邦、地区情况。不仅包括今天的新疆，还有中亚地区的一些国家，以及巴基斯坦北部、几乎整个印度地区、孟加拉国和尼泊尔地区。内容涉及政治、经济、宗教、风俗、自然风貌等，是古代西域的一部百科全书。

自贞观十九年（645年），又经历19年呕心沥血，译出经书75部，凡1335卷。因为译经传道的声名越来越大，很多外国留学生到他门下学法，此时的长安城也成了世界佛教中心。

唐显庆四年（659年），玄奘法师迁到远离长安城的玉华寺，翻译《大般若经》，这部经书翻译几乎耗尽玄奘所有精力。麟德元年（664年）正月初九傍晚，玄奘在跨越屋后水渠时，不慎跌倒，小腿处稍有破皮。但是从那天开始，玄奘再也没起来，二月初五半夜，玄奘法师圆寂。

玄奘的一生是一部罕见传奇的历史。从25岁那年开始，他踏上西行道路，穿过茫茫的沙漠，越过巍巍的雪山。往返19年，行程数万里，所经所闻138个国家的人文、地理、历史。在1300多年前玄奘用脚步丈量了丝绸之路。19年后回国，又用19年翻译经书1335卷，平均每年75卷，每月6卷，也就是说每5天翻译一卷。对于今天的人们来说，玄奘不仅仅是一位佛教信徒，还是一位伟大的翻译家、探险家、外交家和地理学家。西方学者认为中世纪印度次大陆的历史一片黑暗，而玄奘是唯一的光芒。

2017年12月26日于古燕斋

文物纪事

一、入行学习文物鉴定

1963年7月，我毕业于回民学校初中班，因为家庭生活困难，我选择了直接就业。当时学校就业办公室分配我到北京市第三商业局干部学校，实际上就等于分配我工作了。北京市第三商业局，简称"三商局"，其业务职能是负责北京市副食品商店管理、营销及人事按排。言外之意，我从干部学校出来，直接分配到副食商店当售货员了。要知道20世纪60年代初，社会上掀起"八大员高人一等还是低人一等"的大辩论，正反方在报纸媒体上经常报道。所谓八大员是指售货员、售票员、邮递员、饮事员、保洁员、保育员、卫生员、理发员。他们的工作是否高人一等，还是低人一等。总之，社会上看不起这些人，认为低人一等。我受此影响，认为售货员低人一等，所以我把通知书偷偷地撕了。然后，我背着父母到街道办事处填了一个"无业求职表"。不久，街道办事处张榜公示，北京市文化局、北京市冶金局、北京曙光电子管厂、北京纺织厂、北京印染厂5家单位招生。我毫不犹豫地报了北京市文化局。我记得面试的时候，是在王府井新华书店二楼，面试人员问我："喜欢什么？"我说："喜欢写毛笔字。"就这样简单地一问一答，决定了我的命运。我被录取了，考上了北京市文化局主办的职业学校。该校设有文物鉴定、古书版本鉴定、外文书店、新华书店及财会5个专业，我被分配到文物鉴定班。该班由北京市文物商店负责承办，这是新中国成立以来国家培养的首批文物事业接班人，全班共有20人：章津才、雷文琳、秦公、曲德龙、华义武、李宗扬、刘景春、刘崇豪、孙洪琦、黄秀纯、张茹兰、吴震荣、张秀珍、张正宗、刘秀华、宋宝媛、赵增娥、闪淑华、黄玉兰等，其中一人中途退学。学校聘请了全国著名文物鉴定专家如启功、徐邦达、李可染、刘凌沧、郭味蕖、傅大卣、孙会元、黄静函、徐震伯、靳伯生等先生为我们讲授文物鉴定知识。主要课程有金石、陶瓷、古玩、字画、珠宝、玉器、杂项等专题。学校采取边授课边实习的教学方法，课堂往往设在故宫、历史博物馆或文物商店的店堂内，结合实物传授鉴定知识。考试时从理论到实践，如找不同时代的残器耳、器腹、残瓷片进行鉴别，说出它们的时代特点、真伪等鉴定区别然后打分，鉴定1件10分，每次10件。

我因自幼在琉璃厂长大，很早就对这些古器物感兴趣，如今能如愿以偿地坐在这里学习，感到万分荣幸，因此学习非常认真、努力。故宫、历史博物馆也是我业余时间经常去学习的地方。通过先生们的言传身教，在一年多的学习时间里，我初步掌握了鉴定文物的方法，为我以后开展业务工作打下了良好的基础。

二、漫谈中国古玩行业起源及发展

1. 古玩行业的起源

古玩亦称文物,在清乾隆年间(1736—1795年)以前称之为骨董或古董。骨董一词,最早见于唐开元年间(713—741年)张萱写的《疑耀》卷五:"古董二字乃方言,初无定字。"到了南宋朱熹《语类》乃作"汩董"。明代董其昌《骨董十三说》中曰:"杂古器物不类者为类,名骨董。"清乾隆年间,古玩这个词开始叫响,即古代文玩之意。

20世纪50年代初,叶恭绰先生鉴于"玩人丧德,玩古丧志"之说,建议将古玩改称文物。1953年末,中央财政经济委员会在《私营企业统一分类规定》中,正式改为文物业。从此古玩叫文物,古玩铺改称"文物商店"。

文物行业起源问题说法不一,但是大多数学者公认的,起源于琉璃厂文化街。这条街位于北京市和平门外,与南新华街交叉,东西长约一公里。辽代琉璃厂一带属于京城东郊,是"燕下乡海王村",金代称为海王庄。清乾隆三十五年(1770年),工部营缮司在施工过程中发现辽保宁十年(978年)御史大夫李内贞墓志。记载"葬于京东燕下乡海王村",始知此地为辽代的海王村。

元世祖忽必烈迁都燕京,建立大都,开始在这里设窑烧制琉璃瓦。明永乐年间修建北京城时需要大量琉璃瓦构件,又扩大了海王村琉璃厂的生产规模。清吴长元辑《宸垣识略》记载:"本朝设满汉监督董其事,烧造五色琉璃瓦,厂地南北狭而东西长约二里许。"清乾隆年间琉璃厂才停烧。琉璃厂作为地名沿用至今。

清顺治年间,京城实行"满汉分城居住",当时的汉族官员恰恰是居住在海王村附近。加上很多为官多年,告老而不还乡的也在海王村隐居。还有一些进京赶考的秀才和落第的举人也在此观碑论帖,鉴赏字画,进行相互交换。康熙年间窑厂监督汪文柏奏请朝廷,于琉璃厂前空地建筑房舍,招商承租。于是各地书商纷纷来这里设摊或开书肆、古玩铺。从此,琉璃厂逐渐成为京城较大规模的书市。

明代晚期北京每年正月举办灯市,在故宫东华门外灯市口展示。清康熙年间灯市南迁到琉璃厂,搭棚结彩,游人云集,热闹非凡。其间出售古玩字画、古旧书籍、儿童玩具、日用百货的一家挨着一家。这时候古玩才真正进入商品市场,古玩铺、书铺随之而兴旺起来。

琉璃厂真正兴盛时期是在清乾隆三十八年(1773年)《四库全书》开馆以后,全国文人学士集聚北京,这些人员大都住在宣武门外,他们为了考证典故,详列书目,常到琉璃厂访求自己所要的书籍,于是各地书贾接二连三携带珍本、善本古籍来琉璃厂推销售卖,从而使琉璃厂成为广集天下图书之所在。《清稗类钞》云:"京师琉璃厂为古董书画荟萃之地,至乾隆时期而始繁盛,书肆最多,终岁启扉,间亦有古董书画之店。"此时的书肆、古玩店、南纸店、湖笔、徽墨等文化商铺,鳞次栉比,街道两旁逐渐形成了驰名中外的文化街,成了文人雅士必至的场所。到了清光绪年间,这一带已有100多家古玩铺、书肆了。

民国时期是古玩行业的"黄金时代"。琉璃厂街头人来人往,盛况空前。古玩店里送往迎来,接应不暇。琉璃厂之所以成为闻名遐迩的商业区,不仅仅是因为有卷帙浩繁的古籍与文人的雅兴,每年的厂甸庙会更令全城的百姓趋之若鹜。春节期间,琉璃厂、厂甸、火神庙等地。古玩摊、书摊、珠宝玉石翡翠玛瑙摊位一个挨着一个。游人摩肩接踵,熙熙攘攘,街上马车、洋车、轿子排成行,达官贵人、文人学者出入古玩店、书肆。火神庙原是露天摆摊,1920年,庙内建成罩棚,游人顾客来之更多,当为琉璃厂鼎盛时期。

2. 古玩行业经营范围

古玩行业经营中分上、中、下三等,即古玩铺、挂货铺、旧货店。旧货店经营零七八碎的古玩玉器,古玩铺不承认他们是同行,如同现在潘家园地摊卖旧货

民国时期海王村古玩摊

1981年与美籍华人旧地毯鉴定专家、美国加州大学教授李汝宽合影
左起：李卓卿、范岐周、李孟东、赵嘉章、李汝宽、程长新、王鲁、徐震伯

文物鉴定班同学聚会。前排左起：黄秀纯、张正宗、李宗扬、曲德龙、闪淑华、吴震荣
后排左起：刘秀华、雷文琳、黄玉兰、宋宝媛、张茹兰、章津才、赵增娥、秦公

的，他们不归古玩行业。

北京的古玩铺大多集中在琉璃厂、东华门、东四牌楼等地。虽然是一个行业，但是经营的古玩则分门别类。如琉璃厂庆云堂专门经营碑帖、文房四宝，韵古斋专门经营金石瓷陶，宝古斋专门卖古代字画，墨缘阁专卖近现代字画，翠珍斋专门经营瓷器、玉器等等。古玩分十三个门类，各门类都有自己的专业学问。因此每家古玩铺都成了"文物分类的专业知识研究室"，在这个"研究室"中，培养造就了众多的各种不同专长的文物鉴定专家。如孙瀛洲、耿宝昌、赵嘉章、王鲁、傅大卣、程长新、孙会元、李孟东、靳伯生、李卓卿、范岐周、张彦生、马保山、胡介眉等，他们都在各自所学专业领域里成为顶级的鉴定专家。

北京的挂货铺多集中在前门大街以北，廊房头条、二条胡同一带。经营范围介于古玩铺与旧货店之间，以经营民俗文物为主，如翡翠、珍珠、玛瑙、玉器挂件、竹木牙角器、地毯、绣片、铁器、沉香、料器、烟具、蝈蝈儿葫芦、蛐蛐儿罐、鸟食罐、鸽子哨、犀角、虬角、象牙等等。

旧货店和地摊虽然不被古玩商会所承认，但是古玩铺、挂货铺又离不开旧货店和地摊。一些古玩商也经常去旧货店和晓市，这些地方也是他们进货来源之一。旧货店和地摊中也有金石、瓷陶、古玩、字画、珍珠、玛瑙、珠宝、翡翠、竹木牙角等旧货，真假杂陈其间，鱼目混珠，其中也有从古墓葬里盗掘出来的出土文物。他们从收买旧货中练眼力，其中不乏有文物出现，可以"捡漏儿"。大古玩商巨贾岳彬最初就是旧货店学徒出身。

3. 古玩行业经营方式和行规

古玩铺经营方式基本上都是"等主候客"，对上门的主顾不推销，全凭自己喜好和眼力，所以古玩铺有"一年不开张，开张吃三年"的说法。也有小本经营走宅门、串大户的，挟包送货上门张罗买主的。也有捐客介绍，买卖成交后，双方按成三破二规矩提成。

行内交易集中在古玩商会所设的"窜货场"。同行议价习惯用"内拉手"的方式,也称"袖里藏金",保持机密,议妥则以报出的数字为准。对价格较高的文物则用"封箱"方式,密封投标,揭标后当众拆封,出价高者得"标的",商会规定"买卖公平,双方互利"。但是竞标人必须有眼力,看准识货,胸中有数,否则买了"打眼货"非但经济受损失,还会被同行们耻笑。徒弟、伙计买了打眼货或者价格过高,掌柜的可以请商会协商解决,双方让价或退货,行话叫"砸浆"。

经营古玩者必须懂鉴定,而鉴定古玩必然涉及多方面的知识,如历史、地理、人文等知识,并对各方面的知识要融会贯通,举一反三,闻一而知十。要对所售商品讲出来龙去脉,对纹饰中,如"八仙过海、鲤鱼跳龙门、五子登科、一路连科、加官晋爵"等讲出什么寓意,用以提高所售商品的历史知识与艺术价值,激发购买者的兴趣。接待顾客要有礼貌,谦虚和蔼,有文雅之风度,穿戴整齐,语言讲究,不说粗话,口才好,对答如流。这样才能得到顾客的尊重和信任。

古玩铺陈设的古玩有真有假,还有"撂跤货",即真假未定的东西,亦不标明真伪。鉴定文物的眼力不一样,有人看真,有人看假。如果是真的东西被买走了,这叫"捡漏儿"。如果买假货了叫"打眼"。这些不能称之为骗人或者受骗。双方都认为是"眼力"问题。

古玩行故意骗人的很多,基本方法是以假充真,以次充好。凡铜器、瓷器、石雕造像、字画等都能复制和修整,然后凭借古玩商的两片嘴说得天花乱坠,使买主分不清真伪。另外设局行骗的也很多,如假借王府、大宅门搬家机会,四处贴广告"某某王爷解甲归田,王府内所有文玩摆设、木器家具等一应拍卖三天"。然后古玩商偷梁换柱,把自己的东西摆进去,有真有假。买主完全凭自己的眼力参与竞拍,一旦成交概不退换。眼力好的也能捡漏儿,但有很多收藏爱好者或古玩行的人,认为王府、大宅门的东西没假货,大意失荆州。即便找上门,王府宅门也空空如也,没人了,只有自认倒霉。

作者与马保山师傅合影

岳彬与同人合影（后排左一岳彬，摄于20世纪30年代）

4. 老北京古玩行里有两位最著名的人物

老北京古玩行里有两位最著名的人物：一个是岳彬，另一个是孙瀛洲。在众多的经营古玩商人中，这两位是研究古玩行业历史不可缺少的人物。

岳彬（1896—1955），字文轩。故一般人都叫他岳彬"岳二爷"。他是北京琉璃厂头号古董商，也是中外驰名的古董巨商。新中国成立后因洛阳龙门石窟的《帝后礼佛图》《皇帝礼佛图》盗窃珍贵文物案，被判死刑缓期执行，1955 年死于狱中（电视剧《五月槐花香》故事原型）。岳彬，通州西集镇张各庄人，早年家境贫寒，14 岁那年他爹托本村有个内务府官员的管家常惠川，带出来到琉璃厂学徒。但是，常惠川把自己的外甥送进琉璃厂大观斋学徒，而把岳彬送到王府井锡蜡胡同一座破庙里和买卖旧货的朱二学徒。要知道卖旧货的在古玩行眼里不入流，不被古玩行人认可。

旧社会小孩子进古玩铺学徒先要立规矩，懂礼貌，沏茶倒水伺候人，言谈、话语、行动、坐卧要有官员的架派，文人的样子，所以古玩商不同于一般的商人。岳彬在破庙里和朱二学买卖旧货，朱二不懂古玩行的规矩，也就没法给岳彬立规矩了。岳彬学徒的时候，除了给掌柜的沏茶倒水、买菜做饭、铺床叠被、提溜夜壶，还要跟着朱二半夜三更起来到东晓市去买旧货。小徒弟岳彬手提个纸灯笼，照亮在前面走。朱二在后面跟着："站住。"岳彬随声："是，师傅。"然后顺着师傅的眼神儿，把灯笼一提，照着地摊摆的乱七八糟的古玩旧货。师傅借灯光看货，小岳彬在一旁偷学。东晓市也叫鬼市，天一亮就收摊散市。地摊上的东西有偷的，有抢的，也有盗墓盗出来的。朱二不管，从不问东西来路，只要摊上的东西能赚钱拿起就走，头都不回，怕人家找后账。应该说岳彬跟着朱二跑晓市的时候，正赶上清末民国初年，京城里鬼市兴旺，古玩旧货不少。跟着朱二学徒比在古玩铺学的眼路宽，胆子大，路子野，规矩少，又得有机灵劲儿。什么金、银、铜、铁、锡、瓷器、玉器、珐琅、雕漆、竹木牙角器，只要能赚钱，就得上手买。岳彬和朱二

皇帝礼佛图

帝后礼佛图

学了三年零一节（三年零三月），民国三年（1914年），他自己挟包做生意了。从天津、山西等外地买点货，卖给法国人。那时候只是些小零碎的买卖，像样的东西他也买不起，没做大号生意。

民国十年（1921年），岳彬与金书源、王悦之合伙做古董生意。这一年，岳彬从天津福兴成古玩铺花4000大洋买了件珐华釉瓷罐。买回来后，给金书源、王悦之看，三人经商量由岳彬送给法国人魏武达看。这个魏武达是法国驻清廷第三任公使，卸任后，在法国巴黎开古玩铺，是位"中国通"，对中国金石、珐华瓷有研究。当时魏武达认为这件珐华釉罐子是元代的，釉色美，造型新颖，是有欣赏价值的室内装饰品。原来珐华釉陶瓷器不大值钱，清末民国初年，被法国人把行市炒起来了。法国人喜欢这种釉色，北京古董商在山西大量收购，将明代的珐华器当作元代的文物卖给法国人，价钱十分昂贵。岳彬卖给魏武达的珐华罐，价格高达1.5万银圆。可是，见了金书源、王悦之二位爷，岳彬说卖了6000大洋。天下没有不透风的墙，不久金书源知道了，并告诉王悦之，说："岳文轩这小子骗了咱们俩，他把珐华罐卖给魏武达15000，告诉咱们他卖了6000，这小子独吞9000块！跟他散伙。"

岳彬独吞9000块，有了第一桶金，继续做法国人生意，不断地从外地进货。买卖越做越大，住处也是三易其居。先是在狗尾巴胡同兴隆店里，搬到前门外杨梅竹斜街的蕴和店租两间住房，还找了个徒弟，河北吴桥人，叫丁兆凯，大高个，人忠厚老实。师徒俩做生意，买卖好，生意火，有钱了。后来岳彬花三万大洋，在东琉璃厂的炭儿胡同买了一套两进的四合院（现在的大栅栏街道办事处和派出所所占的院子）。还在老家置了八十亩地。岳彬做生意很注意行情，而且和岳彬聊天三句话离不开本行，不聊行里的人和事他就不理你了。他满脑子都是古玩，怎样用古玩赚钱。他的眼力好，鉴别铜器、漆器、珐琅、木雕、石刻、唐三彩、宋元瓷、明清官窑瓷、地毯、缂丝、杂项，除了字画无所不能。应该说这和他在破庙里跟着朱二学徒跑晓市有关，跟在琉璃厂古玩铺学徒不同，在古玩铺有"吃软片的"，即字画、名人信札类。有"吃硬片的"，即瓷器。或"吃金石"，还有"吃图章、砚台"的。而跑晓市，摆旧货摊，只能是买着什么就卖什么。所以买卖虽小，眼路却宽。而岳彬早就练成了"火眼金睛"。只要能赚钱，什么都敢买。这种理念为他后来铤而走险，走上犯罪道路埋下隐患。有人说岳彬发财是"傻小子睡凉炕，全凭火力壮"。用岳彬自己的话说："现在解放了，都说剥削，我发财靠的是眼力、本事。还要靠自己耳朵听消息，随时都要学习，我这辈子可不是傻小子睡凉炕。"老古玩行人都说："岳彬眼睛尖，耳朵长，消息灵，记性好。"特别是做洋人的生意，随时要注意洋人喜欢买什么，只要洋人一买，行市准起来。他做生意注重文物的稀有和特殊性，把收集到的珍贵文物，收藏居奇，再宣传出去，然后搞复制品卖出去。他是在"真假虚实"上做文章。民国时期北京东单有一家古玩铺，贾氏二兄弟开的。一天不知道二贾从什么地方买了7个石佛头。大贾说他："买佛爷脑袋卖不出去！"二贾说："便宜，总共才花50块钱。"大贾说："便宜也卖不出去，只有搁着。"果然一搁好几年。1925年，突然间佛头行市涨起来了。岳彬马上找大贾问他："你那7个石佛头卖不卖？"贾说："搁好几年了，有买的就卖。"岳彬问："要多少钱一个？"贾说："100块钱一个。"岳彬说："一个石脑袋卖不出去，我给你50块一个，共350块。"大贾心想50块钱买一堆，今天一块儿都卖了，赚了300块钱。大贾一合计赚了不少，就卖了。

原来岳彬认识一个日本人，叫"四泽"的和他说："最近日本人研究中国石雕造像。"于是岳彬就把买到的石佛头让四泽先生看。先卖给日本人一个石佛头，要价800块大洋，少一分不卖。

其余六个分开卖，其中有真的也有"以假乱真"的复制品。他懂得物以稀为贵。后来，他的一个石佛头就卖了2000块大洋。

1931年，有个美国人普爱伦去洛阳参观龙门石窟。这是北魏孝文帝迁都洛阳（494年）后开创，后又经历了东魏、西魏、北齐、隋、唐、北宋诸朝，连续四百多年大规模营造的。这个美国人在宾阳洞看中了窟内前壁四层浮雕，讲的是佛本生故事及孝文帝和皇太后礼佛图。美国人普爱伦拍了照片，回到北平同岳彬商议签署合同，五年为期限，四万现大洋代价，将《皇帝礼佛图》和《太后礼佛图》运往美国。而后，岳彬买通洛阳龙门石窟驻军，凿下宾阳洞中的北魏时期的两块石雕像。岳彬为区区四万大洋犯下滔天大罪，毁掉祖先遗留下的文化遗产。国之瑰宝被凿成一大堆碎片，运到北平后，岳彬犯愁了，那么多的碎石块怎么粘对成两块大浮雕。由于石块太多无法粘对，岳彬则找到高人边修复边复制，经过很长时间，才拼凑《皇帝礼佛图》和《太后礼佛图》。现在《皇帝礼佛图》陈列在美国纽约市艺术博物馆，《太后礼佛图》陈列在美国堪萨斯纳尔逊博物馆。但至今古玩行谁也说不清楚卖给美国人的两件浮雕礼佛图是真品还是复制品。

  1952年，政府查出岳彬同普爱伦签订盗卖合同及两箱子石雕碎片。岳彬被捕入狱，被判死刑缓期两年执行，1955年死于狱中。

  岳彬爱吃独食，在家吃饭总是一个人先吃，他吃完了才让别人吃。所以有人说他在狱中是饿死的，他不肯吃监狱的窝头。也有人说岳彬是兴于佛，亡于佛，以卖佛头起家，毁佛图丧命。

  岳彬是北京古玩行业中出现的一位特殊的典型人物，是研究我国清末民初古玩市场历史不可缺少的人物。

  孙瀛洲先生的人生轨迹也是一个传奇。他本是一个河北冀州的农家子弟。1906年到北京，曾先后到"同春永""宝聚斋""铭记"等古玩铺学徒。1923年在北京东四南大街开"敦华斋"，直到1956年加入公私合营。经营瓷器、古玩生意等达33年之久。因研究深入，经营有方，成为北京著名的古董经营者，是赫赫有名的"孙五爷"。其高超的鉴定水平，为同行所称道。后孙瀛洲受聘于故宫博物院任研究员，并给故宫带来一份大礼，将自己一生所积累珍藏的3000

陶瓷专家孙瀛洲先生

前排（自左至右）张彬卿、崔耀庭、刘宜轩、罗森伯、罗妻、靳咨轩、孙瀛洲、陈中孚。（中排左至右）陈鉴堂、王冻廷、岳彬、蒋涛平、孙会元、王冶中、乔友声、赵霞飞、范岐周。（后排左至右）耿宝昌、高守义、张福川、卢雨亭。1946年9月18日欢送美国古董商罗森伯夫妇，摄于北京萃华楼饭庄

多件文物慷慨地捐赠给故宫博物院。在其中2000多件瓷器中就有25件一级文物，除了国宝"三秋杯"外，宋代哥窑弦纹瓶、元代釉里红印花云龙纹高足碗、清雍正仿成化斗彩盖罐、清乾隆炉钧釉弦纹瓶等文物堪称稀世珍宝。

三秋杯高仅两寸，胎釉薄如蝉翼，杯身以秋菊、蝶、草组成画面，表现出秋天的景色，明成化斗彩三秋杯，已经成为故宫镇馆之宝之一。

"斗彩三秋杯"身世不凡，相传明成化皇帝非常宠爱比自己大17岁的万贵妃。为了讨她喜欢，命景德镇工匠特制御用酒杯。赏赐给万贵妃的一对酒杯到了明嘉靖年间已属珍品，其价值要比"鸡缸杯"高而珍贵。

日伪时期，民生凋敝。安定门外一带的当铺，成了满清遗老遗少卖家底的地方。有一家当铺因经营不善即将倒闭，掌柜的想把家底抛了还债，其中一对抵押品就是"三秋杯"。孙瀛洲闻讯后几乎把所有家当全卖了凑出40根金条，成功收购了绝世珍宝三秋杯。

得到"三秋杯"后，孙瀛洲先生如获至宝，随后将这对杯子秘藏起来。任他人出再高的价钱也拒绝售卖，甚至连他的女儿也是在杯子捐献前才知道家里还藏有这样的宝贝。如今他女儿孙文冬还记得当年父亲在捐出绝世精品之前的情景。1956年，我还是戴着红领巾的初中生，那些日子家里来了不少人，对捐献的文物天天在北屋登记造册。之后，故宫该来装箱了。捐献的前一天，父亲把全家人叫到东屋的里屋。他站在炕上，眼前摆放着几百个盒子，在要捐给故宫的珍贵文物中，打开一个精致的小盒子，小心翼翼地拿出两个小瓷杯给全家人看，并说："这是咱们家最值钱的东西，故宫也没有。明天就捐给故宫了，今天让你们看看。"他说话的时候脸上带着微笑，甚至充满自豪感。

新中国成立后作为古玩商人向政府捐赠文物，不仅数量之多，而且品种和质量也都属上乘。

孙瀛洲受到中央人民政府的奖励，并担任第四届全国政协委员，受聘于故宫

a 清雍正斗彩三秋杯

b 清康熙仿成化款斗彩花蝶图盖罐

c 清康熙礬红彩双龙纹碗

孙瀛洲捐献部分瓷器一组

博物院顾问。在故宫博物院工作期间，面对数以万计的陶瓷藏品，竭尽施展自己的才华。他带领工作人员对故宫所藏的陶瓷器进行重新鉴定。他生活朴素，平易近人，还总关心青年人的专业知识水平的提高，向年轻人传授古陶瓷鉴定经验，同时，孙瀛洲先生著作颇丰，他写的《成化官窑彩瓷的鉴别》是一篇非常有建树的学术论文。其中成化斗彩鉴定口诀"成字横前一点头，戈字一撇似腰刀；化字顶端齐平头，年明二字斜吊腰，衣字一横不过刀"至今还在文博系统中广为流传。其学生桃李满天下，其中最著名的古陶瓷鉴定专家、故宫博物院研究员耿宝昌，已经90多岁的高龄，至今还活跃在文博战线上。

　　孙瀛洲先生和岳彬两个人，同样是生活在清末民初的时代，同样是农民出身的孩子，同样在古玩行里学徒三年零一节，同样经过多年的艰苦奋斗，苦心经营，在古玩行同样都是驰名中外的大贾巨商，但是两个人的思想境界不能同日而语。一个把一生所藏稀世珍宝全部无偿地捐赠给国家，得到国家和人民的赞誉；一个为区区四万元而盗窃、毁坏珍贵文物，而得到法律的严惩，其下场可悲，为全国人民所耻笑。

耿宝昌先生

孙瀛洲与耿宝玉、冯先铭等同事合影

三、庆云堂

庆云堂碑帖店归属北京市文物商店，位于西琉璃厂路南，万源夹道北口外。这里藏有历代碑刻拓片、拓本和不同时期的笔墨纸砚及名家篆刻的各种印章，也是全国唯一经营碑帖的专卖店。行业内，碑帖被称作"黑老虎"。

1964年，我和秦公、吴震荣被分配到庆云堂工作。吴震荣师从赵修文学习财会记账，我和秦公师从张彦生、马保山学习碑帖鉴定、拓片制作，向李文才先生学习纸墨笔砚等文房四宝鉴定。

庆云堂早在民国初年开始营业，老掌柜张国林，字彦生，河北省吴桥县人，清光绪二十八年（1902年）在隶古斋学徒，师从李光杰，1930年承接曹子芳的庆云堂。徒弟有王敏（新中国成立后在北京图书馆金石组工作）、张书瀛。1956年国家对私营工商业进行改造，公私合营后仍保留庆云堂字号，现存有张大千、郭沫若及日本友人等手书匾额。

合营后的从业人员有张彦生、张杰丞、阴金城、马保山、胡介眉、李希陶、周希汉、赵修文等人。其中张彦生是碑帖鉴定专家，曾受聘于中国历史博物馆鉴定顾问和国家文物事业管理局咨议委员会委员。曾先后在《文物》月刊发表《唐怀仁集王右军圣教序拓本概述》《唐柳公权书神策军碑》《唐欧阳询书九成宫醴泉铭拓本述略》，并将自己一生所见善本碑帖加以整理编撰《善本碑帖录》。张彦生先生1982年在京去世，享年81岁。另一位马保山先生也是碑帖鉴定专家，又是画家。故宫博物院收藏他两件作品；纪念毛泽东诞辰一百周年时，为毛主席纪念堂画《百松图》巨卷。出版有《马保山先生画集》《书画碑帖见闻录》。1981年退休后被聘为首都博物馆鉴定委员、中国老年书画研究院顾问，去世时年95岁。

过去，琉璃厂各店铺的规矩很多很严，一般都不轻易收徒，而我们是党和国家培养的文物事业接班人，也是第一批走进琉璃厂古玩铺的学生。我们3人到了庆云堂后，对这里的一切都感到很陌生，特别是在学校所学的知识，在这里明显感到不够用，一切需要从头学起。鉴定碑帖和字画在文物行业是最吃眼力的，尤其是碑帖。中国的拓碑历史大约起源于东汉。据文献记载，秦始皇统一六国后，巡视各地，命丞相李斯相随，每到一地常让李斯撰写颂文刻石记功，这就是所谓的"树碑立传"的开始。到了西汉，刻碑立石逐渐增多。东汉时此风昌盛，大凡帝王将相及名门贵戚死后，墓前均立石碑，追颂其功德。随着树碑的盛行，刻石的技术也有了空前的发展。为了保存和临摹碑文之书法，开始有了碑拓技术。据说东汉的班固、许慎、蔡邕等人，学习李斯的篆书，都是从刻石拓本临摹的。晋代书法家王羲之曾临摹过蔡邕书石经拓本。到了隋唐，拓碑技术已很盛行。宋元明清以来，碑石林立，刻帖尤多。拓碑有多种拓法，古代有响拓，宋明以来有乌金拓、蝉翼拓、擦拓、蜡拓等。

鉴定碑帖不仅要熟知历代书法大家的笔法特点，而且要对历代拓法、用料、装裱特征、纸墨特点熟记在心，然后对拓片进行一一考证。几百种碑帖、各时代的考据都要牢记背熟，原拓本和翻刻的赝品，要能一眼辨出哪件是真迹，哪件是后人翻刻。因此，碑帖鉴定在文物行业中是令人生畏的"冷门"。以鉴定碑帖著称的专家张彦生、马保山、张杰丞、胡介眉等先生均在庆云堂工作，是我们向先生们学习的好机会。

俗话说："师傅领进门，修行在个人。"我为了尽快掌握业务知识，白天工作晚上学习。那时我和秦公吃、住都在庆云堂。为牢记碑帖名称、捶拓特点，鉴别原石与翻刻的区别，往往要找出众多的版本进行比较，从用纸到墨色，找出其规律，再死记硬背考据。几百种碑帖、几千个考据都要一一铭记在心。我师兄秦公在学习上更是拼命三郎，经常学习到很晚，饿了到隔壁小铺吃碗馄饨，困了就

庆云堂　庆云堂内景

张大千书"庆云堂"匾额

日本书法家雨野雪村书"庆云留光"匾额

躺在店内紫檀木雕龙长条案上睡。我们共同工作生活了3年，1967年我调到北京市文物管理处从事考古工作，秦公则一直从事碑帖研究，孜孜不倦30多年，而后不断在报刊上发表论文，著有《碑别字新编》《秦说碑帖》及36卷本《中国石刻大观》等专著，为后人研究碑帖及书法留下了大量珍贵的资料。

1980年琉璃厂街道重修后，庆云堂碑帖老店的字号仍保留着。除国内顾客外，日本书法家也经常光顾庆云堂。日本著名书法家雨野雪村派人来买碑帖，并曾送亲笔题写的"庆云留光"匾额，碑帖业随着市场经济的发展，将再放光芒。

四、收购文物趣谈

　　文物鉴定工作现在被称为"眼学",若要提高自己的眼力,就必须不断地在实践中学习,在比较中鉴定。除了老师传授外,大量的鉴别经验是在实践中取得的。因此,参加工作不久,我便和张彦生师傅到外埠采购,先后去过天津、济南、烟台、青岛、南京、上海、郑州、开封、武汉、长沙、广州、成都、重庆等地。每到一处,我们在与当地文化部门联系后,便张贴出广告:"今有北京市文物商店庆云堂现在□□饭店坐堂收购传世文物,如有出让者请前来接洽为盼。"于是,有意出让文物者便纷至沓来,也有的与我们联系好后,我们再登门造访。如遇有珍稀传世文物,我们就会想尽办法动员收藏者出让给国家。一般情况下,我们在一个地方会待上半个月至一个月左右。收购结束后,将我们在该处收购的文物造表装箱托运回京,然后填写"文物收购价格表",在表中必须列出文物名称、收购价、销售价、议价组评价。其中收购价、销售价填好后用封签遮盖寄回。议价组评价一栏由本门市议价组评议,定出他们认为此件商品的销售价,再将采购员遮盖的自定价格揭开与评议价对比,哪件赚了钱,哪件赔了,真品、赝品一目了然。外埠采购员外出采购一般都是3—6个月,所以议价组同事会再将此表寄给采购员,告诉他们议价组的评议情况,以便采购员及时总结经验,不断提高。

　　文物商店对外埠采购员要求很严格,在纪律方面不准吃请,不准收礼,不许超范围收购。对一些超范围的物品,如出土文物、有损妇女形象的、有迷信色彩的等等,均不得收购,违反以上纪律者便通报批评或给予处分。当时有位老业务员因收购出土定窑瓷盘、碗,曾受到国家文物局的通报批评,并给予警告处分。同时,在宝古斋后院小楼上,文物商店专门辟一展览室,不定期地举办"超范围收购品、赝品展览",并在展品上标出采购员姓名,以促使业务员吸取教训,提高敬业精神。

1965年夏，我和张彦生师傅从山东济南前往青岛，安排好住处已经是晚上9点了。因为是第一次到海边，我很兴奋，提议到海边走走，张彦生师傅兴致勃勃地答应了。于是我们来到著名的栈桥，只觉海风迎面扑来，远处一片漆黑，浪头一个接一个地从黑暗中翻滚而来，咆哮着拍击着海岸。我站在海边，脚下巨浪扑面而来，吓得我倒退三步，大海给我的第一个感觉好像有些可怕。

其实大海还是很美的。第二天，我又去了海边，昨夜浑浊的海浪，今晨略显暗绿色。风不大，水面荡漾着一朵朵银白的浪花。海鸥贴着水面低飞觅食，海水退潮了，火红的太阳从东方徐徐升起，真是太美了。

在青岛收购的那几天，恰好遇到了我的同窗——宝古斋字画门市部的章津才和韵古斋陶瓷门市部的华义武。那时的北京市文物商店在全国来说可以称得上是"老大"，专业分工很明确。如墨缘阁专营近现代书画、宝古斋以古代书画为主、韵古斋经营古陶瓷、萃珍斋经营玉器杂项等，各有各的任务。我们在外埠收购，经常能碰上本市其他商店的业务员，这不足为奇，但3个同学不约而同地在青岛见面，真是太出乎意料了。机会难得，经我提议，我们在海边摄影留念。

1965年国庆节前，组织决定派我去参加"首都民兵师"的受阅训练任务，因此，我在青岛没住几天就回京了。从青岛到北京的火车票不好买，只有一张硬座车票。为了赶时间，我必须马上回京。为了照顾老专家张彦生师傅，我自作主张给他买了一张软卧车票。老先生可能知道财务制度上有规定，坐软卧是有级别限制的，上车后，任凭我怎么劝，他就是不去软卧车厢。我一赌气，既然买了就不能浪费，他不去我去！回去报销路费时，没想到因级别不够，不给我报销。会计开玩笑地说："你是学徒工，你摸摸你脑袋长圆了吗？坐软卧是有级别的，你师傅都不敢坐，你也不问问他为什么不坐。"为这张软卧票，我写了好几次检查，最后市文化局计财处特批，原谅我刚参加工作，不懂财会制度，破例予以报销了。

1965 年参加首都民兵师受阅训练

作者与章津才、华义武在青岛海边留影

五、陈清华藏书回归见闻录

1965年国庆节过后，我和张彦生师傅开赴京广线，第一站郑州，然后去开封。11月6日，我们从河南开封转至武汉，联系好住处后即到武汉文物总店报到。刚一进门，武汉文物总店经理说："你们是北京文物店的人吗？请你们立刻往家打电话，有紧急任务。"我不知道有什么情况，立刻往北京打长途电话找业务科。景严科长在电话中指示："你们务必在7日前赶到广州市文化局，与国家文物局王冶秋局长接洽。鉴定一批海外古书、碑帖……什么都不要办了，先去广州！"十万火急，我们立即买了下午的火车票赶赴广州。即便如此，我们临出发前，在武汉文物总店也挑选了10件碑帖、图章、端砚等。其中一堂特大号雕狮纽花寿山石章，高约35厘米，20厘米见方。共3件，两件方形的，一件偏长方形的（行内将成组的石章称为"一堂"）。武汉文物总店当时定价29元，运到北京后，经庆云堂门市议价组定价400元。这一堂石章一直放在橱窗内做展品。1973年，被一位法国人买走了。这是我有生以来所见的最大的精美石章，最终流失海外，实在太可惜了。

第二天早晨（11月7日）乘火车到广州后，我们直奔越秀花园宾馆。此时国家文物局局长王冶秋、国家文物局办公室主任金峰、北京图书馆研究员善本特藏部主任赵万里、研究员丁瑜及商务印书馆驻香港办事处主任赵元任先生已在宾馆等候多时了。时间紧任务重，王局长立即宣布开会，而且气氛非常神秘。王局长压低嗓子说："我请诸位专家学者来广州，是要鉴定香港藏书家陈清华先生欲出让的一批图书和善拓碑帖。现在东西在海关，如果是国宝，立即征集；如果是赝品，就请商务印书馆赵主任婉言回复。"并宣布一条纪律，"此事成与不成，参与者要绝对保密，不得向任何人透露。"而后，我们驱车前往海关。经鉴定，这批文物包括善本图书18种，善拓碑帖7种。其中善本图书有宋刻本《荀子》《张承吉文集》；元刻本《梦溪笔谈》《任松乡集》；元明间刻本《断肠诗词》；明翻元大德年间平水曹氏进德斋刻本《尔雅》，明弘治年间涂贞刻本《盐铁论》，明嘉靖刻本《泰山志》；清初毛氏汲古阁影宋抄本《鲍参军集》《汉书》，汲古阁抄本《小学五书》《词苑英华》《焦氏易林》，以及清乾隆年间学者孙星衍、洪亮吉校，顾千里跋《水经注》等。碑帖善拓本有：北宋拓本《神策军碑》，宋拓本《佛遗教经》，宋元拓本《蜀石经》《嘉石经》《大观帖》，元明拓本《绛帖》和明初拓本《东海庙碑》等。因我是学碑帖鉴定的，故对当时过眼的碑帖记录较为详细，并经请教师傅张彦生先生，现记述如下：

《神策军碑》全名为《皇帝巡幸左神策军纪圣德碑》，崔铉撰文，柳公权正书。唐会昌三年（843年）立于皇宫禁地，除朝廷官员能见到，外人很难见到此碑，捶拓则更难了。至今只流传此一种，堪称"海内孤本"。此册为宋拓、库装、硬镶、剜裱。拓本高34厘米，宽22.7厘米。大字每页3行，中字每页4行，现存54页，尚缺一开（2页）。据安岐《墨缘汇观》记载，此碑"墨拓本，宋装裱，正书，计56页，后文至嘉其诚止"。现在此本只27开，54页，正好缺一开2页。欧阳修《集古录》未见著录，赵明诚《金石录》只列碑名。

根据拓本中收藏章观察，此本流传有序。可考的最初入藏者，是南宋贾似道，首页有"秋壑图书"印记可证。元代有"翰林国史院官书"条记，可知入元以后为官书。明初先归内府，后来入藏晋王家，有"洪武六年闰十一月十八日收"的小金字记载，和"晋府图书"钤印。清初，又先后有北京孙承泽、梁清标、安仪周、张蓉舫、陈介祺等递藏。

神策军建立于唐玄宗天宝十三年（754年），最初是设在甘肃临洮的边防军，后来演变为五大禁军之一，其统领者均为宦官。柳书《神策军碑》记载的是唐武宗李炎巡幸左神策军时的情形，其内容为歌功颂德，为皇帝树碑立传，史料价值

宋拓本《神策军碑》

陈清华先生

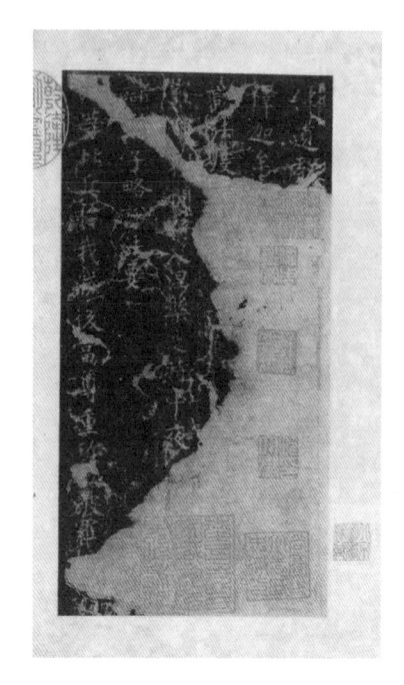

宋拓本《佛遗教经》

《东海庙碑》

并不高，但它保存了柳公权高超的书法艺术，为后人研习柳体提供了珍贵的实物资料。

我国书法到了唐代已发展到鼎盛时期，堪称书法艺术顶峰。颜、柳、欧、褚是当时四大书法家代表。柳公权，字诚悬，生于大历八年（773年），卒于咸通元年（860年），是唐代后期著名书法家。此碑是柳公权71岁时所书，比之其代表作《玄秘塔》，笔法更加精练遒劲。加之摹刻精良，捶拓手法绝佳，比较真实地反映了柳字神韵，实为柳书中不可多得的艺术珍品。1974年文物出版社将此拓本影印出版。

《佛遗教经》，宋代麻纸毡拓，硬镶，剜裱，墨镶边，原为明永乐、宣德年间官吏袁宗彻的家藏，后归范氏天一阁。清初归安岐收藏，以后入藏清内府，上钤有乾隆、光绪、宣统等鉴赏玺印。此拓本书法甚精，有晋唐小楷风韵，亦是难得的书法珍品。

《东海庙碑》，原石于东汉灵帝熹平元年（172年）立于江苏海州。隶书，阳刻碑文，阴刻文系重修此祠时的刻字。此碑宋代已毁，现存《东海庙碑》系翻刻本，亦很难得。

《大观帖》，北宋大观三年（1109年）一月，徽宗诏刻蔡京书签卷首，立石于太清楼。这次鉴定仅见两卷：卷一，为宋拓本，收东汉章帝至唐代高宗等历代帝王草书和行书帖17种。卷二，浓墨元明拓，翻刻本，收东汉至晋五代各名臣张芝、钟繇、王象等草书、行书、小楷帖19种。草书旁有清乾隆、嘉庆时徐真木朱书注释。

《绛帖》，北宋潘师旦摹刻本。淳化三年（992年）刻于山西绛州，故称《绛帖》。所见二卷均为翻刻本，元明间拓本，明代中叶著名书法家周天球曾过目或收藏。

《蜀石经》，始刻于后蜀孟昶广政元年（938年），至北宋宣和六年（1124

年）完工，前后历时180多年，刻有《易经》《论语》《尔雅》等10种。北宋时又续刻《左传》《公羊传》《穀梁传》《孟子》，共为十三经。竣工后，立于成都学府石经堂。该石经在南宋时尚完好，到了理宗嘉熙、淳祐以后逐渐湮灭，元明之际无闻。此次经鉴定的《蜀石经》计有宋元拓本7册，其中《左传》《穀梁传》《周礼》各2册，《公羊传》1册。清道光年间木刻《蜀石经》印本1册，《蜀石经赵跋姓氏录》1册。其中《左传》册页钤有"东宫书府"等宋代内府官印，可证宋拓无疑。善本中还有清乾隆、嘉庆时著名金石学家翁方纲等数十人的题跋和观款，为《蜀石经》的研究提供了大量的文字资料。

《嘉祐石经》，北宋仁宗庆历元年（1041年）始刻，嘉祐六年（1061年）竣工。书体一篆一真对应，故又称《二体石经》。书石者为杨南仲等人。刻石后，立于汴京（今河南省开封市）太学。靖康之变，赵构南迁，石经残毁。金元时补刻，元末又逸。现在开封博物馆仅存少部分原石，现所见拓片极少。本次经鉴定有四大册《嘉石经》，包括《周易》《尚书》《诗经》《礼记》《春秋》《周礼》《孟子》等7种，共计370多页，3万余字。宋元拓本原为清人于晏于咸丰七年（1857年）五月在淮安书市购得，由于晏重装为4册。

以上善本古书、善拓碑帖，按总价值付45万港元收归国有。金峰先生当面即付。原来金峰先生提着的大皮箱内装有现金，并一再叮嘱我："小黄，帮我看住了。"事成后，王冶秋局长在广州山东饭堂（因北方人居多）宴请我们一行人，以表示祝贺。席间，王冶秋局长特别感谢在海外负责联络的商务印书馆驻香港办事处主任赵元任先生，为祖国征集到流失多年的珍贵传世文物。

这批善本图书、碑帖善拓全部入藏北京图书馆（现国家图书馆）。若干年后，我才知道，这批珍贵的古籍善本碑帖是香港大收藏家陈清华先生出于一片爱国之心，出让给国家珍藏的。

陈清华，字澄中，湖南祁阳人。早年从事金融银行业起家。喜好收藏古籍善

《嘉祐石经》

《蜀石经》

本、宋元旧拓、明清精抄、名人校跋之本。陈氏最早购得一部宋廖莹中世缘堂刊《昌黎先生集》，后又闻潘氏宝礼堂藏有廖氏刊本《河东先生集》，乃不惜重金购归。其购书之举与痴迷，一时传为书林佳话。廖刻《昌黎先生集》《河东先生集》传至今日已成孤本，开卷犹光洁如新，墨若点漆，让人心醉神迷。陈氏所得宋台州刊本《荀子》20 卷，经考证为南宋唐中友刻于台州之本。此本书品宽广，字大如钱，疏朗悦目，曾为孙朝肃、黄丕烈、韩应陛诸家收藏。陈氏得此书后，因名其室号曰"郇斋"。

1949 年，陈氏夫妇携部分珍贵藏书定居香港。两年后，传言陈氏将出售藏书，并有日本人意欲收购的消息。时任国家文物局局长的郑振铎先生闻讯后，决定不惜重金将这批珍贵古籍购回，并当即通过香港《大公报》费彝民社长和收藏家徐伯郊会同国内版本目录学专家赵万里先生与陈氏洽商，直到 1955 年才成功地购回了郇斋所收藏的第一批善本，其中就包括著名的宋刻本《昌黎先生集》《河东先生集》以及许多堪称国宝级的善本图书。

10 年后陈氏再次售书的消息又传到北京。这时已是王冶秋继 1958 年因公殉职的郑振铎担任国家文物局局长了。王局长深知郇斋藏书的珍贵，因此对这批珍贵古籍的流向十分关注，他及时报告国务院周恩来总理。在总理亲自过问下，依然请版本目录学专家赵万里南下接洽收购。由于种种原因，经过两年之久，最终购得陈氏第二批出售的旧碑帖 7 种、古籍善本 18 种。当时我刚满 20 岁，有幸参与了这次国家征购的全过程。

这批书籍碑帖虽然仅有 25 种，但多为古籍碑帖中的至宝。陈氏为之名号"郇斋"的《荀子》就是此次购回内地的。又有《梦溪笔谈》26 卷。元大德九年（1305 年）陈仁子左迁书院刻梓于敬室。此书刻印精美，用纸装潢特异，开本特大而印版版面窄小，蓝绫蝶装，卷首有"文渊阁印""东宫书府""万历三十三年查讫"朱印，可证明为明代内阁藏书，入清曾为艺芸静舍汪阆源收藏。郇斋第二次售书较第一次售书数量少，但品质却不逊色，更难得的是购买这批书籍时，正是国家经历困难时期，经济刚刚起步，在这样情况下回购这批文化遗产艰难倍增。万幸的是在周恩来总理的亲自过问和指示下，我们终于从香港买回了这批珍贵书帖。

另据丁瑜回忆1965年11月13日下午，这批珍籍运送到北京。那天是星期六，天灰蒙蒙的，空气湿润而阴冷，似要下雪的样子。车到北京站，赵万里先生下车即回家去了。文物局的金先生提着一把黄灿灿的香蕉，守着四只蓝灰色的硬塑箱在等待接站。当我和林君与司机把箱子搬上汽车，金先生提着北京市场上很难见到的香蕉离去时，很是吸引了站前南来北往旅人的眼球。

运回来不久即安排了一次内部展览，邀请有关中央领导和极少数的专业人员参观。地点在北京图书馆三号楼的会议室，由善本组和金石组指定三个人值班，由赵万里主任和左恭副馆长亲自接待来宾。既没有开幕词，也没有座谈会。徐平羽、杨秀峰、吴仲超、郑裘珍、谢国桢、王冶秋、唐弢和丁秀等知名人士都曾光临。下午三点康生也来了。康生对这批书帖发表了不少意见，尤其对陈列的碑帖看得更为仔细。值班人曾向他推荐介绍五代北宋拓唐柳公权书《神策军碑》，他较认真地欣赏浏览了卷中的十几方藏印及题记。郇斋旧藏回归大陆展出后，又经过若干天的一个星期六晚上，协助赵万里把宋拓《蜀石经》九册提出清点装箱送至中南海周总理观看。（详见丁瑜《郇斋携港藏书回归知见杂记》，国家图书馆主编《祁阳陈澄中旧藏善本古籍图录》，上海古籍出版社，2006年7月。）另见，1979年北京图书馆副馆长徐自强、研究员李致忠在馆刊《文献》发表《在周总理关怀下北京图书馆入藏一批善本书》一文，详细介绍了这批善本图书、碑帖善拓的主要内容及其研究和收藏的重大意义。

六、成都、重庆之行

广州任务完成后,王冶秋局长一行回京,我们继续在广州收购文物。闲暇时,我们拜访了中山大学的金石学家、考古学家商承祚先生和容庚先生,而后转往成都、重庆。成都之行给我留下最深印象的是四川省博物馆裱画的侯师傅。他原来是琉璃厂荣宝斋的裱画技师,20世纪50年代支援西北,调入四川省博物馆。张师傅和侯师傅是老朋友,二人见面后十分亲热。因我们都是北方人,四川饭馆我们都吃不惯,故在成都期间,不论去哪里,中午必赶回住处附近,在一个山东小吃店用餐。小店以山东饸面馒头、绿豆粥、咸菜为特色,很合我们口味,每顿饭花钱也很少。侯老先生有个嗜好——喝酒,每天中午他坐人力三轮车来,总自带着一瓶茅台酒,让我和张师傅陪他喝。那是我生平第一次喝茅台酒,感觉非常好,回京的时候我给父亲也买回一瓶。当时价钱相当便宜,一瓶才4.5元。我父亲当时没舍得喝,直到十几年后二弟结婚时才拿出来。20世纪80年代有专门收茅台酒瓶的,我父亲将空酒瓶又卖了5元钱。

重庆是一座美丽的山城,但天空总是昏暗而雾蒙蒙的。我在重庆20多天,几乎没有见到太阳。白天,山上的高楼鳞次栉比;夜晚,万家灯火,江中的客轮就像移动的楼房,从眼前慢慢驶过。上山、下山可以随时乘坐缆车,非常方便,上行2分钱,下行1分钱。

在重庆,我们住的是一家条件较好的旅店。入住登记时,我突然发现在对面墙壁上挂着两只算上尾巴足有40厘米长的死老鼠。接待人员说:"店内有老鼠,而且非常大。旅客如有饼干、糖果一类的食品,请交给我们保管,我们放在搪瓷罐中,你们随时可取。"可巧,张师傅刚买了一包麻辣豆。我说:"张师傅,您把麻辣豆交给他们保管吧。"张师傅怕麻烦对方,非要自己保管。到客房一看,室内很干净，老式漆木家具擦得锃亮，被褥也都是新换的。进屋后，师傅便把自己的提包挂在墙壁的钉子上。第二天早起，我睁眼一看，大喊："师傅，您快看呀！您的提包角上让耗子咬了一个洞。"原来，师傅把没吃完的麻辣豆放在提包里了。张师傅起来一看，气不打一处来——因为1角钱的麻辣豆，毁了一个新买的旅行包。老鼠是怎么把挂在墙壁上的提包咬了一个洞的呢？我仔细观察，原来它是顺着晾衣服的铁丝滑下来的，好狡猾的老鼠！

我们的到来，让这家旅店每天门庭若市，异常热闹。因为坐堂收购，文人墨客、收藏家、爱好者等客人不断。一有客人来，店家老板就用重庆话高声喊道："32号在不在家哟？"我也学着用重庆话应声："在家哟。"由于学得不地道，常常弄得房客哄堂大笑。在如此友好轻松的氛围中，客人上楼落座后，我在一边帮忙斟茶续水，张师傅则细致鉴别客人带来的文物，并谈论收购价格事宜。耳濡目染之际，我也渐渐学到许多文物鉴定与价值定夺的实践知识。

与北方不同，我们住的小店冬天是没有暖气的，非常潮湿阴冷。遵照当地习俗，每天晚上，我们都在一个大木盆里泡热水脚，感觉很是新奇、舒服。每到晚间时候，店老板就在水房烧热水，而后倒在木盆里，再通知住店的每个房间。这时，店主又喊："32号，泡脚来哟。"于是我们和所有住店的客人分批分拨地围坐在冒着热气的木盆旁，一边泡脚，一边"摆龙门阵"，别有一番情趣。

重庆没有碑帖专卖店，其出售碑帖的业务是在古旧书店内。除了接待登门出售文物者外，空闲时间，我们就到古旧书店征购碑帖、砚台等文物。

一天，在一家书店浏览碑帖时，我看到一本南宋拓本唐代褚遂良《雁塔圣教序》，抽出来一看定价，才5元，绝对是个大"漏儿"！其实，张师傅也看见了，心照不宣地对我使个眼色，然后小声对我说："先别动，临走时再拿。"我知道师傅为什么不让我当时拿走，因为政策规定："凡外省市文物部门在当地征集文物，必须经当地主管部门批准，所征集文物也必须由当地主管部门鉴审，凡珍贵文物当地有权扣留，须检验合格批准后方可出省境。"大凡当地的文物收藏家，一般不愿意把自己的藏品出让给本地人。第一是认为本地人"鉴定"眼力不够，第二是以能卖给北京琉璃厂的古玩店为荣。所以，有时即使当地收购部门给价比我们高，他们也更愿意卖给我们北京文物店，这叫"货卖识家"。故此，一些省市的文物部门对外流文物有特别规定，检查也很严。12月28日，我们乘19点的火车回京。上午一切托运手续都已办妥，下午又到旧书店辞行。张师傅对经理说："今天晚上7点我们就回北京了，感谢你们这几天对我们的照顾。临走了，我们再挑几件能随身带的东西吧。"这时经理也不介意，于是我们就选购了几件碑帖，其中就有那册南宋拓本《雁塔圣教序》。

临上火车时，我在车站也买了重庆麻辣豆等土特产，准备带回北京给父母尝尝。上了火车，却怎么也找不到这些东西了。仔细一想，原来在车站买东西时，我交了钱，慌慌张张就走了，把食品忘在柜台上。我在火车上生自己的气。张师傅劝我说："得了，别生气了，咱爷俩倒霉就倒霉在这麻辣豆上了……"

遗憾的是，重庆之行，未能满足张师傅提出的从重庆乘船到武汉，再转车回北京的要求。张师傅想借道游览长江三峡，当时我没同意。有两个原因：其一，马上就过年了，回京的车票不好买，特别是卧铺票。我好不容易托人买了两张重庆到北京的卧铺票，62元一张。张师傅那时已是64岁高龄的老人，万一在武汉买不着车票怎么办？其二，我们从北到南已经出来两月有余，我太想回家过年了。张师傅说："不游三峡，你会后悔的。"当时，我却不以为然，我想以后还会有机会再来重庆的。没想到事隔30年后，1995年我和北京门头沟区文物保管所刘义全、齐鸿浩同志到四川成都调查窑址时，才第二次来重庆。随后，我们乘船沿江而下去武汉，沿途游览了三峡。我想起30年前重庆之行，后悔没有答应师傅的要求，这件事让师傅遗憾终生，我也感到很对不住他。

重庆购买的南宋拓本《雁塔圣教序》

宋拓本《汉刘熊碑》立轴

七、巧妙征购《汉刘熊碑》

《汉刘熊碑》全称《酸枣令刘熊碑》，是著名的汉碑之一，碑文取隶书，现存拓本已是石碑断为二石后所拓，上块残石存5行，每行12字，下块残石存原碑的下半截23行，每行17个字。对于此碑，北魏郦道元《水经注》早有记载，北宋欧阳修的《集古录》、赵明诚的《金石录》等也有著录。南宋洪适的《隶释》详记了碑文，可知此碑在南宋时期尚未断毁，后来不知何时残断为两块，断毁的残石亦下落不明。该石碑流传至今的墨拓本极稀少，清代金石学家翁方纲《两汉金石记》中有双钩摹本，翁先生亦未曾见过原拓本。流传在世的只有三件：一是刘鹗的旧藏本，二是范懋政的旧藏本，三是沈树镛的旧藏本。沈本只是原拓下半截残石的拓本，简装成册，原中华书局曾影印出版，但经专家考证此拓是翻刻的赝品。刘鹗本和范氏本二件，现分别藏于国家博物馆和故宫博物院。这两件传世品，近代人过眼的非常少，而其中的刘鹗本则是我和马保山先生于20世纪60年代中期在民间征集的。

马保山先生和我是师徒关系。马先生是河北衡水人，15岁来北京琉璃厂墨宝斋碑帖店学徒，公私合营后到庆云堂碑帖店工作。精于碑帖鉴定和传拓技术，水墨丹青作画亦极佳。由于业务往来，马先生与大收藏家、鉴定家、书画家张伯驹、罗振玉、衡亮升、张大千、齐白石、陈半丁、启功等交往甚密。20世纪60年代初，我从文化局文物鉴定班毕业分配到琉璃厂庆云堂碑帖店工作，拜马保山、张彦生、李文才为师，学习碑帖、文房四宝鉴定。"眼学"需要长时间的积累经验，为了实践，师傅经常带我们下户走访藏家，一是认识藏家，二是学习眼力。偶尔口传心授讲一些重要的藏品流传有序的故事，言外之意告诉你，这件东西现在谁手里藏着呢。这就需要你用心听、用心记住，这是极好的货源客户信息。

马保山先生作画

端方(1861—1911),字午桥,号陶斋,清末大臣与金石学家

刘鹗(1857—1909),字铁云,清末小说家、金石学家、收藏家,
著名小说《老残游记》的作者

1966年初，我和马保山先生历经曲折，在美术馆后身大佛寺街衡亮升家征购到宋拓《汉刘熊碑》。该拓片连同题跋，装裱成轴，乃宋代拓本。（按故宫博物院马子云先生考证实为明初拓本，马子云和马保山是师兄弟关系。）此拓本早期由清末小说家、金石学家刘鹗所藏，后归清末大臣、金石学家、收藏家端方所有。后来端方与清末乾清宫四品带刀护卫衡亮升打赌输了，此拓本遂归衡氏所藏。衡亮升视为镇宅之宝，秘不示人。在衡亮升去世前，马保山先生曾多次领我到衡家看东西，碑帖种类也很多，但从不把《汉刘熊碑》拿出来让我们看。

早在20世纪50年代中期，国家文物局局长王冶秋先生曾委托庆云堂门市部主任阴金城先生多次去衡氏家中征购《汉刘熊碑》。第一次开价人民币2000元，动员其出让给国家，但衡氏不愿意。50年代末期，国家以4000元征购，衡氏仍然不愿意出让。为此，阴金城先生一趟一趟地请示王局长，一趟一趟地往返于衡家，两边斡旋多次。后来国家出价到6000元，衡亮升还是不出售。最后，阴金城先生再次请示王冶秋局长，王局长批示：可以8000元收购。此时已经是20世纪60年代初期三年自然灾害，正是国家最困难时期，当时的8000元人民币已经是天价了。但衡亮升这时候才开价说："少了一万元不卖。"无奈之下，此事搁浅了。

1965年末衡亮升去世，衡氏家中收藏的文物存有五间大北房之多，其中不乏宫内珍品和官窑瓷器，全部出让。是时文物商店派出字画组、陶瓷组等多人，到衡家清点文物登记造册。庆云堂碑帖门市部主任彭思齐派我和马宝山师傅前往衡家，主要任务是征购《汉刘熊碑》，还有宋拓颜真卿《多宝塔碑》等。因马保山先生和衡亮升是多年的朋友，所以每次去他们家招待都很热情。我和师傅几乎天天一上班就前往衡家"挖宝"，有时候甚至早点都在衡家吃。或赶上雨天，马先生就给我讲个故事说："过去有个书生到朋友家做客，赶上下雨了，朋友想撵走他又不好意思说出口，就写了一副对联：'下雨天留客，天留我不留。'书生

王建题跋

张謇题跋

罗振玉首题"汉刘熊碑海内第一本"及杨守敬、王瓘跋

一看意思是轰我走。于是把对联接过来，改为'下雨天，留客天，留我不？留！'自嘲，这就是古玩商的耐性，软磨硬泡得把东西买到手。"最后衡氏老太太答应出让《汉刘熊碑》，但是老太太不懂文物。凡碑帖类的拓本，每拿一件，老太太就说："这个值1万元。"甚至连珂罗版影印的《化度寺碑》她都说值1万元。后来我们和她家主事的大小姐说："你们家的碑帖只有这件《汉刘熊碑》值一万元。但是，国家现在正处在困难时期和恢复阶段，没那么多经费，只能出价2000元，你们全家商量一下吧。"最后双方反复协商，最后以2600元成交。至此，王冶秋局长交办的征购《汉刘熊碑》的任务，历经10年宣告完成。

征购《汉刘熊碑》成功的消息不胫而走。国宝取回来的当天下午，康生、陈伯达、郭沫若、陈叔通、王冶秋和中国历史博物馆馆长龙潜（即国家博物馆前身）、故宫博物院副院长唐兰、北京图书馆副馆长左恭及善本室主任赵万里（即国家图书馆前身）、毛主席秘书田家英、北京师范大学教授启功等专家、首长纷纷来到庆云堂，使得小小的庆云堂首长接待室蓬荜生辉而应接不暇。大家共同的愿望都想先睹为快一览国宝。为了大家观看方便，我们徐徐展开这件长约3米、宽约1米左右的《汉刘熊碑》条幅，并将其悬挂在房梁之上，下可拖地。只见两张残石拓片，上下错落地装裱在条幅上，墨拓略重，细看尚有原石残泐的细微痕迹。拓纸因流传年久略有损伤，周边绢裱，有杨守敬、张謇、李保恂、郑孝胥、章钰、左孝同、缪荃孙、李瑞清、程志和、俞阶云、升允、傅修、王瓘、胡嗣瑗、完颜衡、张伟、志锐、王建、罗振玉等明清两代文人雅士及书法鉴赏家题跋和过眼录等等。升允的题跋"宣统二年二月廿三日徐世昌、铁良、李葆恂、升允同观宝华龛。升允题"。可知1910年曾任清末军机大臣徐世昌观看过此碑帖。清末文人王建题跋："苍苔埋字土埋龟，风雨消磨绝妙词；不是图经中旧见，无人知是蔡邕书。题酸枣令刘熊碑，王建。"可知此碑原来是东汉时期著名文学家、书法家蔡邕所书。特别是金石学家罗振玉题签"汉刘熊碑海内第一本"并在两段跋语中高度评价了

杨守敬题跋

《汉刘熊碑》的书法艺术价值。

当时我想，今天在座的能够看到此碑的人"眼福"不浅，他们也是当代著名的书法家、鉴赏家及文人墨客，如有可能他们也会留下墨宝和过眼录，以流芳千古。经过一番鉴赏和品评后，大家开始讨论货落谁家。"三家分晋"，故宫博物院、中国历史博物馆、北京图书馆三家都提出希望入藏此拓本。最后国家文物局局长王冶秋先生说："康老负责文博口，让康老说吧！"康生和中国历史博物馆馆长龙潜关系不错，都是山东老乡，说了一句："谁都别争了，给历博吧！"而后，北京市文物商店加价600元，以3200元卖给中国历史博物馆（即国家博物馆前身）。此后半个多世纪，我再也没看见过《汉刘熊碑》，但此生足矣！不久，启功先生以"少文"笔名，于1966年《文物》第4期发表《记刘熊碑——兼论蔡邕书碑问题》，对《汉刘熊碑》的书法艺术价值、历史价值、文物价值等给予了极高的评价。

2017年12月22日

八、中国古文字发展简述

中国是世界四大文明古国之一，中国之所以是一个古老而历史悠久的国家，其主要原因在于有文字可考的历史达 3000 多年之久。

文字的产生也是古代先民劳动的产物。文字产生之前人们为了帮助记忆，交流思想，传递信息，采用了各种各样的记事方法，最原始的是结绳记事和契刻记事。结绳是一种最原始的记事方法。《周易·系辞下》："上古结绳而治，后世圣人易之以书契，百官以治，万民以察。"郑玄《周易》注："事大，结大其绳；事小，小结其绳。"意思是说今天干什么事，大事打大结，小事打小结，事情办完了再把扣解开。

为了解扣子还发明了一个工具"觿"。《诗·芄兰》："童子佩觿。"《传》："觿，所以解结，成人之佩也。"《注》："小觿，解小结也。觿，貌如锥，以象古为之。"《说文》："觿，佩角，锐端可以解结。"

契刻记事，汉刘熙在《释名·释书契》中说："契，刻也，刻识其数也。"人们用契刻的方法将数目字用一定的线条做符号，刻在竹片或者木片上作为双方"契约"。主要用来做债务凭证。

旧石器时代的人类社会，已经用绘画来帮助记忆表述思想。考古工作者在内蒙古、云南等少数民族地区发现很多岩画，非常形象地记录了当时人们生活的意识形态。如在岩石上画马、牛、羊、大象、鱼、日、月、山川等等，这是最初的象形字。

甲骨文汉字的产生大约在公元前 14 世纪的殷商后期，出现了初步定形的文字——甲骨文，当时为了占卜吉凶刻在龟甲或兽骨上的文字。也有用在记事的占卜吉凶，如打仗，在龟壳底下先凿一方块，然后再"灼"，即用火在方块内灼。而后，翻过来看裂纹的走势定凶吉，吉象，打，凶象，则不打。在肩胛骨刻的字大约都是记事的，如某个历史事件、大的战争、大的灾难等等。

同时可以看出来人们在造字时候，分为象形字、形声字和会意字。

金文，是铸刻在青铜器的钟或鼎上的一种文字，是在甲骨文的基础上发展起来的。在商代后期和西周时期，人们把文字铸刻在青铜器上，就形成了金文。因为在青铜器的礼器以鼎为代表，所以也叫"钟鼎文"。据统计，金文约有3005个字，其中可以认识的约有1804个字，较甲骨文略多。金文上承甲骨文，下启秦小篆。从书法艺术角度讲，金文象形程度更高，而且有了线条化、平直化的趋势，笔道肥粗，弯笔多，写出的文字更加生动逼真。因此，金文在笔法、结构、章法上都为书法的进一步发展做出了贡献。

汉字持续发展演变

大篆。在中国文字史上，夏、商、周三代，就其文字的贡献而言，以史籀为最，史籀是周宣王的史官。他别创新体，以趋简便。因其为史籀所作，故世称"籀文"。大篆散见于《说文解字》和后人所收集的各种钟鼎彝器中。其中以周宣王时所作石鼓文最为著名。

小篆，又名秦篆。为秦朝丞相李斯等人所整理出的标准字体，由大篆简化而成，又名玉筋篆，因其具有笔力遒劲之意。小篆之形体结构正规协调，笔势匀圆整齐，偏旁也作改换并归。与大篆比较无象形性，从大篆到小篆的文字变革在中文字史上具有重大的意义。

隶书。从小篆向隶书的第一步最显著的变化是从婉曲线条变为平直的笔画，从无角变为有角。一般人认为隶书是指有波磔的，一横一捺都拖着像刻刀一样的长长尾巴的隶书，这只是其中的一种。隶书主要有秦隶和汉隶，秦隶是隶书早期形式，汉隶则是隶书成熟字体。通常所说的隶书是指汉隶的"八分书"而言。

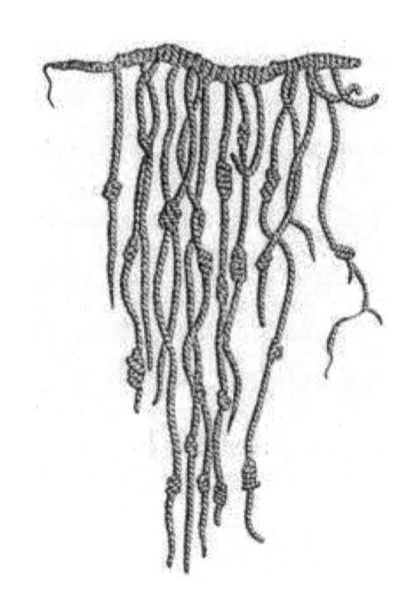

结绳记事图

凤鸟纹白玉觿

象形文字

刻木记事

甲骨文

青铜礼器克盉克罍金文拓片

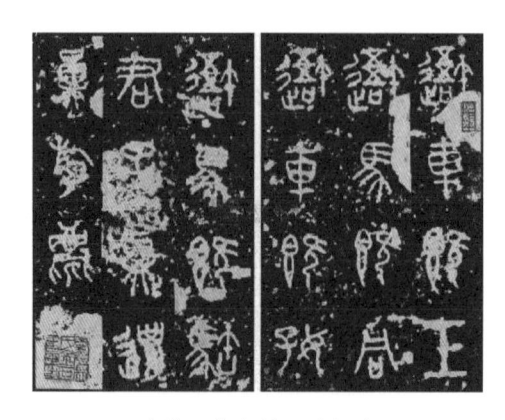

大篆石鼓文原石及拓片

小篆　　　　　　隶书

魏碑《张猛龙》　　唐柳公权《神策军碑》

八分书。是隶书的一种，人们把带有明显的波磔特征的隶书，称为八分书，亦称"分隶"。汉末魏晋之际，"八分"这个名称才在典籍中出现。其中西晋卫恒《四体书势》曰："鹄弟子毛弘教于秘书，今八分皆弘法也。"关于八分书体，后世的解释极为繁杂多变，众说纷纭。秦代上谷散人王次仲创造"八分书"。据记载说是割程邈隶字的八分取二分，割李斯的小篆二分取八分，故名"八分"。

后被汉代蔡邕简化为汉隶用作官方字体，有三体石经流传于世，时称楷书，也称为真书。

楷书。东汉末年书法成为一种艺术，东汉蔡邕是当时有名的书法家；曹魏的钟繇开始把字体由隶书转化为楷书，这是汉字书法的一种进步。

楷书也叫正楷、真书、正书。楷书是从汉程邈创立的隶书逐渐演变而来，更趋简化，横平竖直。楷书的产生，紧扣汉隶的规矩法度而追求形体美的进一步发展。汉末三国时期，汉字的书写逐渐变波磔而为撇捺，且有了"侧"（点）、"掠"（长撇）、"啄"（短撇）、"提"（直钩）等笔画，使结构上更趋于严整，如《武威医简》《延居汉简》等。楷书的特点在于规矩整齐，是字体中的楷模，所以称为楷书，一直延用至今。

行书。是介于楷书与草书之间的一种书体，大约出现在西汉末年和东汉初期。行书的名字始见于西晋卫恒《四体书势》记载："魏初有钟（繇）、胡（昭）二家为行书法。俱学之于刘德升。"唐代张怀瓘《书断》记载："行书者，刘德升所作也，即正书之小伪，务从简易，相间流行，故谓之行书。"张怀瓘在其《书议》又云："夫行书，非草，非真，离方遁圆，在乎季孟之间，兼者谓之真行，带草者谓之行草。"明代丰坊在《书诀》中则更为形象地描述："行笔而不停，著纸而不刻，轻轻重按，如水流云行，无少间断，永存乎生意也。"行书正因其行云流水、书写快捷、飘逸易识的特有的艺术表现力和宽广的实用性，从产生起便深受青睐，广泛传播。行书历经魏晋的黄金时期，唐代的发展期后，在宋代达到了新的高峰，于各种书体中逐渐占据主流地位。纵观漫长书史，篆书、隶书、楷书的发展都存在盛衰的变化。而行书长盛不衰，始终是书法领域的显学，历代书法大家共同书写了行书发展辉煌灿烂的历史。

草书。是汉字的一种字体，特点是结构简省，笔画连绵，形成于汉，是为了书写简便，在隶书的基础上演变出来的。草书分为章草和今草，而今草又分大草（也称狂草）和小草，在狂乱中觉得优美。

草书的创始人，张芝（？—约192），东汉书法家，字伯英，敦煌酒泉人（今甘肃）。出身官宦家庭，其父张焕曾任大常卿。张芝擅长草书中的章草。后脱去旧习，省减章草点画、波磔为"今草"。张怀瓘《书断》称他"学崔（瑗）、杜（操）之法，因而变之以成今草，转精其妙，字之体势，一笔而成，偶有不连，而血脉不断，及其连者，气脉通于隔行"。三国魏书法家青诞称他为"草圣"。晋王羲之对汉魏书迹，唯推钟（繇）、张（芝）两家，认为其余不足观。对后世王羲之、王献之草书影响颇深。

张芝苦练书法的精神，历史上已经传为佳话。西晋卫恒《四体书势》中记载："张芝，凡家中衣帛必书而后练（煮染）之；临池学书，池水尽墨。"后人称书法为"临池"即来源于此。尤善章草，有"草圣"之誉，当时的人们珍爱其墨宝甚至到了"寸纸不遗"的地步。评价相当高，尤以草书为最。可惜，张芝书法的真迹流传极少，只有宋刻的《淳化阁帖》中收有他的《八月帖》。

九、中国书圣王羲之与《兰亭序》

王羲之（303—361），东晋人，书圣。书从其父、叔父。早年书从卫夫人、卫烁，师从钟繇，妙传其法。王羲之的笔法主要是，用笔细腻，结构多变，兼顾各家之所长，自成一体。他的代表作品《兰亭序》体现了结构多变的这一特点，行距趋紧，前后左右映带，欹斜疏密，错落有致，通篇打成一片。《兰亭序》使作者的地位和作品水平都达到了极高的水平。因此理解书法审美，先生后熟而熟后又生，不刻意为之而佳，做到了"随心所欲，人笔合一"。

《兰亭序》又名《兰亭集序》《兰亭宴集序》。这篇文章记载了王羲之在东晋穆帝永和九年三月三日与谢安、孙绰等四十一位文人雅士会集在会稽山阴的兰亭，群贤毕至，修禊事也。引溪水为曲水流觞，群贤列坐其侧，一觞一咏，喝酒吟诗。虽然没有热闹的音乐管弦合奏的盛况，也足可以来畅叙幽深内藏的情感了。这种气氛引起诗人诗兴大发，畅快淋漓。王羲之本人也特别高兴，当场把这些人的诗合订为集。由王羲之为这本诗集写了序言，即《兰亭集序》，共28行，324个字。记叙了兰亭周围山水之美和聚会欢乐之情，抒发作者对于生死无常的感慨。《兰亭序》被后人称为"天下第一行书"，是一件集艺术性、视觉性于一体的书法精品。

据说王羲之本人对《兰亭序》作品也相当满意并视为珍品。他死后便把《兰亭序》当作传家宝传给了他的子孙。传到七世孙王法极，后来出家当和尚了，法号"智永"。其后继乏人，临死前把《兰亭序》传给了他的弟子辩才。辩才和尚把《兰亭序》视为自己的生命，为了保护好《兰亭序》，他在自己出家的永欣寺禅房的房梁上专门凿了个洞用来珍藏。他从不露半点风声，以为这样就万无一失了。

唐太宗李世民酷爱书法。他曾修《晋书》亲自为王羲之写传记，还收藏了很多王羲之书帖。对他的字称之为"尽善尽美，心摹手追"。当玄奘取经回来翻译经书，唐太宗命沙门和尚用王羲之字体辑《圣教序》。

唐太宗想尽办法从民间搜集了一千三百余帖王羲之真迹，而对《兰亭序》只闻其名，未睹其迹，唯独不见《兰亭序》真迹。当他得知《兰亭序》的下落后，便下旨把辩才召入宫中委以僧官，恩赐甚丰。欲诱辩才交出墨宝。其实辩才早有思想准备，入宫后一口咬定《兰亭序》在战乱中丢失。唐太宗无奈，只好将辩才放归永欣寺。据史书所载，前后三次召辩才入宫，反复询问《兰亭序》下落。唐太宗求宝心切，后又派监察御史肖翼微服私访永欣寺。肖翼扮一个卖字的先生，天天在庙门口卖王羲之的字帖，"在圣人门前卖三字经"。偶尔见到方丈辩才，就大夸自己的王羲之墨宝如何如何的好，如何如何是真迹！时间长了，辩才见肖翼温文尔雅，举止不凡，便留住在寺中。以后两人一同吟诗作画、下棋弹琴，相处十分投机，大有相见恨晚之感。一日肖翼拿出一幅王羲之真迹，让辩才欣赏。辩才边看边笑，说："此品是王羲之真迹，但不是精品。"肖翼说："何为精品？"辩才说："《兰亭序》！"肖翼哈哈大笑说："数经离乱，《兰亭序》早已失传。如果有也是复制品而已。"有失警惕的辩才为了显示自己，便把师父智永临终时如何把《兰亭序》传给他的经过详述一遍。并领肖翼到一处隐蔽的禅房，搬来梯子上去从房梁洞内拿出《兰亭序》真迹。肖翼看后果然是《兰亭序》真迹。于是，拿出令牌，亮出自己的真实身份，说："吾乃当朝御史，奉皇上之命来此取《兰亭序》，当今圣上三番五次召你入宫，你却谎称《兰亭序》在战乱中丢失，大有欺君之罪，该当何处。"

辩才一听当时晕倒在地，良久始苏。时年八十高龄的老僧辩才，从此积郁成疾，不治身亡。唐太宗得到《兰亭序》的真迹后，欣喜若狂，视为国宝，命令当朝著名书法家欧阳询、虞世南、褚遂良、冯承素、柳公权等，写成各种摹本传世（以褚遂良摹本最佳），而把真品藏在自己身边。贞观二十二年（672年），唐

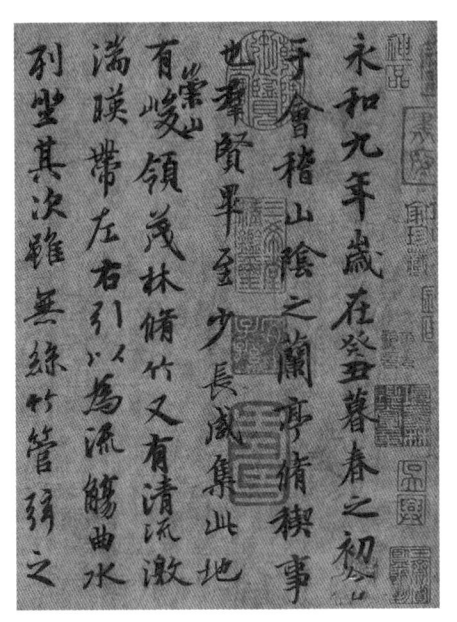

王羲之《兰亭序》

太宗病危仍念念不忘《兰亭序》。临终时召见太子李治，立下遗嘱要《兰亭序》陪葬。李治遵父皇之命，用玉匣装《兰亭序》，把绝世墨宝作为陪葬品埋入唐太宗昭陵的坟墓里，自此"天下第一行书"长眠于地下。

十、《三希堂法帖》鉴赏

《三希堂法帖》是著名的书法艺术作品。以往的读书人或书法爱好者，凡稍有能力的都能购置一部，或拓本，或石印，或影印本。这部法帖全名称《御刻三希堂石渠宝笈法帖》。为了行文简便而称为《三希堂法帖》。

《三希堂法帖》历史渊源颇为有趣。首先"御刻"两个字，就知道它是为皇帝所刻的御用法帖。原来清朝乾隆皇帝最喜欢书画，宫里藏有晋朝王羲之《快雪时晴帖》墨迹。后来又得到王右军之子王献之的《中秋帖》和王珣的《伯远帖》，就在养心殿西间辟一小屋，收藏晋人这三件墨迹。乾隆皇帝认为这三件法书作品都是稀世之宝，因此就把这间小屋命名为"三希堂"，这就是三希堂的来历。以后乾隆皇帝又效法古代帝王刻法帖，把内府所藏的古代名人墨迹，由曹魏的钟繇起到明朝的董其昌止，勾勒上石刻为法帖，这就是《御刻三希堂石渠宝笈法帖》的来历。而乾隆皇帝刻帖的目的，在刻石之首，应视为《自序》云："书为游艺之一，前代名迹流传，令人与怀珍慕，是以好古者恒钩摹镌刻，以垂诸禩，宋淳化阁帖最著矣。厥后大观、淳熙皆有续刻，其他名家摹本，至不可殚数。我朝秘府，初不以广购博收为尚，而法书真迹积久颇富。朕曾命儒臣详慎审定，编为石渠宝笈一书。因思文人学士，得佳迹数种即勾摹入石，矜为珍玩，今取群玉之秘，寿之贞珉，足为墨宝大观，以公天下。著梁诗正、汪由敦、蒋溥覆加校勘，择其优者编次摹勒，以昭书学之渊源，以示临池之模范。特谕！乾隆十二年，腊月，御笔。"

这一谕旨刻在《三希堂法帖》之首，石刻成后，存放在西苑北海（北京北海公园阅古楼壁上），至今还保存完好。乾隆皇帝说刻三希堂法帖是"以公天下"，事实也不尽然。试想原石放在皇宫内，并非如《十三经》放在京师孔庙，任人摩挲，一般人是无法去西苑墨拓的。碰到高兴时就拓了赐给臣工，所以流传的拓本不多，倒是翻版的不少。经过近百年后，石刻未免有些破损，到了嘉庆末年刻石上下口加刻了花边。所以乾隆年间的拓本与嘉庆年间以后的拓本，就不大相同了，我们称清中期嘉道时期的拓本为"花边本"。同时，乾隆时期的初拓本为乌金拓，上墨如漆，乌黑发亮。自从清末发明了石印之法，《三希堂法帖》就有上海蜚英书馆的石印本。过后珂罗版盛行，三希堂也有根据初拓本影印的与原拓不差分毫。到此时才真正体现了"以公天下"，爱好书法的人，都可以用廉价购置一部《三希堂法帖》了。

20世纪60年代初期，我从文物鉴定班毕业后，分配到琉璃厂庆云堂碑帖店上班。店里"内柜"收藏一套清乾隆年间初拓本《三希堂法帖》。拓工极精，装潢尤见美丽，每册的册面是用紫檀做夹，紫檀中间所刻《钦定三希堂法帖》刻后嵌以绿玉填金粉，这些内务府装裱《三希堂法帖》已经绝无仅有了。

《三希堂法帖》一共三十二册，后又加《三希堂续帖》四册，共三十六册。摹刻精良，卷帙浩繁，堪称丛帖之中巨制。现简介如下：

《三希堂法帖》第一册，第一个书法家是魏钟繇的《荐季直表》，次于钟繇的就是王羲之的《快雪时晴帖》。这是"一希"帖，共行书四行，写在白麻纸上的，宋朝之时曾归大书画家米南宫所有。米南宫有跋云："此帖是唐太宗赐给魏征的，后又归大书法家褚遂良（米氏此跋今已不存在了，所以刻帖中无此段跋语）。到了明朝，此帖一度为王穉登所得，筑快雪亭藏之，后归冯开之，开之在西湖孤山下筑快雪堂来宝藏它，他的文集六十四卷也叫《快雪堂集》。后来归涿州冯铨，堂名也跟着北上直隶了。再后为汪由敦所得，进献给乾隆皇帝。冯铨生时曾摹刻入石，死后归子孙析产。

《中秋帖》为晋代著名书法家王献之所书，纸本手卷，草书三行，共二十二个字。释文："中秋不复不得相，还为即甚省如，何然胜人何庆，等大军。"无署款。

王献之，字子敬，小名官奴。"书圣"王羲之第七子。自幼天资聪颖，勤奋刻苦，少小便久负盛名。连王羲之也曾叹道："此儿当负大名。"而王献之也未负众望，成为与父齐名的大书法家。经典之作《中秋帖》前还有"十二月割至不"六字，故又称《十二月帖》。原为五行三十二字，后被割去二行，现仅存三行。《中秋帖》书法纵逸豪放，笔力雄健，挥运之际，情驰神纵，一气呵成，应是王献之创造的新体。米芾对此帖十分钦佩，在其《书史》中曾评价说："如火箸画灰，连属无端末，如不经意，所谓一笔书，天下子敬第一帖也。"董其昌跋语："前有'十二月割至不'等语，今失之。"

王珣（350—401），字元琳，幼时小字法护。为东晋著名书法家王导之子，王洽之孙，王羲之之侄。《伯远帖》是王珣给亲友伯远书写的一封信。纸本，行书，共5行，47字。真迹于乾隆十一年已入府。卷首为乾隆时所钤"内府图书"，下方为"游文艺圃"，是乾隆所用闲章，左侧有乾隆"观书为乐"闲章。卷前引首有乾隆御书"江左风华"四个大字。并有两跋，御题："唐人真迹已不可多得，况晋人耶。内府所藏右军快雪帖，大令中秋帖，皆稀世之珍，又得王珣此幅茧纸家风信堪并美！几余清赏亦临池一助也，御识。"钤"乾隆宸翰""涵虚朗鉴"二玺。后一跋，御题："乾隆丙寅（1746年）春月，获王珣此帖，遂与'快雪''中秋'二迹，并藏养心殿温室中，颜曰'三希堂'，御笔又识。"钤"乾""隆"二玺。卷尾有董其昌、王肯堂题记。收传印记上钤有"郭氏觯斋秘笈之印""范阳郭氏珍藏书画"。

上古仓颉"穷天地之变，仰视奎星圜曲之势，俯察鱼文鸟语、山川指掌而创文字"。后世经甲骨文、钟鼎文（金文）、大篆（籀文）、小篆（隶书八分），篆隶楷草行风于世。王羲之、张旭、欧阳询、颜真卿、柳公权、赵孟頫、米芾等书法方家各擅其长，引领着各种书体的发展，使书法艺术创作更加辉煌。沿至清朝，满族的书艺亦达到极盛，有清一代各帝长于书画，清乾隆十二年（1747年）集天下之大成，收集了自魏晋王羲之、王献之、王珣至明末董其昌等，共134位书法家的300余件书法作品。敕令朝臣镌刻《三希堂法帖》，其鸿篇巨制前无古人后无来者，为我们研究中国古代书法艺术提供了珍贵的实物资料。

初拓本《乾隆御笔《三希堂法帖》》

王珣《伯远帖》

清中期"花边本"《三希堂法帖》

十一、我所知道的田家英

1964年12月，我从北京市文化局文物鉴定班毕业后，分配到北京市文物商店琉璃厂庆云堂碑帖店，负责内柜接待工作。北京市文物商店是1960年正式成立的国营企业，亦是刚刚起步的国营古玩店，其经营方针、主要服务对象有三大任务：一、为专家、首长服务。二、为北京的三大文博单位服务（即故宫博物院、中国历史博物馆、北京图书馆）。三、为一般顾客及外宾服务。为了接待专家、首长，文物商店各门市部均设有内柜。庆云堂的内柜，即在庆云堂后院单设接待室，室内正中悬挂着郭沫若题"庆云堂"牌匾，墨书，遒劲有力。

东山墙陈设着老式的硬木桌椅；西山墙放置两套乾隆年间雕刻的紫檀云龙纹顶箱立柜，内装各种高精尖商品；室内正中摆放乾隆时期的紫檀雕云龙纹大画案，案上放着一件极其稀少珍贵的"大明宣德年造"紫铜香炉（这是我一生中难得一见的真品宣德炉），其环境古香古色，幽雅舒适。那时候能直接迎进内柜的首长有：田家英、康生、陈伯达、郭沫若、陈叔通、李一氓、谷牧及书画家启功、黄胄、文物鉴赏、历史学家史树青、古文字专家胡厚宣、收藏家周绍良，还有国家文物局局长王冶秋等等。

1964—1966年期间，田家英经常到庆云堂寻找名人信札、书札、手札、手稿、碑帖、石章等等。那时候田家英也就是40岁出头儿，穿着一身笔挺的灰色中山装，左上兜别一支钢笔。面庞白净，长得非常英俊的美男子。第一次见到田家英，门市部彭思齐主任作了引荐："这是主席的秘书田家英——田公；这是我们新来的小同志，秦公、黄秀纯、吴震荣。"门市部的老先生都称他为"田公"，也是尊称。我们刚进店的也随和着叫他"田公"。他为人和蔼可亲，从不挑理儿，也没有首长的架派。田家英经常一个人走着来，寒暑假的时候，偶尔还带着孩子一起来。由于是孩子，大人看东西，有师傅接待。我们年轻人就在一旁帮着哄哄孩子。田家英有两个女儿，大女儿叫"小英"，二女儿叫"二英"，穿着极朴素，有时候甚至穿着补丁的衣服就来了。从称呼到穿戴，极普通极普通的，根本不像是首长的孩子，如果走在大街上就是一个北京小妞儿。我的同学陈烈后来娶了他家的二女儿，陈烈则直呼："这是我媳妇二英子。"

印象最深的是，田家英每次到庆云堂，除了挑选自己喜爱的文房四宝外，还要留意给"老人家"（即毛主席）选择几件。临走的时候还要嘱咐我们业务员："在北京或去外埠采购一定别忘了给老人家留意'贺莲青'的枣核笔，多少钱一支我都要。"毛主席喜好用贺莲青的毛笔写字，这是清末五朝进贡的御用毛笔。所谓"贺莲青"，是1830年的湖笔名匠在京城艰辛创业，是琉璃厂著名的百年湖笔老店。以不惜工本精心选料、精工制作，为品质保证。继而成为自道光、咸丰、同治，光绪、宣统五世皇家御用笔，特别深得慈禧所青睐。真正好的贺莲青毛笔，讲究用鹿斑竹作杆，杆上的纹饰有的像鹿皮斑、豹皮斑、蟒皮斑，有的像环山形、星云团、树年轮等，均是天然生成，未有重一，稀缺难得。"枣核笔"的笔头用七紫狼毫，两头尖，中间凸起，谓之"枣核儿"。制作工艺就更加繁缛了，笔头讲究：尖、齐、圆、健。尖系指笔锋要尖如锥状，利于勾捺；齐指的是笔锋毛铺开后，锋毛齐平，利于吐墨均匀；圆指笔头圆柱体，圆润饱满，书写流利而不出叉；健指笔锋在书写、绘画时有弹性，能显现笔力。由于是贡笔，民间更为鲜见。一年也许能收上一两支而给田家英留着。同时，我们也能为毛主席买到毛笔而感到自豪。

1966年5月无产阶级"文化大革命"刚刚开始，五月底六月初，一个震惊中外的消息"田家英自杀了"在整个琉璃厂传开了！大家先是一惊，似信又不信，迫于形势，又不敢深究，只是暗地里唉叹："太可惜了！"

陈烈是我在吉林大学考古专业进修时的同班同学，在这以前，他在故宫武英殿、国家文物局文物交流中心工作，经常出国举办文物展览。后合并于国家历史博物馆任研究员。

1981年，在山西太谷白燕遗址田野考古实习，北京队去了六个同学：有我、易苏昊、朱志刚、陈斌、陈烈、范立夫。陈烈、范立夫他俩是一个单位的，宿舍在另外一个院子。我好聊天，一得闲就到陈烈宿舍聊天去了。一天在陈烈宿舍我偶然发现陈烈拿着一本书，第一页钤一枚藏书章，镌刻着"小莽苍苍斋"。特别奇怪，我那时候还不知道"小莽苍苍斋"是田家英的斋号。但是只感觉这枚石章似乎出自我师傅（教我拓小件玉器、甲骨文）金石家傅大卣之手。在我一再追问下，陈烈说："得了，黄大哥，我也不跟你保密了，我是田家英二女婿。""啊！田家英太熟悉不过了，我原来在文物商店接待过他。他老去庆云堂，有时候还带着一个小女孩儿。二英，是你媳妇呀？"我吃惊地问。于是，陈烈娓娓道来，他如何如何认识的田家英女儿并和她结婚，然后，又慢慢地聊起了田家英。其实，我真正了解田家英还是从陈烈那里亘来的。先从这枚石章所刻的"小莽苍苍斋"的书名斋说起吧！

"小莽苍苍斋"是田家英的书斋名，源于谭嗣同的"莽苍苍斋"，田家英敬佩谭氏的骨气，所以将自己的书斋命名为"小莽苍苍斋"，按田家英解释说："莽苍"，是博大宽阔、一览无际之意，"小莽苍苍"以小见大，对立统一。

田家英，本名曾正昌，四川省成都市双流县永福乡人。自幼聪颖，才思敏捷，3岁丧父，9岁丧母。12岁发表文章，14岁以卖文生存和念书，15岁便奔赴延安参加革命。他才学深厚，为人坦诚。

田家英的两个女儿，在上小学之际，为孩子起名字。父亲用心良苦地教育自己的女儿，希望女儿靠自己的努力开辟人生的道路，取名"自立"。大女儿先上学，把上口的"立"字抢先挑走了，名叫"曾立"。二女儿名叫"曾自"。二英嫌"自"字念起来比较拗口，几次要求父亲给她改一个字，但是田家英坚持这个"自"字，不改初衷。

田家英和女儿在一起

田家英去外地考察

田家英和秘书逄先知

田家英去世后,他们家当天晚上就搬出了中南海。几经辗转最后搬进崇文门菜市场后身高干家属大楼。以后,二女儿曾自嫁给了陈烈。在这以前,田家经常去亲戚朋友或是老乡。看到田氏收藏的字画、图章等文物,有的直接索要或觉得没用直接送人。陈烈说:"送人的东西太多了,如郑板桥的竹子,金农的画,鸡血、田黄、寿山石章等等,她们不懂这些东西真实的价值都送人了。我在文物口工作知道这些文物的自身价值。劝二英不要把东西随便送人,这些东西很值钱。"其妻仍不以为然,陈烈说:"不信咱俩打赌,我拿几方石章去琉璃厂卖了,能换一台两个喇叭的收录机。"当时,街面上只见"一块砖"式的录音机。双喇叭的录音机极少,只有广州卖,价格在1200元左右。其妻不信,于是陈烈挑了5方满红的鸡血石去了琉璃厂,先到文物商店收购部去卖。文物商店见这5块鸡血石才给200元,离买录音机的价格差得太远了。后来,陈烈将石章带到荣宝斋。荣宝斋的老先生一看包装盒的装潢,就认出来了,这是荣宝斋自己做的锦盒,再看这5块满红的鸡血石,质地绝对是上等材料,想必收藏人也非等闲之辈。便问陈烈东西的来源,开始陈烈不愿意透露原委,后来实在没办法了,才说东西是田家英的。老先生一听,说:"田家英是我们老主顾了,即使人不在了,我们也照顾他。你说家里有什么事,我们能解决的,我们一定要帮忙?"于是陈烈叙说原委,如何和媳妇打赌,用鸡血石换钱买录音机等等。荣宝斋收购部负责人说:"没问题,这5块鸡血石1500元,够不够买录音机的?"陈烈说:"可以了。"荣宝斋给了1500元之后,陈烈拿到钱买了一台双喇叭的录音机,剩下的钱,请一家子人到"莫斯科餐厅"猛撮一顿西餐,一家人其乐融融,皆大欢喜。

田家英因学养好,爱读书,收藏也自成体系。通过十几年的搜寻,收得清代文人学者墨迹2000余件。据陈烈先生介绍:"文革"后保存至今的藏品还有1500余件,包括信札、书札、手卷、手稿、楹联、条幅等。涉及清代学者500余位,其中不乏谭嗣同、梁启超、康有为、王国维、袁枚、邓石如、吴昌硕、蒲松龄、顾贞观、金农、林则徐、刘墉、龚自珍等各个领域的名家。后陈烈先生将其整理编辑成书《田家英与小莽苍苍斋》由生活·读书·新知三联书店于2002年9月出版发行。

　　1991年，中国历史博物馆举办了"小莽苍苍斋收藏清代学者法书展"，陈烈邀请我参加了开幕式。我怀着崇敬的心情看着展览，脑海里浮现着田家英的音容笑貌。赵朴初老人观后即兴题诗："观其所藏，知其所养。余事之师，百年怀想。"对田家英的收藏意义和人品报以仰慕和尊敬。

2017年1月17日于古燕斋

陈烈著《田家英与小莽苍苍斋》书影 　　陈烈签名送笔者留念

考古往事

一、北京市古书文物清理小组成立始末

  1966年初夏,"文化大革命"开始,一场规模空前的"破四旧"运动席卷全国。自8月23日红卫兵在北京孔庙烧毁戏装毁灭文化开始,不到一个月的时间里,北京就有11.4万户被抄家,抄没古玩、字画、硬木家具超过400万件,古书235万余册。北京市的文物古迹和遗址也经历了一场空前的浩劫。北京市1957年、1960年分别公布的市级文物保护单位有80个,"文革"中被毁了30个,北京市1958年确定的需要保护的6843处文物古迹中,就有4922处遭到破坏。八达岭长城被肆意拆毁54公里,当地的生产队把城砖卖给附近的农民垒猪圈、盖房子。至于古寺庙、古墓葬、碑刻、雕塑、书法、绘画、图书,被毁、被盗则更为普遍。

  当时,周恩来总理非常关心北京的文物情况,做出紧急指示,要求地方各级政府把这些抄家的文物保护好。1967年5月14日,中共中央发出[1967]158号文件《中共中央关于在无产阶级文化大革命中保护文物图书的几点意见》,共七条,其中第五条写道:"各地革命委员会或军管会应结合对查抄物资的清理,

尽快组织力量成立文物古书清理小组,对破四旧过程中查抄的文物(如铜器、陶器、玉器、书画、碑帖、工艺品等)和书籍、文献资料进行整理,流失部分要收集起来,集中保存,要改变保管条件,勿使损坏,一时处理不完的可先行封存,逐步进行处理。"第六条:"各炼铜厂、造纸厂、供销社、废品收购站对于收到的文物图书一律不得销毁,应当经过当地文化部门派人鉴定拣选后,再进行处理。"

北京市为落实周总理指示和中央文件精神,1967年8月迅速成立了北京市古书文物清理小组,办公地点设在东城区府学胡同36号。小组最初领导成员有中国书店的贾书玉、李思聪,北京市文物商店孙学海,北京市副市长王昆仑的秘书,北京市文化局副局长等五人。因为是临时机构,所以工作人员主要由中国书店、北京市文物商店、北京市文物工作队、北京市总工会、北京市文化局及外贸等单位临时借调人员组成,共有80余人(我就是那年从北京市文物商店调入清理小组的,当时我很年轻)。这些人员被分成若干个小组,负责清理北京市18个区县内的40多个文物集中库房,如西直门教堂、法源寺、钟鼓楼、白云观、观音寺、八面槽教堂、缸瓦市仓库等地,对存放在那里的文物、古书、字画等,进行清理造册,然后统一拉回府学胡同36号及国子监孔庙集中保管。

1967年底,北京市古书文物清理小组派往东城、西城、宣武、崇文四个区的43个清理小组,清理出有保护价值的铜质文物43吨,这些文物上至商周、战国、秦汉,下至明、清,均入库保管。此外,还有一部分被查抄的铜佛像、青铜器、古书、字画流落废品收购站、造纸厂、炼铜厂等。

清理小组的领导孙学海为抢救这些文物,又专门组织了两组成员。第一组古书字画组,成员有张金榜、赵仁甫、张大维等,专门负责在北京市各大废品收购站、造纸厂拣选,抢救将要被化为纸浆的古旧图书、字画等。三位老先生仅在通州造纸厂就抢救出古旧书籍、字画等320吨。由孙学海出面交涉,以每公斤0.12元买回运到孔庙仓库保管。

此后，经过两个多月时间挑选分类，从这批古书、字画中精选出赵孟頫书法手卷一件、徐悲鸿奔马一轴等艺术精品。宋版书《十三经》原来不全，又从线装书中找到缺本，把难得的《十三经》给凑齐了。此外，在众多的古旧书里拣选出一本极其珍贵的《共产党宣言》中文首译本，经过岁月的洗涤，封面颜色淡而泛黄，原先红色的马克思肖像几乎辨认不清，书皮、书脊均有些破损。翻过封面，在封二有用钢笔写的英文签名"James Young"，"James Young"到底是谁？此人与这本《共产党宣言》又有何种关系？对此都不得而知。1994年12月，北京市文物鉴定委员会将这本《共产党宣言》鉴定为国家一级文物。在此书的鉴定资料上，"来源"一栏赫然醒目地填写着"北京造纸厂拣出"，入藏日期1978年12月1日。

另外一组铜器组由赵学勤、程长新、呼玉衡、吴元贞等人组成，负责在北京炼铜厂、通州铜厂、北京有色金属提炼厂、广安门外铸造厂及北京废品收购站的文物拣选工作。从"文革"开始的十余年时间，他们在炼铜厂抢救出各代铜佛、铜香炉、镇尺、墨盒等110多吨，其中各种鎏金铜佛就有1万多尊。在北京有色金属提炼厂拣选的金铜佛像等文物大约有114吨之多。同时，还在广安门外铸造厂拣选回房山云居寺重达3吨的大佛，以及大钟寺内的10多件铜钟。

特别值得一提的是，这些老先生对工作兢兢业业，认真负责。不论寒冬酷暑，他们都是骑着自行车往来于北京市各物资回收公司、北京造纸厂、通县信托公司、宋庄北京铜厂、北京有色金属提炼厂等单位，将拣选好的器物集中一起，再约定汽车拉回。

1972年6月的一天，拣铜组的程长新、呼玉衡二位先生在北京有色金属供应站的废铜堆里发现西周青铜重器班簋残片。开始只有器底，上面铸有190余字的铭文。后来发动全体员工在铜堆里翻找了好几天，才将残破部分基本找齐。后经史学家郭沫若先生考证，此器原是故宫旧藏，遗落民间。这件记载周成王时期重要史料的文物，在"文革"中虽遭毁坏，但因发现及时而免遭冶炼，亦是不幸

修复后的班簋

孙学海先生鉴定文物

程长新先生教学生鉴定文物

中的万幸了。

"文化大革命"中从外地运到北京有色金属提炼厂的佛教文物很多，1973年，拣选铜器小组从该厂拉回一尊释迦牟尼八岁等身的半身造像，一直存放在孔庙收藏。1983年，经人大常委会副委员长班禅额尔德尼·却吉坚赞鉴定，确认它是西藏小昭寺的唐代铜佛，立即电告西藏佛教协会及西藏宗教局，派员将残存的佛像请回并举办了接佛仪式。此佛的下半身仍在小昭寺内，后将其复原。这尊佛像是唐代吐蕃赞普松赞干布迎娶尺尊公主从尼泊尔带入西藏的。

商代龟鱼纹盘，高15.5厘米，口径41.7厘米，重3.26千克。盘足有三个方形镂空孔，内底刻龟纹，周饰游鱼三尾，为商代青铜礼器精品。这是程长新、呼玉衡两位先生从安定门外小关废品收购站发现的，后以每公斤3.5元购回。程长新先生为了让国家文物不受或少受损失，还在各炼铜厂及废品收购站等处培养了很多徒弟，将他们自己认为是文物的器皿拣选出来，待程先生来时再鉴定。

1968年11月，由于形势需要，在军宣队的领导下，由北京市古书文物清理小组、北京市文物工作队、首都博物馆筹备处合并成立北京市文物管理处，不设科室，而按部队编制，除了办公室以外，分四个队：一队负责图书资料整理兼首长接待组，二队首都博物馆筹备处，三队考古队，四队落实抄家政策组。北京市文物管理处上级单位仍是北京市文化局，具体负责归群工处，处长李余秀，办事员王翰宴。第一任军宣队负责人万海亭，第一批工宣队是地铁建筑集团公司。第二任军宣队是总参某部常凯负责党务工作，其助手是李银山。第二批工宣队是第三建筑工程公司。文管处日常主要业务工作由梁丹负责。

1971年12月30日，北京市文物管理处落实有关查抄物资方面的文物拣选工作基本结束。据不完全统计，共清理出八千户被查抄物资，共拣选清理文物538500件、字画185300余件、图书（包括资料）2357000册（捆）、木器5000余件。另外从造纸厂、废品站、炼铜厂拣选图书314吨，铜质文物85吨。

1978年11月28日，北京市文物事业管理局成立，此前的北京市文物管理处基本完成了历史使命。1979年，原文物工作队恢复建制后，拣选工作仍在进行，四队的日常工作以落实政策退还为主，但人员抽调很多，其中一部分人又回到中国书店或文物商店。

从"文革"开始后的十余年时间，铜器组拣选出各类铜器文物多达百余吨，除佛像42吨、各时代的钱币22吨外，其他均为各类铜器如墨盒、香炉、文房用具、铜器饰品等等。其中具有文物价值的数万件全部移交首都博物馆入藏。具有一、二级品的文物达200件之多。如商代鱼纹盘、无柱斝、西周班簋、战国鸟纹敦、豆、三国太平元年（256年）铜镜、唐四凤透光镜、宋代熙宁十年（1077年）铜钟、明景泰元年（1450年）嵌金阿拉伯文铜炉等，都属于国家珍贵文物。这些文物不仅丰富了博物馆藏品，而且为专家学者研究提供了珍贵的实物资料。

二、踏进考古大门

我是1967年随着北京市古书文物清理小组成立而调到这个单位来的。"古书文物清理小组",顾名思义,是"文化大革命"的产物,清理抄家物资,是个临时机构。由于我是从文物商店调来的,分配我的任务是配合张师傅接收各点文物,负责清点、押运,然后移交给库房——文物保管组。

张师傅名叫张七贤,是从北京市总工会借用的老司机。由于是借调,所以张师傅还从总工会自带一辆解放牌大卡车,专门协助清理小组从各个地点集中往府学胡同拉文物。我负责押运文物,同时也是张师傅的助手。每天发车前,我都要拿着曲棍摇柄来摇车,那可是费力气和要劲的苦活。师傅在车里踩着油门,我在外面配合摇车,使巧劲往下一按往上一带,一下就能打着火,摇不好还容易把胳膊打了。下午收车,帮助师傅擦车。师傅说:"车是司机的脸。"所以我每次都把车擦得干干净净,特别是冬天,收车回来最要紧的是要把水箱里的水放干净,以免冻坏水箱。第二天早上还要到锅炉房打热水,再灌满水箱,准备发车。

张师傅为人谦和,从未和任何人红过脸。他开车技术好,也从未出过事故。他经常跑长途,遇到很多趣闻乐事,有时候我们边开车边聊那些过去的事情。我曾建议他把故事写成书留给后人看,张师傅说:"我没文化,咱们就是闲聊天,省得开车闷得慌。"其实我们之间也有很多故事。那时候我们经常往郊区跑,特别是到延庆拉文物,必须要走八达岭公路。说是公路,充其量也就是乙级路面,山路坑洼不平,路窄车多,经常出事。每次我们去延庆,领导总是叮嘱张师傅一定要小心,慢点开车。

越怕什么就越有什么。有一次我们去延庆拉文物,在回来的路上,翻过了八达岭山路,往下走的时候车熄火了,怎么打也打不着。张师傅凭借自己多年的经验，判断是"油壶子"（油泵）不过油了。这是上山的时候坡陡车重，挂着一挡轰油门，时间长了，机器太热的缘故。于是，我们把车停在路边，打开机器盖晾一晾，等车凉了还是打不着火。怎么办？车上只有我和张师傅，前不着村后不着店，当时又没有通信设备，真的急死人了。张师傅想了半天问我："这大筐里有没有茶壶？"我说："有。"于是我上车在装文物的大筐中翻出一个提梁壶给了张师傅。

张师傅又说："把吸油管拿出来。"所说的吸油管，实际上就是一根导油管。是跑长途必备的，万一中途没有油了和同行借油，可以用这根管往外导油。我把吸油管找出来。张师傅又说："去把油箱盖打开，抽出一壶油来。"于是，我把油箱盖打开，把抽管放进去，把油管另外一头放在嘴里使尽倒吸一口气，把吸出的油引到茶壶中。张师傅又说："去把机器盖打开，把进油管抽出来，从车门右侧顺进驾驶室，再把油管套在茶壶嘴上。"我一切照办，然后师傅让我坐好提着茶壶往油管里倒油。只见张师傅稳操方向盘打火挂挡，车慢慢地启动了。我在副驾驶位置上半蹲半站，听着张师傅的口令，按照车速慢慢地往油管灌油。我们配合得非常默契，竟然翻过了几个山坡。过了南口，把车开到昌平路口北京汽车修理六厂。这里有张师傅的熟人，一看确实是油泵坏了，换了个零件，我们才安全到家。

那个时候作为一个工种，都是专职司机开车。在众人的目光里，司机这个职业让人羡慕不已。即便是培养新手，也都是各自单位里的老师傅采用一对一的形式来带徒弟。学徒先要跟车跑上半年的时间，才能摸到车，尝试性地驾驶车辆。学到差不多了，才由师傅带着到交通管理部门的车务科申请报名，考交规、倒桩、路考等及格后才能发给驾驶证，再由师傅带着实习半年才能转为正式司机。我因为是"官派"的副司机，时间长了，手就痒痒总想摸摸车。张师傅也看出了我的心思，也愿意收我这个徒弟。大约半年以后张师傅慢慢地教我开车，有空闲时间就讲讲机械常识，有空旷的地方我就开着车兜两圈。

莫全是文化局借调来的年轻司机，因为都是年轻人，有共同语言。莫师傅没有助手，也愿意让我去他车上。所以只要张师傅没有出车任务，我就和莫师傅出车了。时间长了，莫师傅也教我开车。有一天，我们开车去顺义接收文物。中午休息时间，我和莫师傅说："我开一会儿。"莫师傅看旁边有个打麦场，说了声："自己开车注点儿意。"便把车钥匙给了我。这时候原文物商店的聂贵一也跟着我在车上，原计划在打麦场兜几圈。聂贵一在旁边也想开着玩儿，并且说："我在部队是装甲兵，我开过坦克。"我想既然会开坦克，肯定也会开汽车了。于是我们换了位置，让他开着。刚拐过弯，我发现打麦场边上停着一辆拖拉机。我连忙喊："不成……停！"话音未落，撞车了。莫师傅今天开的这辆车是"南京跃进嘎斯-47"，车膀是平直的，这一撞，把车右膀撞瘪了，水箱也漏了。我们两个全傻眼了，肯定要挨骂。果然莫师傅过来骂我们："你们两个，一个一百二、一个一百三，加起来二百五！……怎么办？没办法，修吧！"凑巧的是，旁边正好有个拖拉机修理厂，厂里有个八级钣金工。只见他把车膀摘下来，用小锤子叮叮当当地敲打着，半天的工夫把车膀整好了。在我的要求下喷了绿漆而且还特意"做了旧"。

往回开的时候，天已经很晚了。回到单位，领导贾书玉还在办公室等着我们呢。由于天黑，他没有发现汽车被撞。可第二天贾书玉还是发现汽车有新喷漆的痕迹，便问司机怎么回事。司机如实相告，贾书玉立刻找到我说："小黄，车是你撞的吗？"我说："不是。是聂贵一撞的。""不管是不是你撞的，你负全责！还不会开车呢，先学会撞车了！别当司机了，听候处理。"大约过了一个星期，贾书玉找我谈话说："现在拣选任务越来越少了，出车任务也少了。经研究决定，你去三队，算是掺沙子。"（"文化大革命"期间，往知识分子成堆的地方插进普通职工，叫作"掺沙子"）。所谓的"沙子"，就是指工人，我当时是文物商店的职工。于是，1969年初我被分配到文管处第三队，也就是考古队。

当年的顺义县拖拉机修理厂

1968年到延庆拉文物路过八达岭长城留影

20世纪80年代初期第一届北京市文物系统考古培训班
（作者在第三排左一）

有时候我在想，这是歪打正着。如果没有发生这次撞车事故，我可能有两条路：一是考车本当司机，那时候想当司机的欲望也很强；二是回原单位——北京市文物商店。因为随着工作任务减少，有些人已经回原单位了。当然这是后话了。

那时的北京市文物管理处实行军事化管理，除了办公室外，下设四个队：一队负责图书资料整理兼接待首长，二队是首都博物馆筹备处，三队是考古队，四队仍然负责处理查抄物品及落实政策事宜。考古队大多是原文物工作队人员，其中有赵光林、张宁、郭仁、于杰、赵迅、吴梦麟、何显华、魏群、温恩元、李玮、田敬东、喻震、张金榜、张大维、赵仁甫、程长新、呼玉衡和我共十八人，号称"十八棵青松"。这是老三队最初的人员编制，20世纪70年代初不断补充人员，并从原来后院办公室搬到现在的局资料信息中心。

从此以后，我踏进了考古工作的大门，这是我一生中工作事业的大转折。

（一）第一次考古发掘

1969年夏，我从事考古工作不久，一天，解放军某部驻石景山区炮兵司令部报告，该处在院内施工中发现一座石室券顶墓。队长郭仁、副指导员张宁和我前往调查。原来，该部搞基建工程过程中，挖石灰槽过滤石灰。当他们往槽里放水时，发现石灰槽水满后不久就渗透了，再放水还渗。于是，他们把槽内石灰全挖出来，发现东北角有一个直径70厘米的空洞。他们把卡在洞内的乱石块取出后，发现一座石券顶古墓葬，墓内已经积水1米多深。从洞口往里面看，黑洞洞的什么也看不清。为了搞清墓室结构，郭仁说："搬个梯子，小黄，你先下去，练练胆子。"我一听，感觉头发都竖起来了。我天生胆小，可队长下令了，没有办法。而且，为了今后从事考古工作，必须通过不怕死人这一关。况且，我们3个人就我年龄小，身材又瘦，这个洞也只有我下去合适。于是，我壮着胆子，提着一个马灯，扶着梯子颤颤巍巍地下去了。当我接近水面时，只看见一口红漆大木棺材漂浮在水面。在极度紧张中，我感觉旁边好像还有尸骨和长长的头发，向我忽悠忽悠漂来，吓得我大叫一声，想赶紧爬上去。这一吓，不但没爬上去，反而掉到水里了。墓室里的水齐腰深，灯也灭了，一片漆黑。我扶着梯子想爬上去，可死活上不去。最后，郭仁下去把我拽了上来。我当时吓得只剩下哆嗦了。郭仁问我："看见什么了？"我说："就看见一口大棺材和一个死人漂着呢，别的好像什么也没有。"见我一身泥水的狼狈相，郭仁也笑了。好在是夏天，我到水房冲洗一下后，太阳一晒，衣服很快就干了。经过协商，我们先用部队大院内的消防车进行抽水。第二天，我们再去清理时得知，原来墓内积水深约1.2米。经过清理，可以看出这是一座石室墓，全部为青石垒砌，长约5米，宽3.5米，高约3.5米。该墓早年曾被盗掘过，遗物仅存红漆描金龙楠木棺、部分尸骨及两件铜质象托宝瓶和部分明末清初的铜钱等，时代应该在康熙年间。该墓被发现的经过，在当时解放军的《战友报》上有过报道。

（二）元大都发掘始末

北京是一个历史悠久的城市，早在三千多年以前的西周时期，古燕国始封地的城址，就在今房山区琉璃河附近的董家林村一带。辽天显十一年（936年），契丹统治者耶律德光得燕云十六州，升幽州为陪都，称史"南京"，其城址在今北京外城广安门内外。今宣武门外菜市口烂漫胡同内的法源寺（唐代称悯忠寺），是辽南京著名的大寺之一，位于辽南京城的东南隅。金代在这里正式建都，天德三年（1151年）扩建辽南京城，贞元元年（1153年）改称中都。金中都的南城墙在今永定门火车站（北京南站）向西至右安门外凤凰嘴村一带；北城墙由军事博物馆向东至宣武门内翠花街；西城墙则在右安门外凤凰嘴村向北至军事博物馆；东城墙在今宣武门内翠花街向南至北京南站。今右安门外玉林里小区北京辽金城垣博物馆内的水关遗址，便是金中都城垣西南隅的排水涵洞。到了元代，在辽金故城的东北方另建一座新的都城，史称"元大都"。

13世纪初，北方草原蒙古族兴起，统一中国，定鼎燕京，北京从此成为全国政治中心。元大都城始建于至元四年（1267年），格局宏大，规划整齐，是世界上著名的大都市之一，在北京历史上占有极其重要的位置。

为了配合北京地铁二号线基建工程，1964—1974年中国社会科学院考古研究所和原北京市文物管理处合作，成立了元大都考古队。队长徐苹芳，中国社会科学院考古研究所队员有：段鹏琦、郭义孚、钟少林、蒋忠义、赵信、关甲堃、李德金；北京市文物管理处队员有：苏天钧、马希桂、黄秀纯、喻震、潘长华等，共计13人。先后勘察了元大都的城垣、街道、河湖水系等遗迹，发掘了10余处各种不同类型的建筑遗址和居住遗迹，出土了一大批瓷器、铁器、生产工具及建筑构件等。这对研究复原元大都的平面布局、建筑形式以及居住在这个城市里不同阶层的居民生活情况均提供了宝贵的实物资料。

1. 城垣

元大都城的建筑始终贯穿着皇权至上的指导思想，在平面布局上采用了我国传统的所谓"面朝背市，左祖右社"的设计原则。大都城的宫城、苑囿，皆在都城的南半部，祖庙和社稷分别建在宫城的东西两侧，坊市民居则分布在皇城四周。大都城的总体规划，虽然严格遵循传统的儒家学说，但其营建规模却远远超过城"方九里"的旧说。据《元史·地理志》记载："城方六十里，门十一座。"经实际勘察，元大都平面略作长方形，北城墙长6730米，东城墙长7590米，西城墙长7600米，南城墙长6680米，周长28600米。四周辟门十一座。正南三门，分别为文明门（今东单南）、丽正门（今天安门南）、顺城门（今西单南）。北面二门，健德门（今德胜门小关）、安贞门（今安定门小关）。东面三门为光熙门（今和平里东）、崇仁门（今东直门）、齐化门（今朝阳门）。西面三门为平则门（今阜城门）、和义门（今西直门）、肃清门（今学院路西端）。现在北郊仍然保留有"冖"形土丘遗迹，俗称"土城"。东西两面城墙南段与明清北京城墙的东西城墙是一致的。城墙全部用土夯筑，城基宽达24米。为了防止雨水冲刷，在土城上覆以苇排，同时在西城墙土城顶部中心，有长300米的专供排水用的半圆形瓦管。

2. 和义门瓮城的发现

1969年夏，正值"文化大革命"期间，为了配合北京地铁工程，拆除明清北城墙时于西直门瓮城内发现了元大都和义门的瓮城。我当时在北京市文物管理处考古队，刚刚接触考古工作。这年冬天考古队派我到西直门考古工地，协同考古研究所郭义孚先生测绘元大都和义门瓮城。由于年轻，又初次接触考古工作，我感到有些发怵，特别是对郭义孚先生不熟悉而显得拘谨。我的工作极简单，就是帮助郭老拉皮尺或者立塔尺、记数据。"郭老"是郭义孚先生的官称，其实他并不老，也就三十多岁不到四十岁，只是少年老成。清华大学毕业，所学专业机械设计绘图。毕业分配到考古所专职田野绘图，是考古研究所夏鼐所长的左膀右臂，夏所长也称之为"郭老"。郭老喜好聊天而不失幽默，见多识广，博古通今，工作亦极其认真，一丝不苟。郭老用平板仪对每一块砖、每一块石头的测量绘画，对大城横剖、纵剖、结构剖，画的极其认真而细致。大约经过两个多月的时间，我们圆满地完成了任务。时间长了人也就熟悉了，在聊天中得知考古所"运动"搞得非常激烈，正是清理"5·16"高峰，所里的考古工作者一律集中，不得出大门。由于"革命"工作需要，经军宣队研究，批准郭义孚同志一人前往测量和义门瓮城，并要求北京市文物管理处考古队再选派一个人共同完成此项工作。考古工作本身就是枯燥，加之偌大的城址只有我们一老一小，就更显寂寞了。

和义门瓮城的发现在当时也是轰动全国的考古重大发现，本应受到重点保护，但是由于"文革"时期"破四旧"并配合地铁基建工程，不得不将其拆除。在拆除城墙过程中，为了让知识分子接受"再教育"的机会，中国社会科学院组织各所的知识分子，分批前往西直门参加劳动，夏鼐所长也在其中。据主持发掘和义门瓮城遗址的徐苹芳先生回忆说："有一天，夏先生来西直门劳动，他边清土边观察和义门遗迹，趁没人注意时，向我小声嘱咐在发掘时应该注意哪些事情。这一举动在当时是很危险的，如果被军宣队知道，肯定是要批评他的。夏先生是一位心怀坦荡、大公无私的人，他不顾个人安危，只是为了考古事业和学术研究，这种精神我十分敬重。和义门遗迹发掘完毕后，究竟保护不保护，要报"中央文革小组"。陈伯达批示叫郭沫若同志决定。那天，是我陪郭老去看和义门遗迹，郭老看完后未置一词。过了几天"中央文革小组"决定拆除，不予保护。后来"四人帮"垮台后的一次宴请外宾的宴会上，郭老惋惜地对夏先生说，真不应该把元大都和义门遗迹拆毁，当时不敢说这种意见，现在后悔不及（见徐苹芳《我所知道的夏鼐先生》，《学林往事》，朝华出版社，2000年。）。

《元史·顺帝本纪八》记载："至正十九年（1359年）诏京师十一门皆筑瓮城，造吊桥。"关于瓮城的结构、规模，史籍记载很少，仅在《马可·波罗游记》中有记载："每门之上及城角之上，均有宏丽之殿一。"和义门瓮城的发现，不但为我们研究瓮城的结构等提供了实物资料，还在城门洞内青灰墙皮上发现了一段题记。说明它建于至正十八年（1358年），故而校正了《元史》记载。城门残高22米，门洞长9.92米，宽4.62米。在砖筑的墩台上筑有面阔三间、进深三间的城楼，城楼两侧的小耳室是进入城楼的楼道，彩画雕梁的梁架、木制的门板、门额、立颊均被明代废弃元土城时拆除，仅留下木门两侧的"门砧石"和半圆形的"铁鹅台"。这和宋代《营造法式》上记的大型板门的"铁鹅台"形制完全一样，为考古发现中仅见的实例。城楼的地面铺砖，当心间靠近西壁的台阶下有并列的两个水窝，水窝用有五个水眼的石箅子做成，石箅下为一砖砌水池，水池外又砌有流水沟，分三个漏水孔经内、外券之间达木质门额之上。这是专门设计的防御火攻城门时的灭火设备，这也是我国建筑史上首次发现的新资料。

值得注意的是，和义门瓮城门洞内的墨书题记，从笔迹和墨色观查，原为"至正十八年（1358年）四月初十"后涂改为"至正三十四年四月初十"，元朝灭

辽金元明清北京城位置示意图

元大都城平面图

和义门瓮城鸟瞰图

亡于至正二十八年，"至正三十四年"相当于明洪武七年（1374年）。元顺帝北窜后二年（至正三十年）死于内蒙古的应昌，故"至正三十四年"纯属无稽之谈，但是，从侧面反映了元王朝的残余势力，梦想卷土重来的野心。

元大都考古队队长徐苹芳先生经常嘱咐我们："一定要多照相片，我们花几万块钱（发掘），将来能留下的就是照片。所以一定要多照，别心疼胶卷！"高大雄伟的和义门瓮城遗址照片，是考古研究所技术室韩悦照的。为了照出瓮城的俯视效果，我们请北京市第一消防中队开来云梯车配合照相。消防云梯车开到工地后在地面找好角度，云梯升高后由于四不靠，人上去后来回摇晃，要拍好照片是不可能的。最后，韩悦想了个绝招儿（也是为了自己的安全）先把照相机固定好绑在云梯上，再把自己身体也绑在云梯上，云梯升高后掌握云梯晃动节奏，调好角度摁下相机快门。连拍10余张，选出一张最佳的上图版。

3. 下水道和水涵洞

排水渠道和给水渠道在城市规划中占有重要地位。中国古代城市很早就有关于排水的设备，汉代长安城已有利用陶管修筑的各种下水道。元大都是在一片平原上新建的都城，它完全严格地按照已制定的规划修建，在地面施工前就考虑到了。

（1）排水问题

1970年11月9日，北京市西城区工程大队第五营在西四牌楼修筑防空洞的时候，发现元大都南北主干道的石质排水渠遗址。考古队派我和于杰先生前往清理。该水渠位于西四新华书店与同合居饭店之间，它是用青条石砌筑的明渠。渠宽1米，深1.65米，底部顺铺青条石，仅暴露23米，其南北延伸部分，尚埋于地下。在通过平则门大街路口处（今阜内大街）顶部覆盖石条。清理淤土时，我们发现一处石壁上凿刻有"至和元年（1328年）五月日，石匠刘三"的字迹。这一题记可能是元代石匠刘三在修筑石渠中无意间凿刻的，可它为我们提供了宝贵的文字资料。

2003年10月，北京市地铁开发公司项目经理赵敏及设计人员等，找我咨询西四地下发现元代水渠之事。地铁开发公司计划，建设从大兴区黄村至颐和园北宫门方向的地铁4号线工程，准备从西四经过，并在西四建一车站。据赵敏说："其实我们在2002年设计这条路线时，就听说过西四地下埋藏着古迹，但多次找到市文物局询问，谁也说不清楚，就知道西四十字路口地下有一个元代排水渠，但具体位置不知道，多深也不知道。还是舒小峰副局长告诉我们找您的。"我说："这回你们算是找对人了。这个排水渠是当年我和老所长于杰先生一起挖掘的，现在还保留着呢！具体位置我也知道，而且现在还留有出入口，如果需要我可以领着你们去。"地铁公司的人一听非常高兴："是吗？那咱们现在去成吗？"我说："成，咱们现在就去新华书店。"于是，我们驱车前往。到了新华书店一问，这些年轻店员谁也不知道他们店里还有一个防空洞出入口。我们找到店内经理，说明来意后，经理说："是有一个防空洞的出入口，在室内装修时给砌死了。"经过商洽，经理表态说："你们实在想下去看可以拆开。但是，一、必须负责给我们复原好；二、不能影响我们正常营业，只有等我们下班后才能动工。"地铁公司人回答说："没问题，我们全包了。"于是我们来到店堂，我回忆一下具体位置，在进门偏左的柜台下方找到了出入口。我说："这里原来是收银处。"书店经理说："对，原来收银处拆了，这里早就摆上柜台了。"原来打算当天晚上就砸开地面下去看看，但是，由于地砖、水泥等材料没有准备好，因此地铁公司决定第二天晚上去。第二天，赵敏等人准备好材料，待新华书店打烊后，拆除地面砖，顺着防空洞口找到了元代排水渠遗址。他们连夜测量勘察，为地铁4号线施工提供了准确位置。

在元大都的东、西城垣北段和北城墙（俗称北土城）西段发现了3处水涵洞遗址，系向城外泄水的设施，以北城墙西段的水涵洞保存较好。此处遗址距城区较远且交通不便，我们带着发掘人员，每天往返于工地全靠自行车代步，风餐露宿，不得休息。可一旦发现有价值的遗物、遗迹就乐此不彼，这可能是考古学者的通病吧！该水涵洞是在夯筑土城前用砖垒砌的：涵洞底部和两壁都用石板铺砌而成，中部装置着一排断面呈菱形的棍式铁栅栏，顶部用砖起券。涵洞的地基打满"地钉"（木桩），其上再横铺"衬枋石"。洞身宽2.5米，长约20米，石壁高1.22米。该水涵洞的做法与宋代《营造法式》相吻合，在元代考古中是空前绝后的。

（2）供水系统

元代统治者为什么把城址选在金中都城东北方？应当说主要原因是水利条件。一是这一城址是以金代北宫位置为中心的，这里有高粱河汇聚的宽阔的水域，早已形成了一个环境优美的皇家林苑，虽遭破坏，略加修饰却很容易。二是作为统治中心的都城要有比较方便的交通条件，金代这个问题没有解决好，其根本原因是水源问题。元代新选的城址便于引取西山的泉水和地表积水，这个条件远优于金中都较小的莲花池的供水，有利于开通较通畅的联系全国的漕运水网。三是新城址位于永定河和潮白河冲积扇的脊部，有较好的防洪和排涝的条件，而金中都却容易受浑河（永定河）洪水泛滥的影响。这些都是在北京城市发展史上多年实践中认识和总结出来的，元大都的城址选择具有高超的科学水平，应该特别给予重视。

元大都供水系统主要有二：一条是由高粱河、海子、通惠河构成的漕运系统；另一条是由金水河、太液池构成的宫苑用水系统。

经过勘探和部分发掘，探明漕运水系的高粱河由和义门以北入城，汇入海子。再经海子桥（今后门桥）往南，顺着皇城东墙而流到城外后转向东，抵达通惠河。经考察，当时的海子稍大于今天的积水潭、什刹海、前后海的范围。1974年3月，新街口豁口外基建施工时发现元大都海子泊岸码头遗址。在南北长60米、东西宽40米的范围内黑色淤泥中布满"地钉"（木桩），其上横铺宽17厘米、厚10厘米的柏木板，木板上再铺两层"衬枋石"。纵观其规模想象当年的海子码头是何等的雄伟壮观。在皇城东北角的通惠河宽约27米左右。

另一条金水河是由和义门以南约120米处的水门入城。金水河入城后，转向东南，流到今北沟沿而南折，经马市桥、前泥湾、后泥湾到甘石桥，过西单北大街到灵境胡同。在此，水分为两支：一支向东北流，经过毛家湾，在皇城西北角处折向东流入北海；另一支则一直向东流，穿过府右街，进入中海（太液池），再经过元宫城前流出与通惠河汇合。这是专供宫廷用水的水系。值得注意的是：1970年11月，西城区防空工程指挥部在西单北大街、灵境胡同西口外施工，于地下4米发现一段明代沟渠，我和于杰先生前往清理。1982年5月，市政工程扩建马路在灵境胡同西口外又发现甘石桥旧址。为了保证正常交通秩序，我和考古队新分配不久的学生祁庆国，经过五个夜晚发掘完毕。这是一座南北方向的单拱弧面桥，全长38米。桥面平铺错缝青条石，石桥涵洞单拱券顶，涵洞下是一条东西偏北的沟渠，呈仰斗形，底部平铺大条砖，两侧沟壁错缝顺铺长方砖。沟底砖面以下散见，元代平铺的小薄砖和沟身两侧墙外均有黑色淤泥，证明这里的沟渠和石桥是在元代旧水道的基础上建造的。

4. 居住遗址和街道

20世纪70年代初，分别对明清北城墙一线的后英房、西绦胡同、后桃园、雍和宫后身、旧鼓楼大街豁口、安定门煤厂、北京一〇六中学等十余处元代居住遗址进行了发掘。为了配合北京2号线地铁工程，考古工作者从20世纪60初就在明清时期城墙环线进行了踏察，北城墙一线作为重点调查对象。这里原来是元大都城内最繁华的地区，明永乐十七年（1419年）修筑明城墙时将元大都北城墙向南移约5里，即现在的德胜门、安定门一线。当时由于军事需要，时间紧迫，众多的百姓来不及搬迁，明统治者就将房子拆毁，家具等生活用品亦随之埋没于城墙内。拆除城墙时我们发现有的房屋梁架被捣毁，山墙还保存二三米高；庙宇中的石碑、夹杆石等均立在城墙之中，一些豪门巨富的文玩、细软来不及带走而毁于一旦。可想而知当时明政府驱赶居民仓皇迁移的悲惨情景。

(1) 发现元青花扁壶

1970年10月，北京市标准件四厂工人在旧鼓楼大街豁口以东的一处院落遗址中取土烧砖时，发现一处瓷器窖藏。窖深不到半米，上面覆盖一个陶盆。内藏有十余件青花瓷器及影青瓷器。后由一位铁路巡道工人报告到市文物管理处考古队。因为是在明城墙下发现的青花瓷器，至少应该是明洪武年间或之前的文物。这条消息引起考古队高度重视，但是，由于受到极"左"思潮一、三、五"抓革命"，二、四、六"促生产"的影响。当天是周一抓革命时间，军宣队领导不许我们去现场。第二天是"促生产"时间，我和于杰先生骑车来到现场，发现这10余件青花瓷器已经被工人们"破四旧"，用八磅的大铁锤砸碎了，碎瓷片也被扔进土堆里了。如此珍贵的元青花别说是完整的，碎瓷片也是非常难得的。于是我们和工人借来筛子和铁锹，利用二、四、六的时间筛了三天，把工人砸碎的瓷片全部从土里筛选出来。我们把捡回来的残碎瓷片带回去，放在办公室的桌子上。大家利用学习空闲时间，一片一片地拼对，然后再粘接起来。因为大家都不是搞专业修复的，所以瓷片拼接粘对的缝隙大且不整齐，缺失的也很多。特别是那件后来举世闻名的青花凤首扁壶的背面，几乎残缺了50%，其余部分由美工魏群先生修补石膏后，用笔画出花纹。

这批残碎的元代瓷器中，较完整的器物有青花凤首扁壶、青花盏托、青花云龙纹大碗、青花云龙纹盘及底部墨书八思巴文的枢府窑大碗等。根据《事林广记》蒙古字体，百家姓译成汉文为"张"或"章"姓。难能可贵的是那件青花凤首扁壶，高18.7厘米，口径4厘米，器呈扁圆形，小口，矮圈足，昂起的凤头作壶嘴，柄上卷做凤尾，又在器身上绘出凤身及茂盛的缠枝牡丹，壶的首尾结合起来构成一只飞凤的造型。这种造型是由晋唐以来天鸡壶发展而来的，五代及宋景德镇窑都有天鸡壶的制作，元代的陶工巧妙地继承了这一传统技法。另外的几件青花瓷

元大都供水系统的和义门南水门遗址

元青花扁壶

元青花盏碗

元青花云龙纹大碗

器，不论从胎、釉或者绘画技法也都达到了很高的工艺水平。元代青花瓷器是我国瓷器史上占有重要地位的新产品，但目前可确定是元代青花瓷的标本极少，这批青花瓷的发现，无疑为研究元代瓷器工艺提供了一批珍贵的新资料。

今天几乎所有的著书谈陶瓷的人，每当写到元代青花瓷器时无不展现青花凤首扁壶的风采。此器被定为国家一级珍贵文物，20世纪80年代选入邮电部发行的特种纪念邮票，可是他们哪里知道，这是考古工作者在那"特殊的年代"历尽千辛万苦从土里筛出来的国宝。

（2）后英房元代居住遗址

后英房元代居住遗址位于今西直门内后英房胡同西北的明清北城墙墙基下。1965年发掘了它的东院，1972年上半年又发掘了它的主院和西院。这是一处规模较大的遗址，发掘总面积近2000平方米，但是这仅仅是埋在城墙里的一部分，城墙墙基以外部分，在明代初期已经被拆毁无存了。遗址显示，在主院正中偏北的高大台基上，原建有5间北房。三明两暗，每间屋子的青石柱础都在80厘米见方，这应该是当朝权贵的高级住宅。正屋前轩两侧砖砌高露道，分别通向东西跨院。台基前接一个与台基等宽而矮于台基4厘米的高露道，高露道东西两侧砌有踏道，分别通向东、西厢房。

西跨院南部大都被破坏了，仅北部尚存一个小月台。月台东南、西南两角各浮放一狮子角石。月台上尚存台基、东部及房屋的东南柱础。

从台基东露道穿过垂花门，可以到东跨院。这是一处以平面呈"工"字形为主体的院落，有北房、南房各3间，均建在工字形台基上。"工"字形台基两侧建东、西厢房。整体布局雄伟气魄，充分表现了宋元时期向明清时代过渡的建筑风格。

从现场发掘可以看出，宅子的主人在明朝军队拆毁房屋时匆忙离开的，甚至没来得及搬走全部生活用品。如主院北房出土有元青花葵盘、白釉"内府"梅瓶、龙泉青瓷盖罐、"元章"款端砚及撒在地上的玛瑙围棋子。东院还出土了影青观音、高大的磁州窑罐、铁炉子等。在清理东跨院北房地面砖的时候，发现有贴在砖上的纸张墨迹，纸已经腐朽，而砖上的字依稀看到"娘的宠儿……娘的宠儿难画描"等元曲词句。另有广寒宫图案的平脱螺钿漆盘残片等，都是具有极高艺术价值的文物。

该遗址别具一格，宏伟壮观，是一处典型的元代建筑群。如此规模宏大的遗址，本应该原地保留，由于地铁工程时间紧迫而被迫拆除。为此，在拆除前必须保留一套照片资料。为了给遗址照全景，我们设想了三种方案：一是用脚手架搭高台，但成本高，时间长；二是去中央新闻电影制片厂借升降车；三是去消防队再借消防云梯。当年拍和义门遗址就是借消防队的云梯车拍的，因为用云梯车既省时又省事。最后，徐苹芳先生让我去市公安局借消防队的云梯车。我拿着介绍信去公安局，公安局接待人员对我说："这车不能借了，就是因为你们上次（指和义门拍照）把云梯车借走了，可巧北京饭店着火了，全市唯一的一台消防云梯车又去元大都遗址照相去了（当时只有府右街消防中队有云梯车——笔者注）。此事惊动了总理，规定以后任何单位和个人不得私自动用消防设备。"我将此情况向徐苹芳先生汇报了。这样的话，我们只有采取第二个方案了。经联系，中央新闻电影制片厂的升降车很快就到后英房工地，同时新闻制片厂的著名摄影师舒世俊也来到工地，借此机会拍了发掘元大都遗址的新闻资料片。由于新闻厂的升降车高度不够，只能拍接片。1972年《考古》第6期上用的图版，就是当时用的升降车拍的。媒体也非常关注元大都遗址的新闻。舒世俊当年是毛泽东主席随身摄影记者，除了拍一些工地发掘的照片外，还为我们拍了几张工作照。

（3）后桃园元代居住遗址

后桃园元代居住遗址位于今西直门后桃园胡同西北的明清北城墙墙基下，1973年春天开始发掘。该遗址破坏较甚，遗迹保存不多。出土器物有钧窑双耳连座瓶、三彩双耳云龙博山炉、三彩兔草纹小盘、白釉黑花小口瓶、白釉油灯碟、黑陶八卦炉及日常生活用品。值得注意的是，在众多的出土器物中，以钧窑双耳连座瓶价值连城。记得出土那天上午将近下班时间，我和考古所钟少林先生在工地和工人一起发掘。其中老蔡（发掘队的老工人）正在用镐刨一个土包，已经快下班了，老蔡指着小土包问钟先生挖不挖，钟少林先生看看别的地方已经没东西了，就剩下这么一个小土包了，就说："挖了吧。"说时迟那时快，只见工人老蔡手起镐落，就听到啪的一声。我赶紧叫停，但是为时已晚。我们连忙用手铲慢慢清理，只见两只60厘米高的天蓝釉带红斑的钧窑瓶被打碎了，大家痛惜不已。后经中国社会科学院考古研究所技师修复，这只钧窑瓶完好无损，看不出任何修复之痕，所谓"钧窑挂红，价值连城"。现在首都博物馆精品馆展出，被定为国家一级文物。

（4）西绦胡同元代居住遗址

西绦胡同元代居住遗址是一座类似库房的建筑，墙壁坚厚，东墙尚存3米多高，墙内砌有平行凹槽，内有木质痕迹，可能是放置隔板用的。房内出土大量的瓷器，碗、碟成套摆放在一起的，同时还出土一批黑陶，数量和种类之多，为元大都遗址所少见。在众多的瓷器中，以磁州窑白釉诗文花卉大罐为最佳。高40厘米，腹部草书七言绝句诗："百草千花雨气新，今朝陌上尽如尘。黄州春色能于酒，醉杀西园歌舞人。"落款"清净道德"四字。

大都城内的街道规划整齐，井然有序。大城中心设中心阁。"阁之西为齐政楼，更鼓谯楼，楼之北乃钟楼也。"（见《析津志》）齐政楼即是现在鼓楼的前身。经钻探，在今景山以北发现一段南北向道路遗迹，宽达28米，即是当时的中轴线上大道的一部分。由此向南穿过宫城的厚载门、崇天门，经过皇城的丽正门，应是元大都的中轴线。恰与明清北京的中轴线相吻合。

大都的街道纵横竖直，相互交错。相对的城门之间有相互贯通的宽广平直的

石匠刘三拓片

a
后英房元代居住遗址

b
西绦胡同元代居住遗址

大道。意大利旅行家马可·波罗对大都的街道颇为赞赏云："街道甚直，此端可望彼端，盖其布置使此门可由街远望彼门也。""全城规划有如棋盘，其美善之极，未可言宣。"史载：大都城内街道，有大街、小街、胡同三种形式。并规定大街24步、小街12步、胡同6步。在元大都的东北部，即从光熙门到北城角这一区域，钻探出东西向胡同22条。从今东直门到朝阳门，即元大都的崇仁门到齐化门，也探出胡同22条。所钻探结果与史书记载基本吻合，大街宽约25米，胡同宽6—7米。今北京内城有许多相对称的街道和胡同，如东单、西单、东四、西四等仍保存着元大都街道布局的旧迹。

后记

元大都考古发掘属于配合城市基建考古，条件也极其艰辛。首先是交通工具，包括队长徐苹芳先生，大多数人都是骑自行车往返于工地，个别人乘公交车到工地发掘。我记得《北京晚报》2008年1月30日报道说："《徐苹芳跟着地铁'刨'大都》：当时考古队分成两个钻探组，一组在城东作业，一组在城西作业。徐苹芳先生只能骑着自行车两头跑，以便及时发现钻探中的蛛丝马迹。到了中午就在路边找个茶馆，泡壶茶从包里掏出火烧，就着茶水吃，既能填饱肚子，又能逮空歇歇脚。"此报道，真时地再现了当年艰难的岁月。其次，工地没有办公室，发掘后英房遗址的时候，我们在工地临时用草帘子和竹竿搭个棚子，放张桌子，几把椅子，工作之余可以稍微休息一下。钟少林先生还给这棚子起了个雅号叫"雨来散"大茶馆。为放置工具临时从文物工作队借用一顶帐篷。据说这顶帐篷还是毛泽东主席和周恩来总理等党和国家领导人当年参加十三陵水库义务劳动时休息用的。住帐篷冬天冷夏天热，特别是刮风下雨更是麻烦，记得有一次下大雨，大家钻进帐篷避雨，外面雨大风疾，帐篷摇摇欲坠，里面很多人使劲扶着固定帐篷的中间柱，任凭狂风暴雨袭击，总算没有把帐篷吹倒。由于工地没有食堂，每天吃饭得骑自行车绕道到很远的饭店吃饭。近一点的也有，就是要蹚护城河到对岸的饭店。有一天中午大家都同意到河对岸去吃饭，于是，纷纷来到河边脱了鞋，各自把鞋挟在腋下，挽起裤腿，哗啦哗啦蹚过去了。这时候郭义孚（郭老）回过头看着对岸说："我不去了，你们去吃吧！我的鞋脱了没拿，我得取鞋去！"哗啦哗啦自己又蹚回去了。哈哈……别人都把鞋脱了自己拿着，他老先生脱了鞋没拿着，还在对面的河边上呢。尽顾着就跟着大伙儿蹚河了，给大家乐得前仰后合。

考古所钟少林先生是京剧"票友"，早年拜京剧表演艺术家侯喜瑞先生为师，专工净行花脸。有一次晚上请我去他家吃饭，并且专门给我唱了几段侯派《盗御马》，嗓音洪亮高亢，身段架势如师！听罢，甚是过瘾。正因为如此，他的戏剧界的朋友也多。一天，在发掘后英房遗址的时候，钟少林先生领着社科院语言所的吴晓玲先生、戏剧家吴祖光先生、京剧表演艺术家王金璐先生及语言大师侯宝林先生到工地参观。别人不认识，但侯宝林先生大家都认识，侯先生边参观，边向大家点头示意。他们都是骑自行车来的。临走的时候，我们送了一程，大家都推着车走，到了胡同口。侯先生说："几位爷，咱们上马吧！"吴晓玲先生住在宣武门校场口五条。1976年10月打倒"四人帮"后，我创作一段相声《魑魅魍魉》送到吴晓玲府上请教一二。吴先生说："这回写的不错，能立得住。"（以前也写过）后来，吴先生把稿子推荐给侯先生了。侯先生看罢后让在厂桥医院工作的女儿侯鑫把稿子送到北海后门放在传达室，我那时候在北海办公室整理元大都发掘报告。据说这个"活儿"在一次文艺演出的时候，侯先生使用了其中一部分。

当时生活水平低，田野补助只有两毛钱，而且还必须要有饭店的"误餐报销凭证"，否则不予补助。条件虽然艰苦，但是全体考古队员对工作认真负责，和考古所合作期间没有发生任何矛盾，大家齐心协力团结一致，圆满地完成了元大都发掘任务。

非常遗憾的是《元大都发掘报告》已经过了半个世纪了，至今尚未出版。在这50多年期间，变化非常大，当年参加发掘工作人员，如队长徐苹芳及钟少林、关甲堃、潘长华等都已经作古。我当年最小，现在也七十有二了，其他活着的人也都80多岁了。欣喜的是前几年《报告》善后处理，由蒋忠义、马希桂二位先生完成并脱稿，已经送到文物出版社。预祝《元大都发掘报告》早日出版！

2017年12月12日修订于古燕斋

（三）大葆台汉墓发掘

大葆台汉墓位于北京市丰台区郭公庄西南隅，距市区15公里，西邻永定河，南靠京广铁路支线。这里原来有两个相连的土丘，东西长100米，南北宽80米，高9—10米。1974年6月，原东方红炼油厂准备修建战备储油罐及加压站，勘测过程中，在深10多米的地层中探出木炭、白膏泥和五铢钱等。原北京市文物管理处随即派了鲁琪等同志前往调查。根据钻探出来的遗物，初步断定为西汉古墓葬。北京市政府对此很重视，1974年8月3日，在北京市委书记黄作珍主持下，召开参加汉墓发掘有关单位负责人的扩大会议。决定：

第一，成立大葆台汉墓发掘领导小组，由市委书记黄作珍、国家文物局文物处处长陈滋德、中国科学院考古研究所所长夏鼐、中国科学院黄家驷、市革委会文卫组王力民、市计委洪志、市公安局刘汉成、市物资局高万新、市文化局赵枫川、丰台区革委会苏冰和北京卫戍区魏参谋长等领导组成。黄作珍任主任，陈滋德、王力民任副主任。

第二，成立大葆台古墓发掘办公室，由陈滋德任主任，市文化局李余秀、市文管处赵光林任副主任。

8月7日，"北京市大葆台古墓发掘办公室"宣告成立，并宣布任命赵学勤为发掘组组长，张宁为文物保护组组长，郑德纯为后勤组组长。办公室成立后，各组立即开始进行了发掘前的各项准备工作。中国人民解放军4561部队指战员参加了发掘，北京市政工程局第三机械施工公司配合机械发掘。

大葆台一号墓于1974年8月15日开始发掘，10月底结束。第一期发掘期间，文物管理处全体同志几乎都参加了。发掘组成员有鲁琪、马希桂、张先得、赵其昌、吴梦麟、朱志刚、李玮、赵学勤和笔者等组成；保管组有张宁、郭子升、高桂云、刘秀中等；后勤组有郑德纯、贾书玉、潘双龙、宋淑敏等；中国科学院考古研究所派出了钟少林、蒋忠义、刘震伟、郭义孚、韩悦、姜岩中等，国家文物局摄影师杨光海负责摄影。

大葆台汉墓高大的封土堆是第三机械公司负责用推土机和拉铲机将其推平，其上层积沙厚0.5—1.5米，最厚的地方达2米以上，实际封土高7米。封土上层发现一处金代居住遗址。该遗址由封土剖面可清晰看到二号墓葬压在一号墓葬之上。在夯土中发现有蚌镰、纺轮、明刀、铜镞、铜刮刀等早期遗物。另外有马骨架以及无底陶罐等。封土剖面是由考古所绘图专家郭义孚带着马希桂、朱志刚二位同志完成的。

封土削平后，请曾参与河南安阳殷墟小屯勘探的探工吴钦殿、吴有福、商文同师傅3人勘探。因土质关系，3位探工在一号墓位置探了一个星期也没找到墓边。这时大队人马已经到齐，焦急地等待着发掘。探工们也很着急，老师傅吴有福因为着急上火，眼睛都红肿了。一个星期之后，他们逐渐熟悉了土质，很快就找到了墓口。经实测，墓南北长23.2米，东西宽18米，深3.7米，由封土、墓道、甬道、外回廊、前室、后室等部分组成。墓室北部发现有盗坑，并有火烧后坍塌现象。

当墓室被揭开后，首先发现的第一个谜团是墓坑周围用长1.1米、0.1米见方的木条规整码放成垛的墓壁，向内一面较齐，其中3面倒塌严重。此种墓葬形制在全国首次发现，这究竟是何物？其意义是什么？大家一时弄不明白。后来，此问题被于杰先生破解了。于杰先生1953年毕业于北京大学历史系考古专业，一直从事文物考古工作，学识渊博，经验丰富，是我们的专业带头人。当他听说大葆台汉墓出现这种形制后，立刻查找文献，最后在《汉书·霍光传》中查找出此种形制应该称作黄肠题凑。于先生将此记载抄录在卡片上，交给考古队吴梦麟。于是大家结合文献考证，确认此墓葬形制确是黄肠题凑无疑。过去文献虽有记载，但未见实物，大葆台汉墓发现的黄肠题凑在国内尚属首次，具有较高的学术价值。鉴于发掘技术难点较多，国家文物局紧急调来广东省考古专家麦英豪、河南省博物馆贾娥进行技术支援。

全体发掘人员集体住在小学校教室里，学校开学后全部转移到两栋木板房中，包括资历颇深的老处长陈滋德也和我们同吃同住。当时没有电视，每天吃完晚饭后，大家围拢在一起听杨光海讲少数民族的故事。杨光海原来是拍摄新闻电影的，而且专门拍摄全国少数民族生活习俗，后来因为"文革"，该项课题被迫中断。杨光海讲述哈瓦族、彝族、独龙族、羌族、土家族等民族的风土民俗，几乎天天讲两三个小时。有时老探工吴有福也讲讲从前挖坟掘墓的逸事。著名的后母戊大鼎就是他与当地人发现的。抗日战争爆发前，吴有福在安阳小屯盗墓时，用洛阳铲探出大鼎的底部，他先是自己盗挖，因个头太大，只好另找一个人合挖（一般盗墓者都不找合伙人）。即使两个人也无法将其挖出，很快村子里有多人都参与这次盗掘。由于这件国宝是在吴培文家的地里发现的，按照当时村里定下的规矩，如果真挖到了国宝，那么出土此物的土地所有人拿40%，包括吴有福在内的其他人分60%。最后全村40余人挖了两夜，"国宝"全部暴露出来后，大家才知道是一个大"马槽鼎"。于是一部分人用撬杠撬起来垫砖，另一部分人运来3根圆木，架在洞口，上面安个辘轳，又找来两匹马，拴上大绳，用绳子拽，结果把绳子都拽断了，大鼎也没拉出来。最后使用土办法，左右垫砖，大鼎摇晃着，慢慢地被弄出来了。东西出来了，怎么卖呀？器物太大了，安阳的古玩商买不起。于是村民们把鼎上的耳子锯下一只，拿到北京琉璃厂鉴定，同时也了解行情。没卖之前，此物一直放在出土地主人家的后院。抗日战争爆发后，日本的文化特务获知此事，带领日本宪兵队包围了小屯村，四处搜寻，但大鼎最终也没落入日本人之手。抗战胜利后，日本人跑了，国民党来了。国民党当时也在寻找大鼎。大约是1946年，这个时候地主家的儿子在县中学读书，与一个姓陈的参议员的儿子是同班同学。地主儿子告诉参议员的儿子："大鼎在我们家藏着呢。"参议员得知后立刻带人到地主家搜查。最后，他们把大鼎秘密运往南京政府，献给了蒋介石。蒋介石将其放在南京总统府，后因体积过大且笨重，在逃亡台湾时没有带走。1959年庆祝新中国成立10周年，将后母戊大鼎从南京调到北京中国历史博物馆（现为国家历史博物馆）收藏、展览。

发掘资料表明，大葆台汉墓曾多次被盗，出土随葬品不多。铜器仅有鎏金铺首、铜镜、鎏金龙头枕饰、错金银铜豹等。玉器有镂空龙凤玉璧、玉舞人、玉衣片，还有漆案以及大量的陶器。大多器物有被火烧过的痕迹。特别是清理墓主人骨架时，从头骨下遗留的长40厘米的绳索观察，盗墓者曾将其用绳子套住脖子，将上半身从棺内拉出来露在棺外，下半身仍留在棺内，证明盗墓时尸体并没有腐烂，至少筋骨相连。尔后，又有人盗掘后放火，前室受火并不厉害，而后室因有一个盗洞，如同烟囱一样，致使火力较猛。这样，使得黄肠题凑的木板已经炭化。但是，墓葬形制所提供的"梓宫、便房、黄肠题凑"等实物资料，仍是当年的重大考古发现。

当时，老文物工作队的摄影器材已老化落伍，多次申请更新，始终得不到解决。借大葆台汉墓发掘机会，给技术室增添了一台国内最好的产品，即天津生产的"东风"牌相机。此相机生产数量有限，但产品质量不过关，特别是镜头内百叶闭合时经常卷叶，修了几次仍然没有修好。当时考古所照相室用的是德国产的"林哈夫"相机，国家文物局杨光海也用的是"林哈夫"。我们单位由李玮负责照相工作，也想用"林哈夫"相机，几经周折终于打听到北京玉器厂技术室有一台"林哈夫"，于是托考古所韩悦转达，提出我所愿意用"东风"相机交换。经玉器厂领导研究，同意交换，这样我们所如愿以偿地得到一台好相机。其实，"东风"相机在当时也是为数不多的。如今，"东风"相机已经成为收藏家眼中的珍品。拍卖会上，一台"东风"相机可以拍卖到10万元人民币左右。

大葆台汉墓的发掘过程，由中央新闻电影制片厂李汉军拍摄成纪录片。李汉军当时很年轻，非常想把大葆台汉墓拍好，因此，一开始就采用当时最好的胶片——美国"依斯曼"牌胶片。在拍摄构思和周围环境等方面都下了一番功夫，详细记录了每一件出土器物的发掘经过。但有些时候也不是尽善尽美的。记得鎏金铜铺首出土时，李汉军没在现场，后来需要补拍，请考古所钟少林做人物背景。可钟少林死活不合作，认为是作假。考古工作也是一门科学，出土器物一经离开现场，再复原回去就是伪造现场，是《田野考古发掘规程》所不允许的。最后，这组镜头也没有补拍成。开棺时，周围场面布置得非常壮观，到现场参加开棺仪式的有万里、黄作珍、王冶秋、夏鼐等主要领导和专家。当升降车把摄影机降到棺顶侧面，大吊车把棺盖吊起来后，发现木棺已经坍塌了，棺内没有任何遗物。摄影升降车还没有归位，各级领导就离开了礼宾席位。由于墓室被盗，出土器物不多，李汉军拍的新闻电影因此被打入"冷宫"，未能公开放映。

此时，我们尚不知道墓主为何人。入冬时节，大部分人已经撤走，待来年春天发掘二号墓。只留蒋忠义、鲁琪、张先得等绘制墓室结构图。绘图时他们发现椁底板有刻编号，于是赶紧叫摄影师来拍照。就在照相时，张先得偶然发现回廊底板上有一圆形漆片，已被抬椁板时踩掉中间部分，只剩下两个半圆形，一侧翘边。张先得顺手揭下来，未见图案，只有一点刻画痕迹，但仔细一看，上面有刻画字"宜官廿四年五月丙辰丞"。根据这个可靠纪年，结合相关史料，我们终于知道此墓主应为死于汉武帝初元四年（前45年）的广阳郡王刘建，西边的二号墓应为其妻之墓。张先得在发掘过程中认真仔细，对确定此墓年代、主人身份，可谓功不可没。

大葆台汉墓发掘现场

大葆台汉墓黄肠题凑

部分留守人员合影留念

三、整理定陵出土金银器及捶拓长陵功德碑

明代十三陵位于北京市西北 50 公里昌平天寿山主峰下，从明代第三代皇帝朱棣至末帝朱由检止，一共 14 个皇帝。除代宗朱祁钰因英宗复辟死后葬于京西的玉泉山之外，其他皇帝都葬在天寿山附近，共 13 处。长陵、献陵、景陵、裕陵、茂陵、泰陵、康陵、永陵、昭陵、定陵、庆陵、德陵、思陵，总称明十三陵，俗称十三陵，占地 50 平方公里。这里山峦起伏，松柏苍翠，四周因山就势修筑围墙，总长 12 公里，险要之处设有关口、城关、敌楼等，驻军把守。

十三陵总体布局庄严肃穆，南起昌平县西门外，北达主陵区（长陵），有一条总神路，沿途设有石牌坊、下马碑、大红门、牌楼、望柱、石象生、棂星门等建筑。

定陵位于大裕山东麓，是明朝第十三位皇帝朱翊钧和他的两位皇后的合葬陵寝，也是我国首次有计划大规模发掘的古代皇帝陵寝。定陵规模在陵区内仅次于永陵，为第二大陵。

1955 年 10 月 15 日，中国科学院院长郭沫若、文化部部长沈雁冰、北京市副市长吴晗、人民日报社社长邓拓、中国科学院历史研究所范文澜、全国人民代表大会常务委员会副秘书长张苏等人，联名上书国务院总理周恩来，建议发掘明长陵。他们在请示报告中指出：十三陵中，长陵规模最大，地面建筑也最为完整……长陵的地下宫殿规模宏大，是可想而知的。埋藏在地下的宫殿，如能使其重见天日，开放地下博物馆，安装电灯，供人参观，不但可以丰富历史知识，也将使这个古代帝王陵墓成为具有世界意义的名胜……

报告转交到国务院后，周恩来总理于 11 月 3 日批示：原则同意，责成北京市委协同科学院、文化部指定专人议定开发计划送批。陈毅副总理也批示：科学院主持，文化部、北京市参加为好。

为指导发掘工作，成立了长陵发掘委员会。委员会由余心清（全国人大常委会副秘书长）、尹达、夏鼐（中国科学院考古研究所副所长）、王冶秋（国家文物局局长）、张季纯（北京市文化局局长）、刘仲华（北京市园林局局长）、吴晗（北京市副市长）组成。委员会下设工作队，进行发掘的实际工作。队长赵其昌，副队长白万玉，队员有于树功、刘精义、冼自强、曹国鉴、庞中威、赵信、李树兴、王杰等人。

1956年5月开始了定陵的试掘工作。

由于在勘查定陵期间，曾发现宝城南侧外墙有几层砌砖塌落，露出砖砌券门的迹象，故决定在宝城墙内侧正对砖砌券门的位置挖一条探沟。该探沟长20米，宽3.5米。发掘时在宝城内侧正对券门的条石上发现"隧道门"3字，同时还发现与隧道门相连的砖隧道。为了减少出土量，少伐松柏树，同年7月又在明楼后面开挖第二条探沟，长30米，宽10米，由此发现了砖隧道的尽头。9月2日，在第二条探沟里意外地发现了一块小石碑，碑上刻有"此石至金刚墙前皮十六丈，深三丈五尺"。根据"指路碑"记载，留了一段隔梁后，考古人员又向着宝顶开了第三条长15米、宽10米的探沟。在此探沟中，发现了斜坡石隧道。

1957年5月，发掘工作进行一周年之际，发现了金刚墙。至此，玄宫入口终于找到了。定陵地下宫殿建筑有前殿、中殿、后殿及左右配殿，五室七道石门，全部为石结构，出土器物种类繁多，数量多达3000余件。发掘工作历时两年之久，到1958年7月才结束。

在发掘工作结束后，中国科学院古脊椎动物与古人类研究所的工作人员，曾用了1年的时间将出土的万历皇帝及孝端、孝靖两位皇后的骨架分别用铁丝穿连组成完整骨架。可惜的是，"文革"时期骨架被全部砸毁。这是在特定历史环境下出现的一个历史性的悲剧！

由于"文革"及其他种种原因，直到1979年才开始整理《定陵发掘报告》。

我应赵其昌同志的邀请，于1979年协助整理捶拓定陵出土的金银器。这些文物有金锭、银锭、金盆、嵌宝石酒壶、金爵、金托盏白玉碗、金托玉人爵、金托耳杯等。为了器物安全，每天由部队警卫人员和定陵博物馆工作人员负责从库房提取文物，由我负责捶拓。现将整理金器情况记录如下。

金锭，俗称"金元宝"，多出自万历皇帝及孝端皇后尸体下，共103锭。各锭大小不一，大者重十两，小者重二至三两。形状凹腰扁平，大者多在底面或正面刻有铭文，也有的贴有纸签，铭文内容一般为解送金锭的省份、年代，金的成色、重量等，以及委官、金户和金匠的姓名。孝端皇后处所出金元宝，有上刻"九成金色十两"，底刻"万历四十六年户部进到宛平县铺户徐光禄等买完"，及"九成色金十两"，底刻"万历四十六年户部大兴县铺户严洪等买完"。万历皇帝尸体下一锭刻"云南布政使司计解。万历叁拾肆年分足色金壹锭，重拾两。委官都事吴授，金匠沈教，金户全义"，铭文全部为阴刻。据铭文可知，定陵出土的金锭，除顺天府的大兴、宛平两县外，大多来自云南。这与万历二十八年（1600年）右副都御史魏允贞上疏所言"金取于滇，不足不止"是相一致的。按《大明会典·户部》"金银诸科"条目下关于"嘉靖七年题准，云南年例金一千两，遵照原行勘合。将每年征差发银照依时估，两年售卖，真正成色金每拾两为一锭，于上錾观姓名、差委有职役人员"之记载亦相吻合。

银锭，俗称"银元宝"，分别出自帝、后棺椁内，共计65锭。重量不一，有五十两、三十两、二十两和十四两4种。其中以五十两一锭的最多。银锭上面、侧面、底面大多錾刻铭文。铭文内容有解送银两的府、州、县、年代及银锭重量，还有的刻有知州、知县和银匠姓名。银锭供奉来源地各不相同。万历皇帝的大多来自江西各地，孝端皇后的则来自浙江，孝靖皇后的来自苏州，都是老百姓向官府交纳的粮税。当时百姓纳税有两种方式：一种为本色，即交纳米麦等实物；另一种为折色，即将粮税折合为金银纱绢布等交纳。其中折为银者称为"折色银"。

折色银解入京师后，有的入京师库作为国家军政开支费用；有的入内承运库，作为大臣俸禄及宫廷开支费用，后者又称为"金花银"。定陵出土的这些银锭，有的刻有"金花银"，有的刻有"京库"字样，说明当时的宫廷开支已不全部由内承运库支出了。

出土器物中，金器的数量比较多，计有金脸盆、漱盂、壶、香盒、粉盒、箸、碗、盘、匙、爵等，有些器物刻有龙纹，还有的镶了珠宝。不少器物刻有制作年、月、日以及器物名称和重量，有的还刻了经营官和匠作的姓名，从文字看，大部分是"银作局"的制品。

金粉盒，原放在孝端皇后的大漆盒内。八角形，刻龙纹，里面有一金制的粉扑。粉盒内还有一个小瓷盒，高2厘米，直径3厘米，白地青花，上刻有"大明万历年制"款。

大金盆，9件，最重者90两。鎏金，银胎或铜胎。盆底或口沿刻有云纹及龙戏珠纹，錾刻纹饰极细。其中3件为素面，在卷沿内分别置有可以滚动的金属球，金盆摇动时，金属球与盆相撞，发出清脆的响声，格外悦耳动听。3盆中有两盆刻有铭文：一刻"大明万历庚申年银作局制金盆一个，重八十两"，另一刻"大明万历丁酉年银作局，六成色金，平云龙面盆一个，重七十九两四钱，经营官张朝，银匠张梦元"。银作局系明朝内府二十四衙之一，设有堂印及管理、签书、写字、监工等内官，是专门为打造宫廷所用金银器饰而设置的。

金托玉爵，爵是古代小型饮酒器，早在商周时期，贵族便在各种祭祀活动中广泛使用。爵的制作，在商周时期用青铜，明代则有金、玉、木等多种材料。定陵出土的爵有金、玉两种，出自万历棺内。玉爵琢制而成，略呈元宝形，高11.5厘米，腹部呈椭圆形，流、尾、鋬、足具备，形制虽承古制，但装饰图案极为精妙。特别是爵鋬的首，制作独具匠心，构思不俗。爵首造型是一条龙，龙的前爪在上，用爪攀爵口沿，龙头上伸，口贴近爵柱根部，好像嗅到了酒香，欲品尝爵中玉液琼浆。龙的后爪在下，左右分开，呈蓄势跃起之态。爵的流、尾雕饰也很别致，其图案各为一条正面龙。两龙的前爪上面分别琢有"万""寿"字样，周围还雕饰祥云。玉爵之下配以圆形金托盘，正中有刻山纹的圆托，上设3孔，以安插爵的3足，周围则雕饰有二龙戏珠的图案，并且镶嵌26块红蓝宝石，金玉生辉，愈显玉爵的华贵。

修建这样巨大的陵墓，首先遇到的问题是采运石材、木料和砖料等，这在当时的情况下是十分艰难的。

修陵所用的木料，都是楠杉大木，这些大木生长在云南、贵州、四川等人烟稀少的深山峪谷，"寒暑渴饥，瘟疫瘴疠，而死者无论矣。乃一木初卧，千夫难移……倘遭艰险之处，跌伤压死，常百十人。蜀民语曰：入山一千，出山五百，苦可知矣也"（见《明经诗文编》卷415《吕神忧危疏》）。采伐后，由于庞大的树木"千夫难移"，只有趁山洪暴发，借洪水漂浮冲出山，然后漂流入江河，结筏而下。川贵离京路途遥远，大木得由河川运入长江，再转运河才能运到北京。

1977年秋天，通县运河发现一根楠杉大木料。当时，有父子二人在通县运河打鱼的时候，渔网撒下去，怎么也拉不动。起初，他们以为网住了一条大鱼。于是儿子跳下河去，一摸，感觉不是鱼。其父也跳下河，顺着网摸下去，才知道是一根大木头。这爷俩无论如何也弄不动，于是又找了几个年轻力壮的小伙子，齐心合力才把木头移到岸边。该木材长13米，1.1米见方，无任何腐朽痕迹。因体积太大，这十几位农民也无能为力。后来通县财政局得知此消息后，在未通知文物部门的情况下，私自用起重机和拖拉机将这根木头运回财政局。

据说20世纪50年代初期，通县教育局从运河码头得到过一块大木料，后来整个教育局的办公桌椅都是用这块木料做的。财政局也打算用这块木料做家具，于是想要拦腰锯断这根整木。锯了五六天，折了两根锯条，终于把它锯断了。后来有人举报到文物部门，我和赵学勤同志前往调查处理，对他们进行文物保护法的宣传教育，并批评了他们这种破坏文物的行为。根据当地农民反映及发现地点来判断，这根大木料应当是明代修建十三陵时，由南方运来的楠杉大木。运到通县运河码头时，可能是在卸船时不慎掉进水里的。此木料拉回北京后，先放在首都博物馆，后调拨给定陵博物馆展出。

修陵所用的汉白玉、艾叶青等石料，是从50多公里外的房山大石窝采来的。花斑石则采自河南的浚县、河北的遵化，以及北京的顺义、怀柔等地。据传说为运输这些石料，工匠们曾经制造了一种特制的车子，冬天天寒地冻的时候，专门开辟一条道路，每隔一里凿一口井，汲井水泼在路上，使结成冰，然后再把石料放在冰上，一直拖到陵区。有记载，一块长3丈、宽1丈、厚5尺的大石料，前后需要民工计2万人，拖运28天，才能从大石窝运到昌平。

定陵所用的砖，大多是在山东临淄专门烧造的，如砖上有铭文"甲申临清厂窑户符岩匠人李孝其造""乙酉临清窑户吴春作头张强造"等。砖的规格要求极严，长44厘米，宽22厘米，厚11.5厘米，每块砖重24公斤。砖上印有烧砖匠人、窑户和"作头"的名字及年份，以备官员检验。只有达到"敲之有声，断之无孔"的标准，方准发运。

金银器整理基本结束后，我们又转入室外拓片。在明十三陵神道南端，大红门北0.6公里的地方，有一座碑亭，这就是长陵的"神功圣德碑亭"。此亭平面为正方形，台基边宽23.1米，亭高25.14米，四面辟门。碑亭内立有"神功圣德碑"。碑为汉白玉石雕制而成，通高7.91米，宽2.45米，厚1米。碑首有6条高浮雕首尾绞盘、头部下垂的蛟龙，碑趺是一个昂首远眺的螭首龟趺。龟下有长方形石台，上面刻水波纹旋流。

碑首正面，上有篆额天宫，刻"大明长陵神功圣德碑"，碑身刻明仁宗朱高炽为其父成祖朱棣撰写的碑文。

1979年9月，我和赵其昌先生实地考察了长陵功德碑的情况，研究了如何搭四面脚手架及工作量等问题，并计划在入冬前捶拓3份拓片。10月初，脚手架搭建好了，拓碑的纸张、工具等也都准备齐全。拓大碑本来是我的拿手好戏，但如此巨大的石碑，尚属首次遇到，上纸、上墨都没有经验。为了保证质量，我请了首都博物馆王春城同志来帮忙。后来，王春城有其他事提前离开，我又请了北京市文物管理处银占喜和定陵博物馆姚立荣共同协助捶拓。由于大碑亭距离定陵博物馆路途较远，我们每天由博物馆魏玉青同志骑摩托车分别接送。大碑亭四外没有遮挡，冷风飕飕，赶上大风的时候，上纸相当困难。但野外拓碑要求掌握迎风抖纸的绝招，再大的困难也要克服。

我原计划用罗纹宣，此纸纤维长，拉力大，拓一套（包括碑首高浮雕6条龙）共计用纸56张。由于第一次拓没有经验，加之纸张比较薄，字口深，砸纸时用劲太大，唯恐贴不住或拓半截纸就掉下来，第一张虽然拓的非常精美，漆黑光亮，接口处也非常均匀，但往下揭取的时候出现麻烦了：一是纸薄不好揭；二是上墨时一味追求"乌金拓"效果，墨透过纸，将纸和碑粘在一起，撕都撕不下来。魏玉青在架子下面直着急。怎么办？只有一个办法，把贴在石碑上的拓片撕了，用水冲洗干净，重新再拓。最后我和王春城一齐动手，用水管将整碑重新洗刷了一遍，第一次做拓片算是失败了。

第二天，换了比较厚实的净皮夹宣。上午开拓，比较顺利。到下午揭取时，个别地方仍然揭取不下来，分析主要原因是白芨涂抹不均匀，砸字口时用力不均匀，揭取时纸张又粘贴在碑上了，致使多处拓片被撕坏，但作为资料，修补后仍然可以使用。

第三天的工作较为顺利。我将闷好的湿纸按顺序码放在毛巾内。上纸时，由碑右侧向左侧自上而下将湿纸展开，用棕刷向外刷在碑上，再用木槌垫毛毡打一遍，最后用棕刷将打出的纸毛刷干净，刷到纸由白变青为止，然后经风微微吹干，则纸由青变白，这时可以上墨了。上墨时扑打要匀，第一遍轻轻扑打，第二遍加重，一般走五到六遍墨即可。"乌金拓"要求正面墨黑如漆，光亮有泽，背面纸白不透墨，才算是合格品。这样，第三天的拓片就完好无缺地揭取下来了。摸索出经验后，工作起来就较为顺手，以后连碑阳、碑阴及碑两侧4面共拓3套。

碑额为6条高浮雕首尾交盘头部下垂的蛟龙，正中阴刻"大明长陵神功圣德碑"。要拓全形困难多多，首先高浮雕捶拓时容易走形；其次是体大刀口深，纸易破，拓整个碑额需要近10张纸，每张纸的接口极难连接，上墨的火候也较难掌握，而且纸湿容易浸，纸干容易翘起来，再拓花纹便模糊不清。因考虑到上述困难，捶拓时采用边拓边接纸的办法，拓出来的全形效果极佳。揭取下来以后，在定陵博物馆职工食堂的地上铺上三合板，将碑额托裱起来，更显得具有特殊的艺术之美。

原计划只拓3套，拓完时已经是11月初，室外天气逐渐冷起来，捶拓工作也不好开展了。待第三套拓片揭取下来后，我对魏玉青说："下午可以安排工人来拆架子，咱们完成任务了。"于是我收拾好工具，老魏骑摩托车带我回去。刚到博物馆，博物馆的李亚娟大姐过来了，说："小黄，中午我请客，吃红烧肉！"我以为是庆祝我们顺利完成任务呢，李大姐说："不是，就请你一个人。"我有些莫名其妙。这时，李大姐已把红烧肉买回来了，并说："先吃完了再说。"我坚持一定要弄明白她为什么要请客。李大姐表情有点内疚，不好意思说。这时考古所王岩同志告诉我说："上午，定陵搞卫生，李亚娟看咱们屋子太乱，她以为你放在桌子下的第一份残破的拓片没用了，就拿到院子里，划根火柴给烧了。我看见后，马上拿扫帚拍打，一边拍打，一边说：'这张碑文，小黄还有用呢。'但是已经来不及了。"说着，他拿出一份被烧的残片，问我："还能用吗？"事情明白了，抱怨也没有用了。我只好通知老魏下午先别拆架子，继续又拓了一份。最后全部完成任务已经11月10日，已到了初冬季节。这3份拓片，分别交定陵博物馆一份，文物管理处资料室一份，赵其昌先生一份，原计划在《定陵发掘报告》中使用，但因拓片太大无法拍照，故没有收录。定陵博物馆的那份拓片现在博物馆展出。

十三陵长陵功德碑

长陵功德碑拓片1

长陵功德碑拓片2

定陵地宫中殿情况

地宫后殿情况

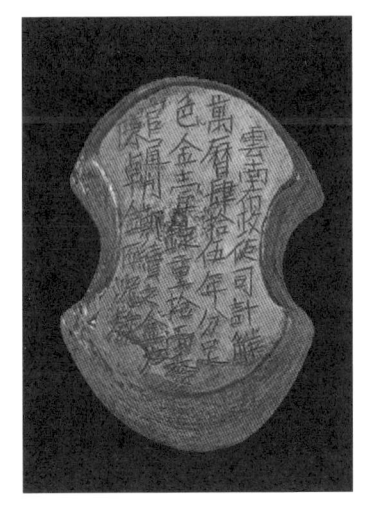

定陵出土的金锭（背面）

4号墓出土铜盆

铜镜

顺义大营村西晋墓出土情况

四、顺义县大营村西晋墓的发掘

1981年4月初，原北京市文物工作队接到顺义县砖厂报告，在马坡公社大营村烧砖取土时，发现8座券顶砖室墓，其中6座被扰乱。工作队派我和朱志刚同志前往处理。我们和顺义县文物保护管理所取得联系，由沈自修老师接待我们。沈老师当年50余岁，因腿有残疾，走路有些不便，但老先生对顺义县内文物埋藏分布情况却了如指掌。

该墓群位于顺义县城北约2.5公里的大营村东北部，北距潮白河、西距京承铁路各约1.5公里。墓葬分前后两排，前排有1号墓，后排有2—8号墓，间距在1.5米左右，最大间距7米。两排墓葬均在一个狭长的大土丘内，实际顺义大营村西晋墓出土情况上是高大的封土，砖厂用推土机推土时发现了墓葬。8座墓葬均完整，未被盗掘。但是推土机推毁了6座墓，仅遗留4号和7号墓较完整。虽然墓室已经坍塌，但墓葬形制尚存，分别为单室、双室、三室，由墓道、墓门和甬道组成。墓砖均为长30厘米、宽15厘米、厚5厘米的灰色单面绳纹砖或席纹砖，并刻划"五"字符号。单室墓1座（7号墓），墓向北偏西30度，呈平面刀把形，全长8.1米，墓室长2.95米，宽1.74米，墓室起砖券。出土器物有铜盆、铜镜、铜熨斗、铁斧等。双室墓5座，其中2号墓、4号墓保存较好。

当时，文物工作队照相设备不好，故此出发时没带相机。顺义县文保所请文化馆同志带着双镜头120"柔莱"协助拍照。但摄影师胆小，不肯进墓室。为了证实墓室内的所谓暗器、鬼神都没有，当4号墓甬道封门砖刚被拆下三分之二的时候，我就钻进去了。他说："您胆儿真够大的。"我说："这是练出来的。"整个墓地清理完毕之后，摄影师还是不敢进墓室内去拍照。当我硬拉他进去的时候，我感觉他手心都出汗了，最后还是借他的相机，我们自己拍摄的。

这批墓葬发掘的重要意义有：第一，在没有发掘前，从出土器物分析，我们最初认为是东汉末年的墓葬，故在当年 5 月 20 日的《北京日报》上以《北京顺义县发现东汉晚期墓葬》为题发了简讯。后来在拆除墓砖时，于 8 号墓墓壁砖上发现"泰始七年"（271 年）的纪年砖。泰始是西晋武帝司马炎的年号，为这批墓葬及北京地区出土的西晋墓断代树立了标尺。第二，考古界泰斗、北京大学教授宿白先生认为这是一处西晋晚期的家族墓群，意义重大。第三，中国考古学会理事、社科院考古所研究员徐苹芳先生，根据该墓群出土的 8 方铜镜，作为西晋分期的断代标尺，重新研究了流散在日本的三文铜镜的分期（徐苹芳《三国两晋南北朝铜镜》，《考古》1984 年第 6 期）。第四，男子铜质发饰的发现。以往出土因位置不详，故对其用途研究说法莫衷一是，大多数学者认为是铜饰件。南京博物院研究员蒋赞初先生认为是男子发饰，但一直没找到依据。4 号墓出土铜质发饰正是出于男子头顶位置，印证了蒋先生的推论。

五、辽韩佚墓中发现珍贵瓷器

壁画

辽韩佚墓发掘工作照

1981年6月7日下午，因为是周末，大家比较轻松，我和马希桂等几个同事在院子内打羽毛球。玩得正高兴的时候，有人来电话反映：八宝山革命公墓院内搞基建时发现一座砖室墓，墓顶已经撬开了，里面还有壁画。情况紧急，必须马上处理，派谁去呢？马希桂科长说："小黄，大周末的，你跑一趟，怎么样？"

我说："没问题，我去。"于是，我和傅公钺同志出发了。当时文物工作队还没有小汽车，我们俩乘公交车，再转地铁，到了八宝山现场已经将近下午5点了。在现场初步调查，判断这是一座辽代圆形壁画墓，没有被盗，只是墓顶有个洞，是现场工人刨开的。工程队的包工头五十余岁，多少还懂点文物知识。他年轻的时候去西北参观游览过名胜古迹，也见过壁画，因此他认为这个墓很重要，立刻报告了市文物工作队，并说："你们今天要是不来，明天我们可能就拆了。我们的施工任务紧，不能老等着。"我说："老师傅，您看我们接到您的电话就来了，我们非常重视。我回去请示，一定要奖励您。"后来我们发给了他们奖励费，这是后话了。

从工地回来，我认为这是北京地区首次发现的辽代壁画墓，应该立即向领导汇报。我和傅公钺没顾得上回家，便到于杰先生家汇报了现场情况。于先生毕竟是专家，听了我们的汇报后非常激动地说："不单单是壁画墓的问题，出土地点也很重要，这是韩家山，是辽代宰相韩延徽的家族墓。以前苏天均在八宝山曾发现金代韩资道墓志和金代韩迩墓志，但是没有墓室（墓室被破坏，形制不清）。这个墓有墓室，又有壁画，而且没有被盗，是重大发现，一定要做好。"

八宝山革命公墓位于西长安街以西路北，东南距鲁谷村约1公里。该墓平面呈圆形，穹隆顶砖券墓，由墓道、墓门、甬道和墓室组成。斜坡式阶梯墓道长13米，墓门为仿木结构门楼式，用细勾纹砖"人"字形封门。拆去封门砖即是甬道及墓室，内有淤土厚1.5米左右。先由五六个工人站在棺床上往外清理淤土，在土层距离棺床厚40厘米左右时，我亲自动手，用小铲一层一层由里向外刮土。因为此墓没有被扰乱，随葬器物大多放在棺床上，清理时要特别小心，只能用小手铲慢慢清理，稍微不小心就可能碰坏器物。大约又向下刮了15厘米左右，我发现一个绿玻璃球似的东西，我马上停下来说："你们大家（指工人）都下去，到棺床下边去，千万别乱踩乱动。"我安置好工人的位置后，小心翼翼地继续清理，

越窑青瓷大碗、盏托

越窑青瓷执壶

用竹签拨开泥土，发现绿色玻璃球是壶盖纽。当青瓷盖露出后，我马上意识到这件器物的价值，于是打电话告诉工作队办公室赵光林主任，他是陶瓷专家。我对他说："老赵，我发现一件越窑青瓷，绝对是一级品，你们来人吧。"赵光林先生问我："你怎么知道是越窑青瓷，而且是一级品呢？"我说："凭我的直觉，没问题，您过来看看。"当天下午，赵光林、于杰、马希桂、高桂云4人来到现场。此时我已将整件青瓷执壶全部清理出来了。这是一套越窑青瓷执壶和注碗，碗内底刻划一对鹦鹉图；执壶通体施翠青釉，细润光亮，胎厚2.3毫米，腹部刻画8位人物举觞对饮图。壶盖刻羽毛纹，壶颈流、把手等均刻画极细的花纹。这件器物无疑是越窑珍品文物。诸位领导见后赞叹不已，连声称赞："好！好！好！"同时还出土了几件青瓷碗、盘，均为越窑器。这套青瓷执壶和注碗后经国家文物鉴定委员会耿宝昌、程长新先生鉴定，被定为一级文物。去美国展出时，它的国际保险金额为500万美元。

此外，在出土铜器、银器、瓷器等诸多器物中，还有一件粗胎鸡腿瓶，内装有液体，无色、透明，疑是酒。出土时，正逢八宝山殡葬服务处的一位姓方的小伙子在此围观，不知何时下到墓坑，在墓室内拿起鸡腿瓶一扬脖子喝了一口，并说是圣水，可治百病。我发现后马上抢过来，请他离开现场。我问他是否有酒味，他说没有。后连同瓶内液体一起交给保管组。

清理棺床下淤土时，发现两方墓志，悉知墓主人是辽统和十二年（994年）下葬的辽始平军节度使韩佚，他是辽代著名宰相韩延徽三世孙。韩延徽又名韩颖，《辽史》《契丹国志》均有传。辽太宗时封韩颖为鲁国公，赐鲁国望地，故有房仙乡鲁郭里之称。现在此地称鲁谷，应是鲁郭里之讹称。韩延徽卒于辽穆宗应历六年（959年），葬在韩氏家族茔地——鲁郭里。以后韩氏历代均葬于此，时间跨度200多年，故明清时期此地又有韩家山之说。

韩佚墓中出土壁画人物形象栩栩如生，婀娜多姿。壁画上，墓主人居室中有帷幔及花卉屏风，两边有侍饮图、衣箱图、灯架、十二生肖图及甬道文官图，墓顶有云鹤图，色彩鲜艳，保存完好，是北京地区首次发现的珍贵的辽代壁画资料。后经齐心先生介绍，我到中央美术学院壁画系邀请系主任汤池教授为我们临摹壁画。汤先生知悉壁画如此珍贵，亲自率弟子无偿支援，从起稿、着色到做旧及墙皮裂纹的临摹，均在汤先生亲自指导下完成。与此同时，我在帮忙中也学习并且掌握了临摹壁画的方法。

关于保护问题，当时文物工作队以于杰先生为代表，建议原地保留。于杰先生认为该墓属一整套完整资料。从墓葬形制到壁画、出土器物及墓志文字，堪称辽代绝品，应该原地保留。但是，由于八宝山革命公墓在此地盖办公楼，地基都已经挖好了，另选地址已经不可能。于杰先生建议将墓室盖在办公楼下面，将来可发展旅游并做科研实地现场。建议报告呈送到市文物局，因为没有经费而未被批准，只批准揭取壁画，而后将墓室迁移至大葆台。当时准备在大葆台博物馆另修建一个墓葬博物馆，再恢复韩佚墓。我队执行上级决定，开始着手准备揭取壁画。20世纪80年代初，揭取壁画尚属新课题，各地文物部门均无经验，我们只好根据《文物》杂志上一篇揭取壁画的报道来摸索进行。由喻震同志操作，保存较好的十二生肖揭取较为成功，大幅壁画均未成功。后来将墓室按照拆除顺序编号，将拆下的墓砖全部运到大葆台博物馆。

关于临摹的壁画，在发掘完毕以后，我找到琉璃厂一家裱画店，委托他们裱好后交与我单位资料室保存。20世纪80年代中期，辽韩佚墓出土青瓷执壶及临摹壁画去美国展览，从美国撤展回来后，青瓷执壶等器物移交首都博物馆。

在发掘期间，日本《读卖新闻》记者黑田寿男在工地采访并约我写报道文章。我说："不行，我们在国内尚未报道，该新闻不能在日本先报。"后来，我以《北京考古新发现》为题，在1982年第2期《人民中国·日文版》上发表了关于此墓的报道，并在《考古学报》1984年第1期上发表了《辽韩佚墓发掘报告》。

六、琉璃河西周燕国墓地发掘纪实

  北京是一座历史悠久的城市，据文字可考的历史，北京建城史已有 3000 多年了，其遗址位于北京市西南 43 公里的房山区琉璃河地区。早在清末（1897 年）修建京汉铁路（京广铁路前身）穿过黄土坡村和董家林村这一地区时，就发现过墓葬及出土文物。1945 年中国银行职员吴良才先生，他是个业余考古爱好者，在办理业务途经琉璃河遗址时采集到不少陶片。后吴先生把捡到的陶片交给了考古学家苏秉琦先生，经苏先生考证认为这是商周时期的遗物，从而引起考古界关注。其后不久，内战爆发，此事便被搁置起来。

  直到 1962 年春，北京市文物工作队郭仁先生来房山考察，在董家林村再次捡到一些商周时期的陶片，更加引起考古学家关注。时任北京大学历史系考古专业主任苏秉琦先生，建议与北京市文物工作队联合调查董家林遗址。同年夏季，北京大学历史系考古专业邹衡先生带领实习生在刘李店村进行了首次小规模试掘。1972 年秋，北京市文物管理处考古队和北京大学历史系考古专业合作，由实习学生再次对刘李店村及董家林村等多处进行考古发掘，发掘面积 210 平方米，发现有房基、窖穴、灰坑等遗迹及生产工具、生活用具等等。1973 年为配合当地平整土地，再次由国家文物局、北京大学历史系考古专业、北京市文物管理处考古队等多家单位联合，对该遗址进行了深入全面的勘查。从 1976 年春开始，由北京市文物管理处、中国社会科学院考古研究所、房山县文教局组成联合考古队，对刘李店村南及立教村进行了较大规模的发掘。1981 年至 1986 年，北京市文物研究所与中国社会科学院考古研究所再次合作，发掘了黄土坡村西周燕国墓地及董家林村的古城遗址。20 世纪 90 年代初，北京市文物研究所再次和北京大学考古系合作，发掘董家林古城遗址。

董家林考古工地大棚搭建中

琉璃河西周燕国古城遗迹

1972年考古队住的宿舍

考古资料表明,琉璃河遗址分布在以董家林村为中心的刘李店、黄土坡、立教、庄头、洄城等6个自然村落。遗址东西长3.5公里,南北宽1.5公里,总面积为5.25平方公里。遗址内涵丰富,包括古城遗址、生活区、墓葬区3大部分。大量考古发现证明,这里就是西周初燕国的始封地,遗址内的古城遗址应该是西周初燕国都城。

1. 城址

古城在遗址的中部,董家林村就坐落在古城遗址内。1962年调查古城遗址时,北城墙地面上还有1米多高的夯土堆积,如今古城的地上部分已经不存在了,成为一座被埋在地下的古城,但是古城风貌依稀可见。从东向西望去,古城地面仍然比周围高出许多。通过前期的钻探和1976年、1984年两度发掘,发现以北城墙保存最完整,长829米,南部被大石河水冲断,东、西两侧城墙各残留北半段约300米。城墙建造时,是从生土上挖基槽填土夯实;再分段层层夯筑墙体,其结构可分为主墙和内附墙、外附墙。主墙土质红褐色,宽约2.6米,分层夯筑,每层厚5—6厘米,主墙土层夯窝密集,质地坚硬。主墙内外两侧有附墙,紧贴着主墙面,呈斜坡状。墙基底部宽约10米,墙体断面呈梯形状。城墙外有护城壕,深约2米。

1995年秋,再次对古城遗址进行发掘,在东城墙北段发现一条用鹅卵石砌成的排水沟。这条排水沟穿过城墙,通向城外。排水沟宽1.2米,长约9米,是古城中排水系统,这一重大发现为我们研究古城遗址的结构提供了重要的实物资料。

目前,尚未对城内遗址进行系统的发掘,只在古城遗址内进行过部分钻探及发掘,大致清楚宫殿区位于城址的中北部,宫殿区向西有祭祀区。至于街道、城门、作坊、民宅等建筑尚不明确,还有待于以后的发掘工作。

苏秉琦先生1945年于北京

西周燕国古城排水沟

1984年8月，宿白先生及赵光林先生视察工地（左起：黄秀纯、赵光林、宿白、田敬东）

1984年8月，殷伟璋、田敬东、王巍、黄秀纯、靳枫毅工地留影

2. 墓葬区

墓葬区位于古城遗址中部黄土坡村的台地上和古城以东地带，京广铁路从中穿过，将墓区分成东、西两部分。考古工作者把铁路以西定为墓葬Ⅰ区，铁路以东定为墓葬Ⅱ区，这两个区面积共约 5 万平方米。1964 年黄土坡村有一位名叫施友的农民在自家院里挖菜窖时，发现两件青铜器：一件铜鼎，内腹壁铸有铭文"叔作宝尊彝"5 字；另一件铜爵，鋬腹间铸"父癸"两字。这两件青铜器提示我们，在琉璃河遗址内至少有周穆宗时期的遗物存在。于是，考古工作者 1973 年和 1986 年两次在墓葬区进行调查并清理发掘了 300 余座墓葬、20 多座车马坑。依照规格，这些墓葬可分为大、中、小三型。均为南北向，部分墓葬有腰坑。

大型墓葬的墓室为长方形土圹竖穴墓，一般带有一条墓道，也有带两条墓道的。其中 1986 年秋就开始发掘的 M1193 号大墓的四角各有一条墓道，墓南北长 7.68 米，东西宽 5.45 米，深 10.25 米。墓葬南端有大型车马坑陪葬。如此特殊型制的大墓还是第一次发现，大家的心情无比激动。发掘到快要出土器物的时候，考古队长殷玮璋、田敬东及其他人员全部在现场各忙各的。记得当年 11 月下旬，天气寒冷，又是"水墓"（该墓太深了，地下水往上冒），地表土都冻上了，墓坑里的水结了一层薄薄的冰。天灰蒙蒙的，又阴又冷，似乎飘着小雪。在如此天寒地冻的气候中发掘，酒是不能少的。谁下墓坑每人两瓶二锅头，重赏之下必有勇夫，有民工争先恐后地要求下去。为了抵御寒冷，工作人员下水前要喝二两白酒，在水中泡 10 分钟就上来，再换另一批下去。说是发掘实际就是在水下摸，摸一件，捞一件。摸着摸着，这时候有民工喊："殷老师，有大家伙了。"听话听音，我们立刻意识到出大件青铜器了。此时，队长殷玮璋马上喊："停，停，停止发掘。"并让无关人员都上来。由我们专业人员亲自发掘，最后在棺椁头箱的位置内，发现两件青铜礼器——铜罍、铜盉。后经室内清理这两件器物，盖内和器物口沿内壁均发现相同的 43 个字的铭文，即克盉、克罍。该墓被盗，除了木棺底部出土

出土的螺钿镶嵌漆罍

出土克盉铭文

克盉

出土克罍铭文

克罍器盖内铭文

克罍

M202 墓葬清理情况

1972 年郭仁（中）在工地

1983 年 10 月，苏秉琦先生在琉璃河黄土坡村考察西周燕国墓地

零星的玉器等小件器物和二层台出土有人面形铜饰漆盾牌外，棺椁内仅遗留两件珍贵的青铜器，为我们提供了重要的文字资料。

中型墓葬均无墓道，墓室长3.5米左右，宽2米。填土经过夯打。葬具多为一棺一椁、两棺一椁、一棺二椁。带有"匽侯"铭文的青铜礼器也是这类墓中出土的。同时，还出土玉器、石器、漆器、陶瓷器等。

20世纪70年代发掘出土的"复尊""伯矩鬲""堇鼎"等青铜礼器。从其铭文内容看，墓主人都是燕国身边的重臣贵戚。他们有的曾经受到燕侯的赏赐，有的是奉燕侯之命前往宗周，向周太保（召公）贡献食物，因而受到太保的赏赐。除此，在墓葬区偏北的部分中型墓葬中，还有殉人现象，男女都有，被殉的多是5—17岁之间的儿童及青少年。

小型墓数量最多，约占总数的75%。墓穴一般长2米，宽1.5米左右，竖穴土圹墓。葬具简单或无，大多数为一棺或无棺，以席裹尸。人骨比大中型墓葬保存完好，葬式多为仰身双手置于腹部，有的则为侧身屈肢葬。随葬器物以陶器为主，少者一两件，多者达10件左右，偶尔也有随葬青铜礼器的，有的则没有任何随葬品。

通过Ⅰ区和Ⅱ区墓葬资料比较分析，可以看出两区的埋藏习俗方面存在着一些差异。Ⅰ区发现了7座有殉人的墓葬，Ⅱ区则不见这种情况。此外，有腰坑和殉狗的墓葬也多出现在Ⅰ区。

Ⅰ区车马坑的特点是将马捆绑后再埋入事先挖好的马坑内。Ⅱ区则大多将马杀死后排放在坑底，然后将车轮从车上卸下斜倚在坑壁，车多放在马身上。有的将车马器拆卸下来，放在墓葬中作为随葬品。随葬车马的数量，根据墓主人身份而定，有1车2马、2车6马，最多的有4车42马，气势恢宏，颇为壮观。

从墓葬Ⅰ区埋葬习俗、陶器组合以及出土的青铜礼器铭文看，有殷人的族徽等特点，由此可以认为在Ⅰ区的墓主人有可能是殷商的遗民。

Ⅱ区的墓葬应该是周人灭商后分封到燕国的周人墓。根据大、中型墓葬集中和青铜礼器铭文解释，可推断该区墓葬应是西周时期的燕侯家族墓。

上述墓葬在形制和随葬品上，都具有明显的西周时期的风格。其年代存在着明显的早晚差异，可以分为西周早、中、晚三期。

迄今为止，琉璃河遗址及墓葬中出土了西周时期的各类文物数量达上千件（组），包括青铜器、陶器、玉器、原始青瓷、象牙器、漆器、兵器、贝币等。陶器数量较多，有鬲、簋、豆、罐等实用器及部分明器。青铜器多为礼器，有鼎、簋、爵、尊、卣、盉等，兵器有矛、戈、匕首等，出土文物在众多的青铜礼器中，仅少数铸有铭文。这些铸有铭文的青铜礼器的出土，为证实琉璃河遗址为西周始封地提供了确凿的证据。其中以克盉、克罍、堇鼎、复鼎、复尊、伯矩鬲等尤为重要。M253号墓出土的堇鼎铭文记述了堇奉燕侯之命前往宗周，向太保贡献食物而受到太保赏赐的历史事件。同时，克盉、克罍铭文均记载了周武王封召公奭于燕的史实。这两件青铜礼器的铭文记载，恰与《史记·索引》中关于召公本人并未前往燕国就封燕侯，"以召公长子代侯于燕"的史实相印证。

20世纪末，中国史学界、考古界为了准确判断历史年代，启动了《夏商周断代工程》，从天文推算、地理、历史文献、金文等综合研究，确定"周武王十一年伐纣灭商"，即"牧野之战"的时间为公元前1046年即武王克商的时间。周武王取得胜利，实行"封邦建国""以藩屏周"的分封制，《史记》记载："周武王克商，封召公奭于燕。"多年来，考古资料显示，琉璃河遗址在墓葬区内既有埋葬国君和贵族的"公墓"，又有同族的"邦墓"。在墓葬区西北部还发现有西周时期的城址。这一发现恰恰与周朝的族葬墓设置相吻合。根据《史记·周本纪》《史记·燕世家》和《史记集解》等古代文献记载及专家考证，琉璃河燕都遗址建城的历史应以公元前1045年计算，至今为北京建城的历史，由此可以上溯到3000多年前的西周燕国。

琉璃河西周燕国遗址发现至今已有半个多世纪了，经过两代考古工作者的不懈努力，取得了辉煌成就。当年参加发掘的郭仁、谢元璐、任继奉、钟少林、关甲堃及许修堃等人已经作古，黄景略老先生已经是耄耋的老人了。第二任考古队长田敬东先生也七十多岁了。又如李华、朱志刚、张秀云、高继祥等当年都20岁左右，现在都已经退休了。他们把青春岁月都奉献给了考古事业，并取得丰硕成果。

3. 考古背后的故事

20 世纪 70 年代初，董家林村平整土地时，在村东北隅发现车马坑遗迹。推土机已经把马头、马骨架推出来了。届时考古队队长郭仁正在刘李店村与北大实习生搞发掘，听到此消息马上过来了，让推土机停下来，并报告市文物管理处。当时已经是下午一点多了，单位领导梁丹想到现场视察苦于没有交通工具，便和我说："小黄，你能不能和考古所借辆车？"我当时和考古所很熟，没费任何周折直接到后勤办公室找到罗师傅，说明来意后。罗师傅马上开着"波兰·华沙—胜利20"小卧车，来到文管处接上梁丹直奔琉璃河。根据现场视察，这里应该是一处商周时期墓葬群，梁丹当即指示："一、不能继续推土了。二、由于车马坑清理时间长，技术性强，要求考古工作者要认真对待。"为了创造良好的工作环境，市文物管理处领导不久派出贾书玉负责，指挥工人在这片墓地用粗大的竹子，搭建一个面积200多平方米的大席棚。在席棚里发掘舒服多了，至少不晒太阳。以后席棚年久失修坍塌后，在各个墓坑和车马坑上又盖了木板房。我是1972年第一次参加琉璃河遗址考古工作，但不久因为参加元大都遗址发掘便离开了琉璃河考古队

1972 年的发掘，是配合北京大学历史系考古专业学生实习，发掘董家林、刘李店遗址。北京市文物管理处由郭仁、袁世贵带队，参加此次发掘的大多是刚参加工作的，如李华、朱志刚、许修堃、高继祥、张秀云等。我们住的董家林村大队部，实际上就是一座破庙，院内有南房三间，当心门楣上刻有"普慧寺"匾额，正房北屋三间，东西厢房各有四间。院内有残破辽代经幢及明清石碑，院外

有几棵老槐树遮阳避暑,也是晚饭后大家乘凉聊天的好去处。

我们住在北房中间的堂屋,西间为大队部。考古队五六个人挤在一个大通铺上,白天发掘,晚上一般是自由活动时间。偶尔玩玩儿扑克牌消磨时间,赶上停电,每人发一根蜡烛,因此大家戏称"家大业大,一人一根蜡"。由于有几个小青年刚参加野外考古发掘工作,队长郭仁有意让他们练练胆量。曾让几个青年人分拨在夜里12点左右,去黄土坡村墓坑取头骨或骨架。

我第二次参加琉璃河遗址发掘是在1981—1986年,原北京市文物工作队再次与中国社会科学院考古研究所合作,成立联合考古队。队长殷玮璋,副队长田敬东。社科院考古所有靳枫毅、王巍、冯浩璋,市文物工作队有李华、黄秀纯、楼朋林。这次主要发掘黄土坡村西周燕国墓地和董家林村古城遗址(前面已经综合报道了)。联合考古队进驻工地时,早已有琉璃河博物馆筹备处在此工作。北京市文物工作队在筹备处办公区略南盖了六间北房,成立琉璃河考古工作站。博物馆筹备处连同考古工作站共占地13亩,四周没有围墙,用铁丝网围成一个临时的大院子。我们住的宿舍即工作站前面就是铁丝网,相距3米左右。虽然在野外考古10余年了,但是天生胆小的我,面对如此的环境总还是有些紧张害怕。特别是节假日,往往是一个人值班的时候更是提心掉胆。况且,我们距离京广铁路特别近,那几年治安状况比较差,在黄土坡村铁路桥下,经常发生打劫事件。想什么,有什么;怕什么,来什么。1984年夏季,在北京召开展望21世纪国际考古学会议,拟定会议期间组织与会者来考古工地参观。为了迎接这次会议的召开,我们也打破常规,夏季没有休息继续野外发掘,因此感觉有些疲惫。一天中午睡午觉,做了一个梦,我梦见我们家煤气罐爆炸了,惊醒后,我出了一身冷汗。下午继续发掘,晚饭后,在闲聊中谈及此事。这时候靳枫毅说:"小黄想家了!向队长请个假,我送你去车站。"我说:"不用,不用,我不回去,再说时间也来不及呀!现在都已经晚上六点多了,恐怕也没车了。"这时候有人说:"怎么没车呢？最后一班火车 8:10 分的，赶紧走来得及。"好在队长也在边上说："准假了，赶快走吧！"于是，靳枫毅骑自行车带我去了火车站，送我上了火车。看到他转身离开的时候，我说："老靳，路上注意，别遇上劫道的！"老靳回头笑了笑说："没事，放心！"

　　回去休假两天，星期一我回到工地，一进门，大家伙就说："你可回来了，你呀，差点儿毁了一个国家栋梁！差点儿见不着咱们靳大哥了。"我丈二和尚摸不着头脑，忙问怎啦。"告诉你怎么回事！那天晚上靳大哥送你去火车站，回来的路上碰上劫道的了，差点给靳大哥毁了。"我一惊，将信将疑地问："是真的吗？不会吧！""当然是真的了！"后来，我才知道，那天晚上把我送走后，靳枫毅骑车往回走，到了黄土坡村的时候还真的碰上劫道的了。因为村边小道有个小土坡，所以就下来推着车走。这时候就觉得后面有人拽他的自行车，回过头来一看，一个 30 多岁的人拽住他的车说："大哥，我是东北来的，想回家，没路费了，能不能借几个钱？"靳枫毅胆儿大，绰号"靳大胆"。意识到可能碰上打劫的了，此时此刻的他，不慌不乱很镇静，但又非常威严地回过头大声说："你知道我是干什么的吗？告诉你，我是警察！"说着把手往屁股上一拍，他身上带着一大串钥匙，哗啦哗啦一阵响。这小子一听，撒丫子就跑。这时，老靳把自行车一扔，紧追两步，上去一把就抓住他，冲着工地大喊："老张、老罗，快来人呀！抓坏人呀！"这个小土坡上边就是我们考古工地，那里有值夜班的两名工人，一听是靳枫毅的喊声，立即闻风而动，拿着手电筒循声跑过来了。走近一看，真是靳老师，还死死地拽着那个打劫的。靳枫毅挺有经验，让打劫的人推着他的自行车，他和两个工人在后边押着，穿过铁道桥洞，直奔工作站。这时候博物馆筹备处的人也都知道了情况，大家马上来了精神。李恩宏、郎德跃、陈静军、李华等人找来绳子，七手八脚地把劫道的捆在树上了。一边打电话报警，一边问他："姓什么？叫什么？打哪儿来的？"他说："我是东北人，坐火车来北京，到了丰台没有钱了，从丰台下车顺着铁路走到这里了，实在走不动了……没办法。"大约晚上11点，琉璃河派出所来了警车，把人带走了。

　　1984年麦收过后，在工作站东墙外2米左右的空地上堆放三垛麦秸。一天晚上，正值巴西和苏联争夺男子排球世界杯冠军决赛。由于时差关系在北京时间夜里23点开始，因为太晚我回宿舍睡觉去了。观看电视直播的大多是博物馆筹备处的人。大约凌晨一点左右球赛中场休息时，郎德跃出来上厕所，一看麦秸垛着火了。连忙大喊："着火了！着火了！快出来灭火！"开始大家以为是开玩笑呢，所以谁也没动。等火着大了，才纷纷跑出去，有拿铁锹的，有拿灭火器的，但是为时已晚，大火根本扑不灭。因为火源离我们房子太近，稍微有点风就会把工作站引着。决定赶紧报火警119，很快，窦店消防队来了一辆救火车，因为附近没有水源，救火车自带水的压力不够，喷出来的水流太细不起作用，而火势越来越大。于是，消防队又打电话请求支援。不久，燕山石化区又开来两辆救火车，才把这三堆麦垛的火扑灭，直到凌晨5点消防队才撤离现场。在以后的几天里，闲来没事大家就坐在一起分析案情，有人认为工作站考古人员在工地得罪人了，是民工偷偷放的火。也有人认为是过路的行人将烟头扔进麦秸垛，更有甚者说："我原以为救完火后，麦秸垛下可能有死尸呢，是杀人后放火。"总之，都是扯闲篇儿。

　　为了纪念这次事件，琉璃河工作站养了一只爱犬，起名叫"苏巴"（苏联和巴西争夺男子世界杯冠军赛）。这条狗极有灵性，去工地、去火车站经常带着它，而且能认识路自己回家。每当李华、郎德跃、陈敬军等从城里回来，只要一过黄土坡村铁路桥，"苏巴"看见了，它会撒着欢儿地跑过去摇头摆尾。我不大喜欢狗，所以"苏巴"和我也不太亲。在考古工地我曾遭到好几次狗的袭击。记得1980年7月在山西太谷县白燕遗址实习。山西人没有吃鸡和鱼的习惯，所以考古队刚进村的时候活鸡才两毛钱一斤，后来买的人多了逐渐涨到5毛钱一斤。实习期间正好赶上中秋节和"十一"，考古队不放假，但是，各地区学生可以派一个学生代表回家。我们北京去的学生派国家博物馆的陈斌为回京代表。往北京给家里带什么礼物呢？大家一致认为带鸡，又便宜又新鲜，于是我们挨家挨户上门收购。每到一家我们先小心地推开街门，看院子里有没有狗，然后再进去。村北有一放羊老汉家里有只牧羊犬，去他家就更加小心了。推开街门是一个狭窄的门道，看看院子里没有狗，我和朱志刚放心大胆地在前边走，上台阶，进北屋，刚一推屋门，谁也没想到牧羊犬在屋子里呢，嗖的一下就扑上来了，狂吠地叫个不停。我忙抽身往回跑，这时候易苏昊、陈烈等同学刚进门道，听见狗叫，想赶紧往回跑。他们一着急转身往回撤的时候，不小心把街门撞上了，我们这几个人等于都憋在门道里了。这时候易苏昊架着我的胳膊，把我顶在前面。狗一个劲儿冲我狂吠了，他们则躲在我身后龙摆尾似的一个劲儿地冲我喊："老黄，别怕！老黄，别怕！"狗主人紧跟着出来，使劲把狗拽走了。出了大门朱志刚、陈烈、易苏昊等坐在台阶上捧腹大笑。牧羊犬把我吓得直哆嗦。我说："你们在我后边龙摆尾似的躲着，把我顶在前边当龙头，我能不怕吗！"1983年在琉璃河工地考古期间，考古所另外在刘李店村守着公路边建个工作站。有一天我和李华去他们的工作站有事，一进大街门，连大带小有8条狗围着我乱叫。我想紧跑两步，慌不择路一脚踩菁苔上了，脚下一滑狠狠地摔了一个大跟头，当时可把我摔懵了。这时候做饭的大师傅出来把狗轰跑了，和我说："见到狗别跑，你越跑它越咬你。"最后也没躲过这一劫，命里该有的早晚还得有。2005年秋快退休了，在房山金陵考古工作站，隔壁老王家新买辆摩托车，我进院看他的摩托车去了。本家主人在场的情况下，让他们家的狗咬了一口，缝了38针，住了52天医院，至今腿上留下一个疤痕。临了儿，临了儿，还是咬着了！

原载《考古人生》2012年4月北京
2017年12月16日修订于古燕斋书房

七、北京龙泉务窑发掘纪实

1990年秋，齐心所长和赵福生副所长找我谈话，交给我一项新课题，即参加与中国文物研究所合作发掘北京龙泉务古瓷窑遗址。我知道，龙泉务瓷窑课题比较新颖。早在20世纪70年代，赵光林、鲁琪就曾在该遗址搞过调查。80年代初，此处曾出土琉璃釉三彩观音佛像等一批珍贵瓷器。同时，以往北京地区辽金墓葬中出土的一些白釉瓷器，其窑口究竟在何处，在考古界一直争论不休。如果能把龙泉务遗址搞清楚，对辽代瓷器特征的研究与断代，并填补辽代陶瓷史空白，意义非常重大。

龙泉务窑址位于北京西郊门头沟区东北6公里的龙泉务镇龙泉务村北，是一处具有代表性的北方辽金瓷窑遗址。早在1958年野外调查时就已经被发现，后经过1975年赵光林、鲁琪先生复查，确认为辽代瓷窑遗址。在此调查基础上，鲁琪先生曾在《文物》杂志上发表过一篇调查简报。1983年6月，龙泉务村北修建水塔，挖地基时发现大量瓷片堆积。原北京市文物工作队赵光林、马希桂和中国社会科学院考古研究所马文宽及门头沟文物保管所包世轩前往现场考察。水塔地基位于村北50多米，直径9米，深3.5米，距地表1米深发现瓷片堆积层厚1.1米。除发现大量白瓷片外，还出土一批较完整的琉璃三彩制品，其中有三彩菩萨像、莲座彩绘佛像等，曾引起学术界广泛重视。当时赵光林、马希桂很想借此机会进行抢救性发掘，因找不到合适人选，此课题被搁置了。1984年春，国家文物局组织干部到龙泉务窑址参观，陈华莎同志在窑址瓷片堆里，非常偶然地在两处各捡到一块黄绿琉璃釉陶片，经拼对发现是一件残炉，而且内刻"寿昌五"3字（下面缺"年"字），即辽道宗耶律洪基最后一个年号，属辽晚期。此发现再一次引起学术界广泛注意。

彩绘佛像

三彩观音·

参加国际会议的专家、学者参观龙泉务窑遗址

1991年5月，宿白先生视察龙泉务窑址工地（左起）赵福生、秦大树、宿白、黄秀纯

为搞清龙泉务窑烧造迄止年代、烧造工艺，及北京地区辽代墓葬、塔基内出土白瓷的归属问题，1990年冬，我们首先对窑址进行了钻探，其结果表明该遗址东起永定河西岸，西至丁家场，全长230多米；南端在村修配厂院内，由此向北120米，总面积27600平方米。我们对水塔周围及俗称"窑火筒"的地段进行了重点钻探。遗址堆积厚0.8—1.7米，最厚达2.5米。这些钻探为我们正式发掘打下良好的基础。1991年春，经国家文物局批准，由北京市文物研究所、中

龙泉务窑址全貌

笔者（右一）在清理遗迹

窑炉遗迹

国文物研究所、门头沟区文物保管所等单位组成联合考古队，对窑址进行正式发掘。由我任队长并主持发掘。考古队成员有刘兰华、刘义全、齐鸿浩等人。因我初次主持大型遗址发掘，故第一期发掘期间，所务会决定派袁进京前来协助工作。第一年，我们以水塔为工作重点，布探方14个，在此范围内发现大面积方砖铺地的晾坯场和一座较完整的窑炉。因早期破坏，地层情况较复杂，1米以下普遍存在一层淤沙，东部较厚，两侧随地势增高而较薄乃至逐渐消失。这证明窑址曾遭永定河水患的淹没而破坏。北京大学考古系教授宿白先生对龙泉务窑址发掘极为重视，于当年5月初由赵福生陪同，研究生秦大树偕同来工地视察，并给予指导。宿先生在工地特别强调搞好野外记录和野外探方图，以确保第一手材料的准确性，并不辞辛劳地拿着我们的平面图在探方边认真核对，对瓷片也逐一看过。8月，我们请考古学家叶学铭、李德金、马文宽及杨焕新等人来工地确定地层的划分。1992年4月，我们进行了第二次发掘，主要工作是配合村北修配厂搬迁，在其院内布置了4条10米×2米的探沟。在探沟2发现一条用鹅卵石砌筑的墙基。探沟北第四层下堆积有大量瓷片，探沟南侧堆积极少，甚至没见零散瓷片，证明修配厂以南应是该遗址南端。在探沟4发现3座叠压的窑炉。1992年冬季至1993年发掘即将结束时，在探方T34发现一座残窑炉，后来经过清理发现另两个窑炉与它相叠压。从上述两组窑炉关系判断，当时龙泉务在烧窑时，每个窑的使用寿命都很短，因此当一个窑废弃后，就在它的旁边或压在上边另砌新窑，或进行多次修补，反复使用。

1992年冬，国家文物鉴定委员会的著名古陶瓷鉴定专家耿宝昌先生与他的弟子陈华莎女士以及研究生来工地参观。耿先生说，他在东北一些省市看到的辽三彩器物，从质地和釉色上分析，应是龙泉务窑的产品。同时，耿先生和陈华莎均认为龙泉务窑址的性质应属官窑，并在《收藏家》杂志上发表了《北京龙泉务辽晚期官窑瓷器辨析》一文。以后，我和耿先生多次探讨该窑的性质问题。最初

龙泉务窑出土瓷器一组白釉葵口碟

龙泉务窑出土酱釉炉

龙泉务窑出土白釉刻花叶纹折肩罐

我也认为该窑应属官窑性质，至少是"有命则烧，无命则止"，并在1994年第四辑的《北京文物与考古》上以《略论龙泉务窑址的归属问题》为题发表文章，阐述观点。1998年北京辽金城垣博物馆举办"北京龙泉务出土瓷器展览"，曾邀请部分在京陶瓷专家讨论龙泉务窑的性质问题,大多数专家认为定为民窑为妥。宿白先生也认为定为"官窑"的理论依据不足，并指出仅引《宋会要辑稿》上所载"太平兴国四年元月二十六日，幽州神武厅直乡兵四百余人来归，山后八军伪瓷窑官三人以所授处牌印来献"之说作为依据，不足以证明龙泉务窑就具有官窑性质，因此正式发表的《北京龙泉务窑发掘报告》最终将该窑定为民窑性质。

1994年原计划继续发掘龙泉务窑址的中心部位，并已于3月20日开工，到6月悉知这一年国家文物局没批准龙泉务发掘项目，因此我们主要清理了1993年遗留的43号探方内的房基遗址，发现大量三叉形支烧具及模具、摔坯石、储泥筒等遗物，证明这是一处作坊遗址。至此清理工作全部结束。

3年多来的发掘工作给我们带来许多欢乐，同时也留下不少遗憾。首先，探方分布大多在遗址东部，其北部和中间遗址堆积最丰富的地方没有发掘。其次，出土器物类型少，特别是高大的瓶、罐一类的器物则更少。再次，没有发现具有代表性的官窑器物，给我们研究龙泉务窑的性质归属问题带来一定困难。

在发掘期间，前来我国参加"中国21世纪考古学国际学术讨论会"的日本、美国、英国、法国、德国、韩国等10多个国家及我国香港、台湾地区的专家学者，曾来工地参观考察。国家文物局副局长张柏等来工地考察并指导工作。陕西省考古研究所禚振西、杜葆仁，河北省邯郸博物馆马忠理，北京大学考古系教授马世常，原北京市文物工作队赵光林等，均曾前往龙泉务窑址参观并给予指导。

郭义孚先生（右）指导工地发掘

1992年冬，耿宝昌先生视察工地与笔者合影

八、朝外高碑店发现荣禄墓

1976年，原三队（考古队）办公室腾空，作为战备值班室，每天有1—5人轮流值班。1月6日晚9点左右，高碑店西墓营村反映，清代荣禄墓被砸毁了，请我们速派人前往。正值郭仁、田敬东、李玮和我值班，于是郭仁带田敬东、李玮二人前往，我仍在队里值班。

荣禄墓位于朝阳门外高碑店西墓营村，墓表面高出地面约7米，呈椭圆形，用石灰构筑，正面有大型龟趺石碑两通。石碑前面有围墙，门前有一座拱形石桥。荣禄墓占地约30亩，规模极大。

墓室内为3人合葬墓，东西并列。木棺外介以木椁，棺椁之间填以黄土。考古队到现场后，随葬器物多被取出。棺内尸体尚未腐烂，特别是荣禄的尸体、头发、胡须、小辫等仍完整保留。随葬品大多为金、银、玉器、翡翠等，计有手镯、戒指、耳环、金锭、银元宝、玉烟壶、玉带钩、翡翠翎管、翡翠朝珠、翡翠佛头、翡翠扳指、西洋表等。在众多出土器物中，有两件比较独特：一件金葫芦，重139.6克，上刻有双钩"丙申重阳皇太后赐臣荣禄"字样。另一件为翡翠扳指，此扳指原被包裹在一把折扇的坠袋中。在室内清洗随葬品时，我们将这些器物都放在福尔马林药水中消毒，气味奇臭无比。办公室前不远处就是食堂，熏得大家无法吃饭。李玮在清理一把折扇时，扇把下缀有一个棉布包，内中似乎裹着一件器物，拆开一看，原来是一件祖母绿的扳指。仅翎管和扳指两件器物，经程长新先生估价，按当时价格，翎管价值3万—5万元，扳指价值在10万—12万元人民币。

荣禄生于清道光十六年（1836年），丙申为光绪二十二年（1896年），此年正值荣禄花甲之年。该墓出土的金葫芦，当为慈禧太后对荣禄60岁寿辰的赏赐。

翡翠扳指

翡翠翎管

慈禧赐给荣禄金葫芦

《清史稿》记载："荣禄久值内廷，得太后仪仗，眷顾之隆，一时无比。事无巨细，常待一言决焉。"可见荣禄深得慈禧的宠信。墓中出土大量金银珍宝，应与宫中的赏赐有关。

发掘金陵趣谈

一、金陵沿革

在北京市房山区西部大房山麓有一处规模庞大的金代皇帝、宗室及后妃的陵寝所在地。大金国是 12 世纪初东北女真人完颜氏建立的政权，在中国历史上曾经盛极一时。公元 1115 年，金太祖阿骨打称帝，国号大金。天会三年（1125 年）金灭辽。经过百余年，金天兴三年（1234 年），大金国亡。

金代虽然是一个存在历史不算太长的朝代，但其两次迁陵的历史，却在中国古代帝王陵寝制度的发展史上产生了重要的影响。

金代在立国前，始祖以下诸帝没有宗庙和陵寝，直至金太祖称帝建国开始，才有草创的陵寝及宗庙制度。考古资料表明，在位于黑龙江省阿城市的金上京城址以西约 300 米处有一巨大的土坛，俗称"斩将台"，即太祖武元皇帝陵。到熙宗天会十三年（1135 年），改葬太祖于和陵（今胡凯山），皇统四年（1144 年），改号睿陵。

到了皇统九年（1149 年），太祖之孙完颜亮弑熙宗自立，是为海陵王。为了南侵中原君临天下，海陵王不顾当时朝臣及宗室的极力反对而迁都燕京（今北京）。从天德四年（1152 年）二月正式下诏迁都到具体实施行动，经历约 13 个月，在天

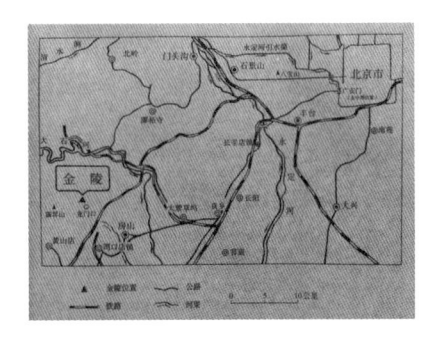

金陵地理位置示意图

清代初年修葺的太祖、世宗陵碑楼、陵墙等遗址
(选自日本人关野贞《中国的建筑与艺术》)

金陵九龙山脉
(选自清嘉庆《鸿雪因缘图记·房山拜陵》)

德五年（1153年）三月终于完成了迁都工程，并随即改元为贞元，改燕京为中都。都城的迁移，标志着政治中心的转移。海陵王迁都不久，便派司天台官员在北京及周边地区选"万吉之地"。经过半年考察，最后选定燕京西部大房山这片风水宝地。

金陵位于周口店镇西北十余里的龙门口村大房山山嶂，东南二里许紧邻燕山石化区。大房山主峰茶楼顶，俗称"猫耳山"，海拔1300余米。金陵陵区所在的大房山主峰连三顶，北连西接，连山叠嶂，连三顶南矗立着苍翠欲滴的九龙山。其山峰峦秀出，林木掩映，分九脉而下，形成开阔的缓坡台地，金陵主陵区就坐落于九龙山台地之上，占地约65000平方米。根据堪舆家的说法，九龙山有明显的"行龙"痕迹。追山脉逆推，可见明显的"少宗""少祖""太宗""太祖"等龙脉。九龙山低于连山顶，符合"玄武垂首"之说。九龙山之东为绵延迤逦的山冈，是明显的皇陵"护砂"，即"青龙入海"的"左辅"。九龙山之西为几个突起的山包，亦是明显的皇陵"护砂"，乃"虎踞山林"之"右弼"。九龙山西北侧山谷中有泉水涌出，向东南流淌，千年不断，是明显的皇陵"水砂"，即所谓"朱雀起舞"。而九龙山对面的石壁山，是金陵的"影壁山"，此又称"朝山""彼岸山"，石壁山中央有凹陷，堪舆学将其附会皇帝批阅奏章公文休息时搁笔之处，因此又称"案山"。

这里风水俱佳，海陵王完颜亮迁都北京（即金中都）不久，便在此营建陵寝。随即将太祖、太宗、父、叔和大金立国前的始祖以下十帝（始祖葬光陵、德帝葬熙陵、安帝葬建陵、献祖葬辉陵、昭祖葬安陵、景祖葬定陵、世祖葬永陵、肃宗葬泰陵、穆宗葬献陵、康宗葬乔陵）分批迁葬于大房山陵。在九龙山主峰之下原有云峰寺，海陵王便拆毁寺庙，在佛像之下凿穴为陵，"以奉太祖旻（即完颜阿骨打）、太宗晟、父德宗宗干"（见《金房图经·山陵》）。虽然海陵王开始大房山金陵的修建工程，但他本人远没有那么好运，被谋害于南下征宋途中的他，先是于大定二年（1162年）被降为海陵郡王，葬于诸王兆域的大房山鹿门谷，后大定二十一年（1181年）又被降为庶人，改葬于山陵西南四十里（见《金史·海陵本纪》），基本上已经远离了自己苦心经营的皇陵区。

金朝九帝，除宣宗葬汴京（今河南开封）、哀宗葬蔡州（今河南汝南县）外，其他皇帝均葬于大房山陵。不仅如此，大金追封四帝，有三位葬大房山陵：海陵王父德宗葬顺陵，世宗父睿宗葬景陵，章宗父显宗葬裕陵。此外，大房山陵区内还有诸王兆域，其中文献可考的有梁王完颜宗弼、荣王完颜爽、宿王划思阿补和海陵太子等人。另外，可以确定的葬在大房山的后妃有二十三位，坤后陵是大房山陵中唯一的一座后妃陵，乃世宗为昭德皇后乌林答氏而建，原葬有世宗乌林达氏以下六位后妃，其他诸帝后均陪葬诸帝陵。世宗去逝后，乌林答氏从坤后陵迁入兴陵与世宗合葬。

因此，大房山地区可视为金代皇家陵墓区，根据史料记载并结合考古调查的情况来看，金代帝王陵主要分布在大房山东麓的九龙山、凤凰山、连泉顶东峪、三盆山鹿门谷。此外还有大房山南侧的长沟峪1972年也发现有錾刻银龙纹木棺石椁的陵墓。

金陵三劫

金陵作为中国金代女真族营建的帝王陵墓群，比明代十三陵早约260年，是北京第一个皇陵群。但是，金陵在历史上，曾有过三次大的劫难。

首次浩劫是在明朝末年，在东北连吃败仗的天启皇帝把火儿撒到金陵头上。据清康熙二年（1663年）圣祖仁皇帝御制碑记载："惟金朝之陵在房山者，前我师克取辽东，故明惑于形家之说，疑与清朝王气相关，天启元年，罢金陵祭祀；二年，拆毁山陵，割断地脉，三年，又建关庙于其地，为厌胜之术。"2000—2003年考古工作者在太祖陵前正中50米处发现明代修建的关帝庙遗址，正与史书记载相吻合。

其次是在满清入关后，清朝数位皇帝都曾对金陵进行重建。首先拆除了明代为厌胜而建的关帝庙，但他们似乎不太确定金代数个帝陵的具体位置，就在金太祖睿陵附近修建一大宝顶，在金世宗兴陵附近建小宝顶，两座宝顶前都配有享殿，享殿前又建以碑亭。从日本关野贞拍摄的照片和考古发掘资料看，两座碑亭并不处于同一水平线上，太祖的碑亭在世宗碑亭的东南方。这样一来，使得金陵现存的地面建筑大都带有清朝重建的痕迹，从保存金陵遗址的角度说，重建也是对原遗址的破坏（徐苹芳先生语）。

金陵第三次劫难是在 20 世纪 70 年代，这一次对金陵遗址地面建筑的破坏是致命的。也就是说，日本关野贞民国时期所拍摄的金陵照片（注：日本关野贞著《中国文化史迹》第 11 卷）其中能看到的建筑在今天大都已消失不见。据当地牧羊老人刘守山回忆："东边的碑亭中的碑是康熙皇帝御笔，用汉文书写；西边的碑亭是满汉两种文字（注：应为顺治帝御笔《御制金太祖世宗陵碑文》）。这两个碑亭因平整土地的需要而毁于 1975 年左右。石碑用炸药崩了，碎石块用推土机推走填了沟壑，拆下来的砖让农民垒自家的房子去了。而金陵遗址西侧皋沟的皋塔，指的是牛皋，传说下面压着金兀术。有六角两层楼高，砖砌，在南侧二层正中刻有'征阳门'三字，1974 年村里为了盖学校，'就地取材'把皋塔拆了。学校是盖起来了，但正冲着九龙山太祖陵，镇不住邪老出事，后来又把学校拆了。"另据刘守山回忆：塔前不远处还曾有一方石碑，底部的碑趺早已不存，位置也移动过。该碑为龙纹碑首，碑文所刻文字竟与《说岳》相当吻合，只可惜此碑被文物贩子盗走。

从海陵王朝开始，经过世宗、章宗、卫绍王、宣宗共五世 60 多年的营建，金陵逐渐成为一处规模宏大的皇家陵寝。其陵域周长大定年间（1161—1189 年）为 78 公里，大安年间（1209—1211 年）紧缩为 64 公里，面积约 60 平方公里。

清朝建立后，虽经顺治、康熙、雍正、乾隆诸朝重新维修金陵，设守陵 50 户，每年春秋致祭享，并几度对大房山金陵部分修葺，立顺治、康熙御制碑；但是清代对金陵的修葺，远未恢复原貌。此后历经 200 多年的变迁，金陵又遭到多次盗掘，加上当地农民垦荒耕种，陵区的地面建筑已经荡然无存。

金陵九龙山全景

1986年在金陵主陵区发现"睿宗文武简肃皇帝之陵"碑

1971年初，燕山东方红炼油厂院内出土鎏金面具

1972年12月长沟峪金墓出土的白玉凤鸟纹玉饰件

1978年金世宗陪葬墓出土金萧何月下追韩信三彩枕

二、调查金陵

　　金陵遗址调查与发掘，实际上早在20世纪50年代中期就开始了。当时房山地区属河北省管辖，原河北省文物工作队郑绍宗等曾到房山金陵主陵区坟山进行考古调查。当时他们在坟山发现了一座穹隆顶砖室墓，里面的壁画相当精美。由于是冬季，为了保护壁画，将其回填。后来房山划为北京市管辖，此项工作亦因之中断。"文革"期间，此处被划为燕山石油化工工业特区，因埋设管道等基本建设工程，将坟山夷为平地。其墓主人是谁，亦不得而知。采访当时施工人员得知，由凤凰岭到胜利桥的山路两边，原来立着高大的石人、石马等雕像，这些应是陵寝主神道的标志。后来因开山辟路，未报任何部门允许，就将这些珍贵的历史文物毁了，如今我们只能推测这里原来是金陵的主神道。1971年初，燕山石化总公司的东方红炼油厂院内，发现6具石棺椁，我和于杰先生前往清理，棺椁出土地属备战工程，外人不许进，我们只能在厂保卫处等着移交。在6具石棺椁随葬品中，仅存一件鎏金面具，工人口述是在石椁中发现的，但是现场已经没有了。此面具应是沿袭契丹族随葬习俗之一的覆面，这里显然是女真人的贵族墓地。

　　1972年12月，长沟峪煤矿在金陵主陵区西南猫耳山断头峪基建施工时，又发现一组石棺墓，我和张先得先生前往清理。这是一组由5具石椁组成的十字形埋葬方式，主墓在正中东西向，其上下各一座南北向的石椁墓，两侧亦各一座石椁墓。这4座石椁墓已经空了，唯主墓椁室内遗有一具柏木红漆残棺，漆棺底部先铺一层刺绣图案的丝织品，其上用银片錾刻二龙戏珠纹，棺木虽腐朽散架，但不失为灿烂华丽。棺内瘗葬11件精致的花鸟、花卉等玉饰件，同时棺内有水银和松香。张先得先生是学美术的，除在现场画图外，我们又将散乱的木棺运回室内，在当时府学胡同文物管理处的礼堂拼接数日，其构件竟完整无缺。张先生根据每块棺板形制大小，画了一张复原图。原计划找个木工将其复原，后因经费迟迟批不下来，也就放弃了。这些散碎的棺板几经搬运折腾，最后散失了。

1978年，龙门口村在皇陵脚下"农业学大寨"整改梯田。用推土机推土时，在金世宗陵前的陪葬墓中发现一件"萧何月下追韩信"图案的三彩瓷枕。赵福生先生前往调查，取回瓷枕时奖励人家一本《无产阶级文化大革命出土文物展览》小册子及一本《文物法》。2001年，我们又去金陵调查时，当时推出瓷枕的推土机驾驶员王宗宝找到我们，说："当年出土的三彩枕是我推出来的，我上交了。还出土了一些文物，让老百姓卖了。其中有一块铜牌，上面写着'吾皇听命……'等文字。"这实际上是后来我们发现的3座墓葬中出土的，墓室已空，当地百姓用它做了白菜窖。1986年，鲁琪等人发掘时，只知道这3座空墓已被破坏，不知道旁边相距3米处，还有两座陪葬墓，后来被我们发现了。陈亚洲清理其中一座墓中，出土了铁剑和磁州窑龙凤罐，罐内藏有31枚金代钱币"泰和重宝"。

1986年，北京市文物研究所齐心、鲁琪、喻震组成考古队，对金陵主陵区进行考古调查。历时3年，发现大量汉白玉、青石、花岗岩等建筑构件，上面雕刻着精美的云龙走兽、牡丹纹、忍冬花纹等纹饰。其中最重要的是在大宝顶正南30多米处发现一通盘龙螭首青石碑，高2.1米，宽0.86米，厚0.25米，单面刻"睿宗文武简肃皇帝之陵"10个大字，双钩阴刻楷书，内填朱砂，镀金粉。其次，在神道南端200多米处发现一处东西宽5.4米、南北残长3米，两侧在石质地上竖立4块双面雕刻牡丹、云龙纹的汉白玉石栏板及望柱，为我们确定此处为金代皇陵主陵区提供了可靠的实物资料。

20世纪80年代，北京大搞植树造林。当地村民刘江山挖一个树坑时，突然发现一通"睿宗文武简肃皇帝之陵"石碑。此碑出土后，鲁琪先生专门前去调查，并邀我和吴元真先生协助拓碑。蜿蜒崎岖的山路，清凉透彻的泉水汇成小河，从村前流过，每次出村子都要踮着脚踩着石头过河。第一次去金陵只有个感性认识，或是帮忙，或是游玩，没有更深的认识，没想到此后我在这里会有一段难忘的经历。

2000年，新上任的所长宋大川同志找我谈话，准备成立金陵课题组，再次调查金陵。当时所里有几个发掘队如"三峡考古队""圆明园考古队""北京东胡林人考古队"，他们都邀请我参加，我不知如何是好，去找徐苹芳先生指点迷津。徐先生认为："金陵是新课题，以前虽然搞过金陵调查，但不彻底，没能解决问题。"徐先生又说，"你要有思想准备，金陵地处深山老林之中，方圆60平方公里，山多路少，很困难，搞全了不容易，搞好了就是对研究金陵的一大贡献。"我听从了徐先生的意见，决定去金陵课题组。

2001年春，北京市文物研究所和房山的文物管理所组织联合考古队再次对金陵展开考古调查。3月20日，进驻燕山石化区二果园进行钻探，在此处探出6个烧砖的窑址，系专供造陵的砖厂。4月6日，金陵考古队正式驻进龙门口村。这是一个很小的自然村，属车厂村委会管辖，村内共有29户人家，世代住在这里，以种地、养羊、采药为生。20世纪90年代，该村被列为贫困村，市政府曾拨专款安排村民搬下山居住；但故土难离，至今仍有90%的村民不愿搬下山。这里电视信号模糊，手机信号不通。青壮年大多外出打工，剩下的则是老人和孩子。他们的收入就靠山上自留地里种的苹果树、柿子树和栗子树。村子里至今没有水，老百姓吃的、用的全靠山上流下来的泉水。几百年来，这股泉水不论春、夏、秋、冬，常年不断，灌溉着山上百亩良田，哺育着山下的村民。据百姓讲，这山上有3个脸盆大的池子，所以又叫"三盆山"，池子里的泉眼长年累月地流着，永远流不完。有一年池子里腐朽的树枝、树叶太多了，淤泥堵住了泉眼，队干部带人清理了一下，结果水不流了，池子也干了。后来，过了好长一阵子，泉水才继续流淌，以后村民们再也不敢动源泉的池子了。

考古队驻进这个小山村，给这个村子带来不少生气。村里凡有劳动能力的大多参加了金陵考古队。开工不久，宋大川所长觉得我们租住的房子虽是全村最好的瓦房，但和城里相比差之甚远，于是改善居住环境成为我们第一步工作。首先装修房屋，改造厕所，并给村西北废弃的水井安装了水泵，把水抽入我们自制的水塔里，这样考古队就不用到500米以外的泉水池挑水了。其次添置家具，购置图书，凡需要的工具书如《二十四史》及相关文献书籍，配备齐全。再后又购置电视机、录像机，安装卫星电视接收器，使在此工作的全体同志"安居乐业"。这一举措在考古队尚属首创，凡来此参观的各地考古工作者，均赞叹我们这里是全国条件最好的野外考古工作站。

第二次来金陵，不同于1986年协助鲁琪先生拓碑。这次金陵考古调查，由我负责考古领队和田野调查，因此要事先做好查找相关文献、史籍，掌握金史及海陵王事迹等前期案头准备工作，以及实地勘察工作。

大房山确实风景优美，夏季风雨过后，山顶常会出现一道彩虹；冬天白雪皑皑，银装素裹，好一派北国风光。左侧青龙山由北向南蜿蜒曲折，直抵南端的彼岸山。彼岸山是龙门口村的一道屏障，是龙门，又像青龙山的龙头，伸向山泉瀑布的水潭中饮水。当年古树参天，郁郁葱葱，粗大的松柏树几个人搂不过来。新中国成立初期砍伐古树，留下的树根像圆桌面一样大，几个人可以坐在上面打扑克。清嘉庆二十四年（1819年），金世宗二十七代孙完颜麟庆等人拜山陵，所绘《拜山图》中，还有老虎优哉游哉地在小溪旁饮水的画面，可见清代这里仍是一片自然森林。附近的柳家沟和皋儿沟中，随处可见废弃的建筑石构件和砍凿劈裂的石废料，可以想象当年海陵王仅用半年时间筑造陵寝，动用数以万计的民工劈山凿石的壮观景象。

三、考察十帝陵

《金史·海陵本纪》卷五中记载，海陵王于贞元三年（1155年）营建大房山山陵，一年之后的正隆元年（1156年），"七月己酉，命太保昂如上京，奉迁始祖以下梓宫。……十月乙酉，葬始祖以下十帝于大房山"。而10位帝王的葬所，没有确切的记载。在金陵主陵区所在的自然村龙门口西南的山谷里有一处地方，当地人称"十王坟"，清代文献称"十王冢"。经实地踏勘，石门峪正位于龙门口村西南约2.5公里处，与龙门口相隔一道山梁，呈东北—西南走向。进山谷500米左右，两侧山石高耸，人称小石门。再向内约500米，更有巨石突兀，如雄关般夹峙左右，名为大石门。石门峪之名，显然是从地形得来的。大石门以西，有一道山梁将石门峪分成一西一北两峪。山谷深处地势陡峭，荆棘丛生，几乎无路可寻。在北峪峪口以北距离大石门约1公里有余，两道高大的残石墙从谷底拔地而起，两墙分立沟谷两侧，相距数十米，与山体相连，残高均有20多米，残长分别有数十米，墙体厚约1.8米，用经粗加工的扁长石块垒成。石墙至山谷深处的区域大约1万平方米。此外，在大石门附近路旁，遗有头部残缺的汉白玉石坐龙，与主陵区出土形制相同，残损情况也相同。还发现一段石质流水槽。在峪尽头的山坡上，发现金代勾纹砖和布纹瓦等建筑材料堆积。根据上述探察结果，结合文献推断，所谓"十王坟"很可能就是金代的十帝陵。高大石墙围出的区域，正是陵区，它由群山环抱，居高临下朝向大石门。陵墙似为山洪下泄所冲断，残墙以上的山坡上，应该曾有建筑。

据《金史·世纪》卷一，所谓十帝陵记载如下："始祖光陵、德帝熙陵、安帝建陵、献祖辉陵、昭祖安陵、景祖定陵、世祖永陵、肃宗泰陵、穆宗献陵、康宗乔陵。"十帝陵原位于上京会宁府（今黑龙江省阿城市），海陵王于贞元三年

(1155年)先迁太祖、太宗、德宗诸陵,正隆元年(1156年)七月,派员返回上京奉迁始祖以下十帝梓宫。八月丁丑,再赴大房山视察山陵。十月乙酉在大房山安葬十帝。十帝陵迁葬后陵号未变。

如今,石门峪陵区荒芜日久,灌木荆棘丛生,10座帝陵的地面建筑及封土早已荡然无存,十帝的具体陵址已难寻踪迹,仅遗留有零星的建筑残件。除上文所述,在以往的调查中,还发现有高0.8米、直径1.1米的八棱形华表底座,以及柱础、汉白玉栏板和望柱等残损构件。

第一次调查十帝陵时,由于没有向导,我和宋大川所长以及房山区的陈亚洲同志,只是按老乡所指的大方向前去踏查。过了石门峪,沿着山区小路缓慢前行,在小路的尽端有一条20多米宽的峡谷,峡谷内堆满乱石块,简直没路可走,我们只得踩着石头一跳一跳地往前挪。这些乱石堆好像没有尽头,而且越走越高,每个人都累得大汗淋漓。整整两个多小时,我们都在苦苦寻找上山的路线,越走越累,最后也没有找到十帝陵,只能打道回府。在回来的路上,陈亚洲与我们失去联系,就在这一狭窄的山谷里找不到人了。我与宋大川所长等一会儿喊一声,始终没见人影儿,也没人答应,我俩只得自己下山了。因为陈亚洲是当地人,相信他不会丢失或有什么安全问题,我和宋大川所长走回车厂村委会办公室等他。大约过了近1小时,陈亚洲回来了,累得满头大汗,脸色蜡黄,坐在沙发上竟然虚脱了。可见此处山陵地势险峻。

2006年春季,为了证实"十王坟"就是文献记载中的"十帝陵",我和夏连保先生以及文物出版社的姚敏苏再次考察了"十帝陵"。我们吸取上次经验教训,事先在村里找了一个向导带路。因为本来就没有路,即便有向导,也是在低矮的荆条草丛里钻来钻去。初春乍暖还寒,荆条刺又尖又硬,不是剐到手就是剐到脸,不一会儿就走出一身汗,我怕把衣服剐破了,就把身上穿的皮夹克脱了。一路上走走停停,姚敏苏累得满脸通红,气喘吁吁。我和夏先生身体尚可,但也

当年凿石建陵的废石料

文物出版社姚敏苏、文物研究所夏连保和笔者前往十帝陵调查

觉得很累。大约两个小时，才找到真正的石门峪山口和陵墙，由姚敏苏拍下珍贵的照片资料。下山时，我们宁可绕道也不钻荆条草丛了。由石门峪下来翻了一道山梁，就是堆满乱石的峡谷，在高高低低的石头上，我们就像踩高跷，一扭一摆地下山了，此时午饭已过，晚饭未开。

四、考古发掘

2001年4月，我们用了一个月的时间，总算把金陵陵区南半部的平面布局搞清楚了，但中轴路的神道一直困扰着我们。因为20世纪80年代中期考古队在此发掘时，曾发现一段长5.4米的雕龙栏板及台阶神道，当时出于保护目的将其回填。不将此台阶神道挖出来，就无法判断主陵区神道走向。于是，5月初由陈亚洲指挥，陕西探工马洪坡将被埋的台阶神道找到后，由工人开始发掘。就在第一锹铲下去的瞬间，从土里蹿出一条足有两米长的大花蛇。在场的民工立刻围上来，有人要打死它，也有人说："是护陵的神物，不能动，放了它。"这时马洪坡过来把这条蛇装进了探铲袋里，说："拿回去吃肉。"我说："不行，不行，放了它。"因为我怕蛇，绝不能让他拿回去，一旦跑出来，可就麻烦了。所以我又吓唬他说："马工，你要是不放它，我可开（除）你。"马师傅却执意要把蛇拿回去吃肉。没办法，我只得趁马师傅干活不注意的时候，偷偷地把蛇放了。

经过一年的努力，主陵区平面布局基本搞清，于是2002年报请国家文物局批准，对部分遗迹进行清理。主要清理目标是20世纪80年代在九龙山下，原清代大宝顶东南15米处发现的一个大石坑。该坑东西长13米，南北宽9米左右，当时定为祭祀坑。后来，结合相关史料及实际勘察结果，我们认定此为金代开国皇帝完颜阿骨打之墓，墓坑内堆满1吨至2.5吨左右的巨大天然石块。1986年已经清理一部分，石壁东北、西北两角已坍塌。后来当地搞绿化和农田水利基本建设时，将此墓坑做了蓄水池。正当我们准备大干一场的时候，城里闹"非典"了。4月下旬得到通知，为了防止"非典"蔓延，全体工作人员放假回家。当时在乡下并没感到"非典"那么严重，我们在工地仍坚持"生产第一"。但上级领导为了保证工作人员的健康，下令务必撤回来。我记得4月26日从房山金陵工地回单位，汽车在高速路上尚无感觉，进城之后才感觉到事态严重。有的小区甚至拉起了"警戒线"，大街上不但人少了，汽车也是寥寥无几，显得格外空旷。回到单位，除值班人员外，也是空无一人。

2003年"非典"过后，我们集中力量清理大墓坑。由于石块太大，不是几个民工能挪动的，更何况要将石头抬到坑外，其难度之大可想而知。为了加快工作进度，我们请北京市文物古建工程公司协助，有20多个壮劳力和起重设备参与起吊坑内巨大石块。坑里共填埋4层270多块巨石，最下面一层为夯土，厚80—100厘米，用纯净的黄土夯筑3层，每层之间均铺朱砂。当时为了抢时间，我们经常加班干到晚上八九点才收工。

清理到了尾声。这一天干到下午6点，当时墓坑内还有少量的淤土，因为第二天要开棺，我提议先回去吃饭，然后再回来加班。副队长陈亚洲坚持一鼓作气将墓坑内淤土清理干净。在他的坚持下，我们又继续工作。正当大家热火朝天，铁锹飞舞，不停地往上扬土的时候，突然雷声大作，倾盆大雨从天而降，雨水不停地往大坑里灌。多亏工人没下班，我们马上动员工人在墓坑的四周用土围挡。将近晚9点，雨才逐渐停了。同志们开玩笑说："阿骨打要显灵了。"历史告诉我们，阿骨打一生两大功绩：一是灭辽，二是建立大金国，是金代显赫的一代君王，享年56岁。但他在死后被三次下葬，可谓受罪了：第一次，天会元年（1123年）九月乙卯，"葬宫城西南，建宁神殿"。天会三年（1125年）三月，上尊谥曰武元皇帝，庙号太祖。立原庙于西京。第二次，天会十年（1132年）二月辛酉，"改葬和陵"，"皇统四年（1144年），改和陵曰睿陵"。第三次，贞元三年（1155年）十一月改葬大房山，仍号"睿陵"。明末天启年间，后金崛起，骚扰中原，明末屡遭败仗，认为金陵"龙脉太盛"，故"天启元年（1621年），罢金陵祭祀，二年，拆毁山陵，三年，又建关帝庙于其地"。至此，阿骨打等主陵区所有陵寝均被捣毁，无一幸免。发掘资料表明，阿骨打地宫中龙椁与凤椁相距仅50厘米，

阿骨打地宫

宋大川所长视察工地

考古工作者前往黑龙江阿城考察和陵

2002年10月，（左起）齐心、宿白、徐苹芳等诸先生视察金陵考古工地（右一为作者）

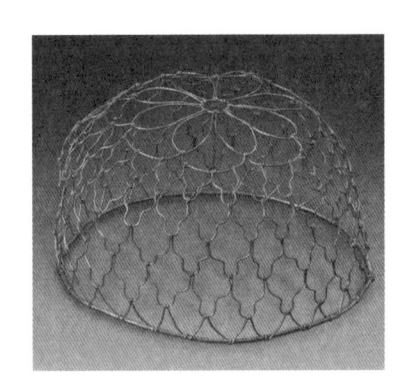

凤椁内出土金丝冠

金陵出土石雕坐龙线图

凤椁椁头凤纹彩拓片

龙椁被砸得粉碎，而凤椁没有丝毫的扰动痕迹。满清入关后几经修缮，将散碎的石椁片归拢一起，又将"凿地为穴"的地宫重新下葬。先用纯净的黄土逐层夯筑，夯层中铺以朱砂，然后用巨大的石块填埋4层，每层间夹夯土30厘米，以保护满族人祖先——女真族开国皇帝阿骨打在此安息。但又有谁会想到，从海陵王迁陵至今已有850余年，金太祖阿骨打的地宫将被考古工作者们打开。老天下雨，可能是对这位有作为的皇帝表示哀悼吧！

2004年，新首都博物馆开馆，出土的龙凤石椁被搬运到该馆保护并陈列。我们将龙凤石椁运走的条件，是答应当地村委会将其复制后运回来。2005年6月中旬，终于将阿骨打及其皇后的龙凤椁复制完成并运回龙门口村。由于阿骨打的地宫在半山腰，运输车只能停在山脚下，再往上要靠人工搬运。仿制的龙凤椁虽然是玻璃钢制品，但是体积过大，十几个人连扛带拉，总算将它们拖到地宫口。我们先将凤椁放进地宫，此时已经是中午12点了。为了抓紧时间，没有按点下班吃饭。我鼓励大家一鼓作气，将复原的龙椁也放进地宫。龙椁的体积比凤椁大，十几个人也是扛的扛、拉的拉，喊着号子，将龙椁放进地宫；但是椁盖仍在半山腰。就在这时，刚才还是烈日炎炎的天空，突然西北乌云密布，黑云滚滚而来。这些装卸工眼看要下暴雨，就要往山下跑。我和陈亚洲极力阻拦，劝他们无论如何得把椁盖抬进来，工人只好又回来继续抬。由于椁盖比较轻，天又要下雨，他们干活也加快了速度，将椁盖很快抬进地宫。此时冷风刮起，雨点一阵比一阵紧地下起来了。工人们把阿骨打的椁盖盖上一半，又要跑。我要求他们必须盖严了才能出地宫。这时，天空已经很暗了，风带着闪电呼呼地响着，地宫上面被大棚遮挡着，显得更昏暗了。工人们硬着头皮把椁盖推严。就在盖好椁盖的同时，雷雨大作，工人们急急忙忙地跑下山。此时大雨哗哗地下起来，我们在场的工作人员躲在地宫里避雨。也就10分钟左右的样子，雨过天晴，地宫内又恢复了往日的宁静。待我们下山吃饭时，金陵山脚就像披上了一层薄纱，雾气升腾……我边走边想：

金陵出土白玉凤鸟纹玉饰件

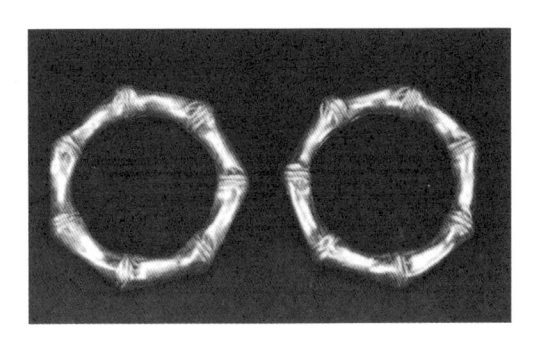

金陵出土金竹节环

金陵出土铁刃铜把宝剑

今天我们在各种运输、起重设备齐全的现代化条件下，搬运两具用玻璃钢复制的棺椁，尚且如此费劲，早在 800 余年前我们的祖先开凿山陵、雕刻石椁，再从极远的地方搬运到此地，放进地宫安葬，其工程该是何等的艰辛，何等的伟大！

金陵出土铜坐龙

金陵出土石坐龙

尊师的敬长

我原来是学文物鉴定的,后因工作需要改行学考古。这项工作首先要求我们要熟悉历史,掌握田野考古方法,这是科学地取得考古资料的手段。田野考古方法只有在田野考古的实践中才能逐步掌握。记得最初和郭仁、田敬东先生在宣武区崇效寺小学清理发掘一座战国墓,是郭仁、田敬东教我如何画墓葬图,如何使用罗盘和比例尺。在于杰、徐苹芳先生指导下,我完成了自己的第一篇考古发掘简报——《北京顺义县临河村汉墓发掘简报》。通过参加编写《元大都发掘报告》《琉璃河西周燕国墓地(1981—1986)发掘报告》的整理工作,我了解了发掘报告编写、整理的程序。其实我很笨,但笨人下笨功夫,在众多老前辈和先生的指导下,不断在实践中总结经验,才有今天的丰硕成果。我永远不会忘记宿白先生、徐苹芳先生对我的教诲。我虽然没有正式拜他们为师,但他们永远是我尊敬的师长。

一、追忆我考古人生重要的引路人——宿白先生

2018年2月1日，清晨醒来，已经习惯了第一件事就是打开手机浏览一下朋友圈。惊悉，6:05分，宿白先生病逝。我不由得倒吸一口凉气。虽然我们都要往那边走，但是还是觉得先生走得太早、太急促了。我们逝去的不仅是一位长者，更是我们人生的向导。离开的不仅是一位亲人，更是我们坚强的依靠。悲痛长号，让我们祈祷，宿先生千古，一路走好，到天国的怀抱！

我和宿白先生早在1972年就认识了。那是在故宫慈宁宫举办"全国出土文物展览"期间，徐苹芳先生和我单位的赵光林先生陪同著名考古学家、北京大学考古系教授宿白先生前来参观。由赵光林先生介绍，我认识了宿先生。我当时是临时讲解员，主要接待宿先生。他们边走边聊边看展览，我在后面慢慢地跟着，时而回答一些有关北京出土文物的事宜。在谈到元大都遗址发掘时，徐先生介绍，1970年在西直门内桦皮厂清理明清北城墙垫基石中，发现一块辽张俭墓志。宿先生认为该墓志非常重要，张俭《辽史》有传，是辽代重臣，地位显赫，但《辽史》记载疏漏错误之处甚多。宿先生转过头来对我说："小黄，你可以写写张俭墓志考。"我当时没有表态，深知自己的水平，写篇《简报》还行，写考证的文章恐怕难以胜任。但是我没有放弃，从此我苦思冥想，如何完成先生留的作业。我从读《辽史》开始，记了很多卡片，写了很多读《辽史》的笔记。书山有路勤为径，学海无涯苦作舟。真正开始动笔写《辽张俭墓志考》这篇文章，是在1976年7月28日唐山大地震以后。先是录文，再逐条逐字考证。文章最终发表在《考古》1980年第5期。在宿先生启蒙下，我开始发表论文及考古简报，为此也经常去北大朗润园拜访宿先生。

宿先生非常关心北京的考古工作，哪里有重大发现，哪里就有先生的身影。

宿白先生

2002年10月，宿白先生（右）、徐苹芳先生考察金陵遗址后留言

金代碑亭遗址

20世纪80年代初,我参加琉璃河西周燕国墓地发掘。宿先生在赵光林先生陪同下,考察了琉璃河遗址。1991年4月初,我主持发掘龙泉务窑址。工地开工不久,宿先生和他的学生秦大树,在赵福生副所长陪同下,来工地参观并指导工作。早有耳闻宿先生治学严谨,特别是田野发掘。来之前赵福生先生一再叮嘱:"把地层搞明白了,把图纸整清楚了,宿先生去肯定检查你的工地。"为此,我两三天前就把田野资料准备齐全了。先生来的那天,我非常紧张,小心翼翼地跟在他身边,并简单介绍遗址发掘情况。先生拿着图纸,一丝不苟地逐一核对地层,并一再强调说:"田野问题一定要在现场解决,特别是地层,它是我们断代的依据,决不能含糊,绝不能拿到室内解决。"

我虽然不是先生门下弟子,但是先生待我如斯。多年来先生对我的成长非常关心。1998年北京辽金城垣博物馆举办"北京龙泉务窑出土瓷器展览",宿先生应邀出席开幕式。休息时,宿先生问我:"贵庚了?"我用北京话笑着说:"您断断。"(猜猜的意思)没想到先生听懂了,说:"有40岁?"我说:"没了。"先生又说:"那35岁?"我不敢让先生再猜了,赶快说:"您说反了,我53岁了。"又问:"带徒弟了吗?"我说:"没有。"宿先生说:"该带徒弟了。"后来,再次见到宿先生,先生又问我是否带徒弟之事。我说:"再过两年我该退休了。"宿先生说:"为什么还没带徒弟呢?"我说:"不敢带,怕误人子弟。"

2002年《北京龙泉务窑址发掘报告》即将出版之时,春节期间我再次去先生府上拜访,并拟请宿先生题写书名。先生非常高兴地答应了,并说:"你先别走,我马上写,写好了你带走,省得你再跑一趟。还有靳枫毅的《军都山》一块儿写,你交给他吧。"先生说着起身就要找纸,我说:"别找了,我给您备着纸呢!"于是先生移步书房,提笔书写了《北京龙泉务窑发掘报告》题签。很快,先生遒劲有力的行书墨宝展现在眼前。当时我的心情非常激动,在先生面前我是无名小辈,先生是考古学界泰斗,却如此平易近人,从不端架子。我不知如何是好，立即拿出事先准备好的润笔费呈给先生。先生一见，说："这是干什么？"态度非常坚决地拒绝了，并说，"你要是这样，我不写了，这个（指写好的两款题签）都别拿走。"先生的脾气我知道，只好作罢，连声道谢。先生如此关爱晚辈，使我自愧不如。他高尚的品德永远激励着我，做一个实实在在的学问人。

2001年，在徐苹芳先生鼓励下，我主持发掘北京金代皇陵，宿先生在徐苹芳先生、齐心先生陪同下来工地考察。此时先生已经是79岁高龄的老人了，可是上下山不用搀扶，步伐矫健。最长的一次，在工地逗留近三个小时，久久不愿离去。先生一再叮嘱我说："搞金陵遗址非常辛苦……你把平面布局搞清楚了，就是一大贡献。"

当时在神道两旁发现有台址遗迹，我最初认定是"鹊台"。宿先生问我："依据什么定的？"我振振有词地说："依据河南北宋皇陵前边有两个对称的'鹊台'，还有东北阿城阿骨打陵前的高大建筑物也叫'鹊台'。"宿先生说："不行，这个依据不准确。不知道的地方，不要瞎起名。"我说："那您给起个名字。"先生笑眯眯地说："我不知道，也不给它瞎起名。"2003年春节，我去宿先生府上拜年时，先生仍然揪住"鹊台"一词不放。我故意"抬扛"说："这处遗迹我真不知道叫什么，您这么大学问，也不给起个名。人家都叫'鹊台'，咱们也这么叫吧。"宿先生说："金代鹊台你见过吗？"我说："您都没见过，我上哪儿见呀！"先生接着说："对，咱们谁都没见过。我去年就说过，不要瞎起名。考古是一门科学，来不得半点虚假，我看就叫'台址'，让后人去研究吧。"我不知道用什么词汇形容宿先生治学的"犟劲"，但又非常佩服先生治学严谨认真的精神。先生严谨的学风潜移默化地教育了我，在正式发表《简报》时，我将"鹊台"改为"台址"（见《考古》2004年第2期）。2004年古建筑专家王世仁先生来金陵考察，认为这两处台址应该是碑亭遗址，并撰写了《北京房山金陵碑亭原状推测》的研究性文章（见《北京金代皇陵》，文物出版社，2006年11月）。

实践证明，宿先生坚持己见是无比正确的，令人钦佩。

如今先生驾鹤西游，离我们而去了。先生一路走好！您的学生永远铭记您的教诲，您的音容笑貌、高尚品质永远留在我们心中。您在九泉之下安息吧！

2018年2月7日于先生"头七"祭奠

原载于《北京文博》2018年第1期

二、怀念徐苹芳先生

我和徐苹芳先生是通过参加元大都遗址发掘认识的。

20世纪60年代中期，为配合北京市地铁施工，中国社会科学院考古研究所和北京市文物工作队成立联合考古队，徐苹芳先生任考古队队长。那时候徐先生和我们一样，骑辆自行车往来于各个工地，明清北城墙一线准备发掘的十多处元代遗址，他都要亲自考察定点。另外还要顾及城里的钻探调查工作，以进一步搞清元大都城的街道、胡同的分布情况等。于杰先生和徐苹芳先生是同班同学，最初由于杰先生带我去徐先生家拜访，并请徐先生在学术方面多多指教。因在"文革"时期没有拜师仪式，也没有考试，徐先生就收下了我这个什么都不懂的学生，以后在先生教诲下逐渐成长。自此凡遇到学术问题必向徐先生请教。

在发掘元大都的时候，我经常到先生家聊天讨教学问。有一天，徐先生让我去他家，寒暄后，徐先生递给我一张用毛笔亲自开的书单，上面写有《元典章》《文忠集》《陵川集》《通制条格》《至正集》《紫山大全集》《牧庵集》《三朝北盟会编》《存复斋集续》《历代明臣奏议》《雪楼集》《牧民忠告》《滋溪文稿》《黄文献文集》《秋涧文集》《谢叠山集》《青阳先生文集》《清河集》《心史》《吴文正公集》等20余种。徐先生说：你有时间把这些书找来读一读。秉承先生教导，在浩如烟海的故纸堆里找到这些书，开卷有益，受益匪浅。

还有一次徐先生说："在你们资料室有一本北京图书馆缮本室主任赵万里辑《永乐大典》手抄本《析津志》，值得一看。"这本书属于资料室善本藏书，不外借。在发掘元大都遗址期间，我为了读这本书，每天利用中午休息时间回单位资料室借阅，然后按篇、章、节、条、款、项全部抄录下来，共4本，并按线装书形式装订成册，先生看了非常高兴。

1974年5月，我主持顺义县临河村东汉墓葬发掘并写下自己第一篇发掘简报，请先生过目。徐先生批语如下："小黄同志，简报已看过，恐怕字数多了些，请再压缩一下，文字可简洁些。写好后可直接与徐元邦同志联系。匆匆，此祝好！徐苹芳10月25日。"后经徐先生推荐，文章在《考古》发表。自此以后大凡在《考古学报》《考古》《文物》发表的文章大多经徐先生过目。特别是《北京龙泉务窑发掘报告》《北京金代皇陵》报告中的《序言》都是徐先生写的，对报告给予很高的学术评价。让我倍感亲切的是，先生对我呵护备至，两本《报告》文字稿加起来大约30多万字，先生都仔细通读，并附上眉批点评，修改意见。20世纪80年代初，我整理一批北京元代墓葬资料，原计划在我所期刊《北京文物与考古》第2期发表。徐先生看后，建议把元铁可墓和张弘纲墓单独发表在《考古学报》上，因为这两座墓的主人铁可和张弘纲《元史》均有传，而且出土器物丰富，放在《北京文物与考古》上作为一般资料发表，有些可惜。于是我听从先生建议，在1986年《考古学报》第1期发表《元铁可父子墓和张弘纲墓》，并对铁可和张弘纲墓志另有考证。上述文章徐先生均过目并予以点评。

2011年5月22日晨，先生溘然长逝。届时清晨我正在北京中医院准备挂号看病，从当天的《京华时报》得知此消息，如同万雷轰顶，心想：怎么会这样呢？前两天还好好的……从中医院出来一站地之遥便是徐宅，进门痛哭，反倒是徐师母让我节哀。我与徐先生忘年交四十余载不改初衷，先生是我的长辈，平易近人，我们曾一起骑车跟着地铁"刨"大都。先生治学严谨，一丝不苟，为城市考古及北京古代建筑及城址保护竭尽全力，贡献了自己毕生精力。在今清明节之际，以此文悼念徐先生！逝者安息，生者如斯矣！

前不久，我在地安门通惠河玉河遗址，见到徐苹芳先生题字的刻石，特留影纪念。

2017年4月5日清明节于古燕斋

地安门通惠河徐先生题字石刻前留影

徐先生家小院内

徐先生书房与作者合影

三、我与于杰先生

于杰（1927—1992年）先生是著名考古学家、北京史专家。20世纪50年代初毕业于北京大学历史系考古专业，后分配到北京市文物工作队工作，先后担任考古组长及副主任、北京市文物研究所第一任所长，以及北京史研究会副秘书长及副会长、研究馆员，还是北京市人民代表及北京市劳动模范。

于杰先生毕生热爱考古工作，任职期间，先后指导过北京昌平雪山、平谷上宅、房山镇江营等考古发掘及多处古墓葬发掘工作，并组织过对房山金陵遗址调查工作。他通过分析、研究北京城区和平门至宣武门一带出土的战国至汉代瓦井的分布及特点，认为它们与蓟城的位置有关。通过考证元大都遗址出土的针灸穴位残碑，认为此石刻原应在河南开封大相国寺，原名"针灸图石壁堂"，刻成于宋天圣八年（1030年），元代至元年间（1264—1294年）按抚使王檝将铜人针灸图及刻石从河南开封移到大都，明初修建城墙时将其毁坏并作为城墙基石。于先生对历史文物有很深的研究，长于收集北京史料文献，点校了《历代宅京记》《日下旧闻考》，主持校勘民国期间的大型地方志《北京市志稿》的校勘工作。他还集录了辽金时期北京史料，整理为《北京史资料长编》（辽金部分）。于先生的专著有《金中都》，并主编创刊《北京文物与考古》等，为北京考古事业做出了卓越贡献。

我本人自幼爱好历史，自20世纪60年代中期调到北京古书文物清理小组后，因和于先生家都住在南城，经常下班骑车同行至和平门分手。我们边走边聊，无所不谈，在言谈中我向于先生请教了很多知识。于先生谙熟古代文献。故每当我写出发掘简报、报告及各种论文，均请于先生过目并提出修改意见，或指出应当查找的有关文献。如于先生在看过我撰写的《辽韩佚墓发掘报告》修改稿后，行文回复：

秀纯同志：大作已拜读。改写得较前清晰得多了，我没看出什么问题，只请慎重地再重对一下"引文"。关于"玉河乡"和"房仙乡"的问题，我看不难解决，审慎地排比可以分清，目前资料也还少一些，待日后资料多了再说吧！暂时这样也可以。

于杰

3月4日

我和于先生先后共同参加调查发掘多处古代墓葬和遗址，如旧鼓楼大街豁口外元大都遗址出土的元代青花窖藏。看到这批元青花被砸毁后非常惋惜，他苦口婆心地动员红卫兵和我们一起筛土数日，并抢救出10余件元代青花瓷器，特别是元青花扁壶，是目前国内仅存的元青花瑰宝之一。在西四新华书店防空洞内考察元致和元年（1328年）大都城内排水渠形制与结构，和西单北大街甘石桥出土元大都金水河供水渠道。特别是20世纪70年代初，西城区锦什坊街挖防空洞时，发现一座辽代砖室墓。我和于先生前往处理。我们钻进防空洞，走到尽头，抬头仰望，发现这座墓葬的墓底正是防空洞的顶部，我们没办法清理，只能从下边往上捅。于先生在"文革"时期挖过防空洞，加之多年来的考古经验，认为墓室内都是虚土，从下边捅很危险，有塌方的可能。于杰先生让我侧身站在防空洞里边，身子探出去，用铁锹朝上捅墓砖。我站好位置，用铁锹往上捅，一会儿，只见墓底砖掉下后，露出两件琉璃器。我刚要上前取这两件器物，就听轰隆一声，上边的土塌下来了。说时迟那时快，于杰先生一把抱住我，往后一拽，轰然坠下的大土块从我眼前划过，令人心惊。后来，我们把掉下来的土慢慢清理后，露出两件黄褐釉琉璃三彩马镫壶和龙柄洗。这两件辽三彩瓷器均被收录在《首都博物馆馆藏珍品图录》中。

1974年，丰台区郭公庄大葆台发现一座汉墓，最初谁也不知道该墓的墓葬形制。因历史原因，组织上没有让于先生去现场。我回来后请教于先生，给他描述墓室四壁用长 1.1 米、0.1 厘米见方的方木垒砌,这种形制在以往考古中从没发现过。于先生根据我的描述,回家后查遍文献,终于在《汉书·霍光传》中找到答案,即"黄肠题凑"的墓葬形式。第二天,他把相关资料抄成卡片,交与考古队吴梦麟同志带到工地。

20 世纪 80 年代中期,我在中央广播电视大学读法律专业,即将毕业时,市文物局机构改革成立法制处,我计划毕业后调离文物研究所去法制处工作,原法制处马希桂处长已经同意。于先生得知此消息后,劝说我不要再改行了,并请吴元真同志追到琉璃河考古工作站动员我留在文研所工作。经过几天思考,我听从于先生劝说,继续留在文物研究所搞田野考古工作,至今从事文博工作已四十余载。于杰先生去世已 10 多年,缅怀先生对我的热情鼓励和帮助,感念不已。

于杰先生苏秉琦先生视察上宅工地

四、赵其昌心系定陵

在赵先生住所留念

赵其昌先生 1926 年出生，原籍河北省安国县。1953 年毕业于北京大学第一期考古专业，是我国老一代考古工作者。毕业后，参加吴晗副市长领导的北京文物调查组，从事北京市文物调查与发掘工作。1956 年参加明十三陵考古调查与发掘工作，任长陵发掘委员会考古队队长，主持发掘定陵工作。在吴晗和夏鼐直接领导下，于 1958 年完成定陵发掘。1980 年任首都博物馆副馆长、馆长、研究馆员，北京市第七届政协委员，北京史研究会常务理事、副会长。他的著作颇丰，其中最有影响力的是《定陵》，该书是国家社会科学"六五"规划研究项目。另有《明实录北京史料》，几乎耗费他一生精力。点校《昌平州志》《析津志辑佚》等，学术论文有《唐幽州乡村初探》《辽玉河县考》《蓟城的探索》《北京延庆县古崖居——西奚遗址之探讨》等 20 多篇。

我和赵先生在一起工作10多年，共事基建考古、考古调查及田野发掘多处。赵先生为人耿直，待人和蔼，性情幽默、乐观。他博览群书，知识面广，但平时不显山不露水。他经常教诲我："做学问、写文章好比在袄袖里藏只猫，露出头来，你说是猫是虎？你说是猫，我钻出来的是只虎。"先生30岁任定陵考古队队长，在周总理、陈毅老一代革命家关怀下，主持发掘定陵。这是新中国第一次有计划地发掘帝王陵寝，故赵先生刻有一枚"掘皇陵人"闲章。此后，赵先生把毕生的精力都交给了定陵。十年动乱中，赵先生饱受艰辛，历经磨难，直到写出《定陵》时，已两鬓苍苍，年过五旬。

1979年4月，中国考古学会成立大会在古城西安召开。夏鼐以中国考古学会理事长及社科院考古研究所所长身份，在会上宣布定陵发掘报告的编撰工程已列为国家"六五"社科重点项目，并立即组织人力开展工作。会后，赵其昌和社科院考古研究所王岩同志立即来到定陵，准备着手完成定陵发掘报告的整理工作。

这年夏天，我应赵其昌先生邀请来到十三陵管理处，协助整理捶拓定陵出土的金银器。为了便于工作，十三陵管理处的两位工作人员李亚娟、姚立荣负责办理金银器出入库手续，我只管捶拓。时间长了，姚立荣也愿意学拓片，于是我尽我所知，全部传授。不久姚立荣也学会了，后来帮助我完成捶拓"长陵神功圣德碑"的工作。十年动乱结束后，定陵博物馆开放。但这里交通不便，来定陵参观的人不多，加之这里远离都市，四周静谧，除了鸟鸣声，没有任何噪音。我们整理定陵发掘报告的人均住在这里，白天共同工作，傍晚吃完饭，有时到山泉小溪边散步聊天，其余时间便各自看书。这时，赵其昌先生便搬出《明实录》摘录有关北京史料，这是赵其昌先生发掘定陵时，明史专家吴晗先生提出的任务。吴晗先生"文革"时期含冤离去，赵先生为完成他的遗愿，夜以继日不停地抄录。

明代共有17个皇帝，有《实录》13部近3000多卷。《明实录》原为竖版繁体字，既无断句也无标点，个别字还有错漏。赵先生所纂《明实录北京史料》

一书，则以朝代、年、月、日为序，凡遇与北京有关的记载，则必摘录成为一条，计有14448条，约180万字。在每条史料前列有序号，以便索引和查找。在每条史料后，注明使用版本和校勘内容。据赵其昌先生回忆，1966年曾初步完成《明实录北京史料》摘编的初稿，呈送吴晗先生后一直没消息。后来得知书稿未等审阅，就与吴晗先生一起遭遇劫难。于是赵先生于20世纪70年代末又重新开始这项繁重的工作。他起初用的是梁鸿志点校的影印本《明实录》，尔后又见台湾校勘本比梁本更为准确，于是又以台湾校勘本为据，重新辑录《明实录北京史料》。

20世纪90年代初，我主持发掘龙泉务窑址，拟邀请赵先生去我工地参观指导。我曾到东四北大街赵先生的住处，见他仍在摘录《明实录》。他写作的书案东向临窗，四周便是书柜，地上、桌上到处是书稿。400字一页的稿纸，按100页一本计算，已有50余本，分几摞码放在地上，使本来就狭小的屋子显得更窄了。《明实录北京史料》交稿后，北京历史规划组又提出做摘编史料索引，以便读者使用，于是赵先生再次投入史料分类编序工作。对于我的邀请，赵先生说："手头工作实在太忙，脱不开身，有机会一定去。"但直到龙泉务窑发掘完毕，赵先生也没能脱身前往。

早就听说赵先生退休后迁出闹市，在早年工作过的地方——定陵，找到一处安逸的农家小院定居下来。我也非常想念先生，但一来路途遥远，二是没有时间。直到2004年5月初，我为了写这篇回忆录，去定陵博物馆查找我当年捶拓的"神功圣德碑"资料，顺便去看望赵先生。因为第一次去，我不认识路，电话联系好后，赵先生很早就在村口等我了。远远望去，只见一位老者手拄着用花椒树枝做的拐杖。起初我没看清楚，走近一看才认出是赵先生。多年不见，赵先生又添几缕银发，走路有些喘，身体挺硬朗，只是明显老了许多。

来到赵先生的农家小院，果然不错，5间宽敞明亮的北房和东西厢房，小院中间略有空地，辟为菜园，种些蔬菜、瓜果、花草。进屋后，我饶有兴趣地参观赵先生将北房居室分成的几个单元：书房、卧室、厨房、卫生间等。书房内四周布满书柜，他写作的书案南向临窗，案头仍摆着很多书稿。我说："您还在写呀！"赵先生说："闲着没事，写墓志考。"赵先生已年近八十，笔耕不辍，实在让晚辈佩服。因我要去定陵寻找当年捶拓"神功圣德碑"的资料，没敢久留。先生说："这么多年了，定陵机构变了，我给你写个便条，去文物科找他们。"于是奋笔疾书：

　　特区文物科秀玲、立荣：

　　　　黄秀纯同志是文物研究所同志，从事金陵考古卓有成就。

　　　　前几年整理发掘报告时，他拓的"神功圣德碑"拓片，现在展室展出的拓片即黄先生所拓。今去定陵展室参观地宫处，还想照张照片留作纪念，请你向领导说明情况，给予照顾。

　　　　　　　　　　　　　　　　　　　　　　　　赵其昌

　　　　　　　　　　　　　　　　　　　　　　2004年5月7日北新村

因是假日，去定陵的人很多，一天接待近两三万人。一处定陵使当地旅游业如此兴旺发达，赵其昌先生功不可没。如今先生老矣，选择在定陵边上的农家小院安度晚年，一是为了清静养生，二也是出于怀旧吧。这使我想起史学家邓拓先生的一幅字："七亩地，三亩园，行亦安然，卧亦安然。"

意大利考察记

一、圣彼得大教堂

2017年9月15日凌晨2:30分，从首都机场登机前往意大利旅游，中途在卡塔尔首都多哈机场转机。飞机经过10余个小时飞行，于当地时间9月16日下午四点多到达意大利首都罗马机场。办理入境、出关手续一切顺利。走出机场1号口大门，携程接机服务早就安排中文司机林海杰先生在预定地点等候。又经过一个多小时的车程，来到普拉蒂区下榻的宾馆。从这里到罗马市区还要有一段路程。这条街不是很繁华，来往车辆不多，但是马路对面就是梵蒂冈城，缕缕的人群还在匆匆忙忙地往前走，似乎要赶在闭馆前最后一拨进去。

我们入住的是私人宾馆，店主特意等着我们，办理完入住手续，交给我们三把钥匙，店主就走了，在今后的两天内出入全凭我们自己了。店内整洁干净，一梯三户，铁栅栏门老式木电梯，看上去已经很陈旧了，使用约有二三十年的感觉。电梯内加上行李仅能容纳两个人，和欧洲人一样慢慢悠悠晃来晃去抖着上去了。

宾馆的大门总是关闭的，每天出去晚上回来都由我们自己开大街门，似乎这

圣彼得大教堂广场

从楼顶眺望钥匙形广场

回廊一周用马赛克拼成各种人物、动物图案

贝尔尼尼设计的青铜华盖

瑞士卫兵守护教堂

家宾馆就住我们一行五人。宾馆提供免费早餐，昨天接待我们的前台，现在变成了小餐厅，不知何时已经摆放好各式西点、面包、烘焙炉、牛奶、热饮、水果、沙拉等应有尽有，较为丰富。餐桌上的餐具每人一份，盘内有个小纸牌，用英文写的"早上好"。这里始终没有外人，直到我们走也没见到店主。

翌日清晨，阳光明媚，我们走出宾馆，步行约十分钟便到了圣彼得大教堂广场。广场中间耸立着一座41米高的埃及方尖碑，象征着教会中心，它是由整块石头雕刻而成的。

高大雄伟的教堂位于广场北端，由米开朗琪罗设计，建于公元1506年至1626年，是世界第一大穹隆顶教堂，直径42米，通高约138米。教堂气势恢宏，可容纳约6万人祈祷。这是罗马基督教的中心教堂，也是梵蒂冈罗马教皇的教廷和欧洲天主教朝圣之地。

圣彼得大教堂最初是由君士坦丁大帝于公元326—333年在圣彼得墓地上修建的，公元1503年由教皇尤利二世重建，而后在长达120年的修建过程中，先后聘用了当时意大利最优秀的建筑师布拉曼特、米开朗琪罗、德拉波尔塔等艺术大师。

教堂内至今仍保存有欧洲文艺复兴时期许多艺术家，如米开朗琪罗、拉斐尔、卡罗马泰尔等著名浮雕和雕塑装饰。出自米开朗琪罗之手的《圣母哀痛》也称《哀悼基督》造像，是圣彼得大教堂镇馆之宝之一。

米开朗琪罗在政治上完全同情萨伏那罗拉人民起义推翻当时的腐败教会，1498年，萨氏以蔑视教皇的名义被处以绞刑，同年米开朗琪罗完成了《哀悼基督》像。该作品描述圣母膝上抱着由十字架取下的耶稣，她为儿子的死亡而哀恸，耶稣为了世人的过错而造成肉身死在十字架上。然而痛心的只是那个美丽的圣母吗？萨伏那罗拉为了匡正而挺身站出，却终究敌不过当时的腐败却拥有权势的政府。米开朗琪罗透过艺术来表达他的信仰，同时也寄托着他对萨伏那罗拉的哀思。

登上圆顶的入口，在面向教堂外侧的右手边尽管有电梯，但要到屋顶庭园还必须要登 330 级台阶，而且随着螺旋式台阶往上走，台阶越来越窄，最后仅能容一人走过。

从屋顶眺望圣彼得大教堂的广场夕阳是最美丽的，同时可以鸟瞰罗马市区。正前方露天广场就是闻名世界的钥匙形广场，建于公元 1667 年，主持设计施工的是一位那不勒斯人贝尔尼尼。寓意该广场是通往天堂极乐世界大门的钥匙。

中央的圆顶由米开朗琪罗设计的两重结构，内部很明亮。圆顶下是教皇的祭坛，用贝尔尼尼设计的青铜华盖盖着。回廊周围一圈全部用马赛克拼成各种人物、动物图案等精美绝伦的壁画。

青铜华盖也是圣彼得大教堂镇馆之宝。它由四根螺旋形铜柱支撑，足有五层楼那么高。华盖前面是半圆形栏杆，永远点燃着 99 盏长明灯。而下面则是宗座祭坛和圣彼得的坟墓。只有教皇才可以在这座祭坑上面对东升的旭日，当着朝圣者举行弥撒。

走到圣彼得教堂尽头，绕过青铜华盖是贝尔尼尼设计的另一件作品，镀金青铜宝座。也是圣彼得教堂的镇馆三宝之一。传说是圣彼得御座，实际是加洛林国王泰查二世的礼物。

从教堂出来，其左侧的大门有皇家卫队守卫，皇家卫队就是梵蒂冈国家的军队。卫士们个个高大魁梧，他们身穿红黄蓝三色条纹的古代骑士服装，手持长戟，威风凛凛。他们都是瑞士人，据说 16 世纪初教皇受到神圣罗马帝国进攻，为了保卫教皇，100 多个瑞士卫兵战死在教堂外，当时教皇非常感动，于是决定世世代代雇佣瑞士卫兵保卫教堂，至今 500 年不变。往来的游人争先恐后地和他们合影留念，他们不会拒绝，但要想从他们把守的大门进入教皇宫是绝对不可能的。

2017 年 10 月 6 日于古燕斋

二、梵蒂冈城

在我上中学的时候，学《世界历史》就听老师讲过："梵蒂冈是世界上最小的国家。"小到什么程度？有人开玩笑说："用日本'三八'式步枪，在边界这边开枪，子弹可以飞出对面边界。"真的吗？世界最小的国家应该是什么样的？带着这个疑问等了半个多世纪，今天如愿以偿地来到意大利，要亲眼目睹这个"国中之国"的梵蒂冈。

梵蒂冈城位于意大利首都罗马西北角梵蒂冈高地上，是梵蒂冈国的首都，世界天主教的中心，罗马教廷所在地。是一个独立主权的国家，由于四周都与意大利接壤，故有"国中国"之称。国土面积仅 0.44 平方公里，人口约 1400 人，大多数是教会的神职人员。圣彼得教堂是全城中心，也是世界上最大的宗教建筑。

梵蒂冈是世界上最小的国家，但是梵蒂冈博物馆是最伟大的博物馆，这里集中了一批世界举世无双的艺术珍品，是英国皇家博物馆和法国卢浮宫都无法比拟的。这里每天都吸引着来自世界各地的游客达数万人之多，在此排最长的队，参观最小国家的梵蒂冈博物馆。

我们所住的宾馆马路对面就是梵蒂冈博物馆，由于住的近，所以忽略了时间，我们大约 8 点 30 分走出宾馆大门，本以为博物馆 9 点开门，到那儿就进去了。没想到过了马路，顺着便道拐一个弯就看见队尾了。我们顺着人群排了三个多小时，大约 11 点 30 分才经过安检进去，再排队买票才进了博物馆。梵蒂冈博物馆建于公元 5 世纪末，早期为教皇一座宫廷，后改为综合性博物馆。内部展示空间极大，拥有 12 个陈列馆，5 条艺术长廊，保存着无数古希腊、古罗马、古埃及、中世纪及文艺复兴时期以来的艺术珍品。如此众多的展厅别说半天了，就是两三天也看不完，再说人太多也不容你仔细看。只能从专业角度有选择的重点看看，

梵蒂冈博物馆大门

用亚麻布裹着的木乃伊

其他的就走马观花地看一眼了。

在古埃及馆里比较抢眼的是3000年前的木乃伊，这是梵蒂冈博物馆著名的藏品之一。

古埃及法老时代，人们认为人死后可以复生，复生的前提就是保护好尸体。5000多年前人们采用自然风干方法，将尸体埋藏在炎热的沙坑里，水分迅速蒸发而变成"金刚不坏之身"。我们今天所看到的木乃伊，是3000年前用古老的方法经过人工处理的尸体，然后用亚麻布一层层地裹得厚厚的，放进事先按人体形状凿刻好的石棺中。令人惊叹的是，每个木乃伊的石棺外面彩绘死者的容貌，内绘各种图腾，纹饰精美艳丽。内脏器官是人体最容易腐烂的地方，因此祭司们在处理尸体时，小心翼翼地将肝脏、肺、胃、肠取出用食盐将水分吸干，再涂上松脂及食油分别放入4个石制的小罐中，这种小罐叫"蓬罐"。这些小罐被放在墓葬中与尸体不远的地方，认为人体的灵魂出窍可以及早升天。

梵蒂冈博物馆中有很多文艺复兴时期的雕塑和绘画艺术珍品，其中具有代表性的镇馆之宝之一《创世纪》是米开朗琪罗在西斯廷教堂的壁画，达到了欧洲艺术的顶端。从1508年开始，米开朗琪罗在天花板壁上花了4年的时间完成了这幅画。历时四年，米开朗琪罗把自己封闭在教堂内，拒绝外界的探视。从脚手架设计到内容安排，从构图草创到色彩实施，完全他一人掌控完成。画这幅画的时候大部分时间是斜身躺着画的，居高不下的处境，曲身仰视的姿态，集中的心情，舒展的灵思。一天天慢慢缩小着一块块距离，一块块慢慢充实的一天天内容。辛苦已达到的天界，回过头去谁也不曾看到过，他在没距离感的情况下，画了共有300多个人物，观看壁画实在令人眼花缭乱。

在西斯廷教堂里米开朗琪罗创作的另一幅天顶画《最后的审判》，罗马城市也使米开朗琪罗变成一个与众不同的艺术家。凡是看过这个天顶画的人无不被这个室内装饰感到震撼。在一片宝石蓝色的星空中充满了400多个米开朗琪罗版本

《创世纪》1508—1512 年

米开朗琪罗《最后的审判》

圆形大厅内的古埃及雕塑

古埃及出土的陶罐

艺术长廊中的天顶画

艺术长廊中的天顶画及雕塑

的肌肉裸男，以及裸女扭曲的身体挣扎在苦难之中，似乎等待最后的审判。

《雅典学院》是文艺复兴时期另外一个艺术家拉斐尔画室中最重要的壁画，创作于1510年，这是拉斐尔26岁的杰作。这幅壁画所体现的创作风格更加壮观，色彩更强烈。人们认为这一变化在很大程度上是受到米开朗琪罗的影响。1520年，由于英年早逝，拉斐尔风格的进一步发展就这样停止了。

此外，在梵蒂冈博物馆中还有多个艺术长廊，也挤满了人群一个个抬头仰望，不时地拿出手机举头拍照。这些艺术长廊中的天顶画，更加显示了文艺复兴时期的艺术家的精彩创作，给人类留下不可多得的艺术珍品。

梵蒂冈博物馆地标式建筑，是全球最华丽的出口——旋转楼梯美不胜收。它用双螺旋结构，这样上楼和下楼的人就不会相遇。

综上所述，世界上有很多小国，如欧洲的列敦支士登、亚洲的不丹等都是被联合国承认的拥有主权的国家，但是梵蒂冈城应该是世界上最小的国家。国家虽小，文化却很发达，博物馆内保存有大量的欧洲文艺复兴时期雕塑和绘画，是世界上绝无仅有的。古埃及、古希腊、古罗马的文物应属世界文化遗产，是研究这一时期历史的珍贵资料。圣彼得大教堂古建筑为世人瞩目，教皇是世界天主教的领袖人物，国家虽小受却宠于全世界。

2017年10月12日于古燕斋

三、庞贝古城遗址

　　庞贝城是意大利亚平宁半岛西南角坎佩尼亚地区一座历史悠久的古城。已被联合国教科文组织定为世界文化遗产，游客们称这里是"天然的历史博物馆"。它每天吸引着数万计的来自世界各地的游客来这里参观。这座古城始建于公元前6世纪，公元79年毁于维苏威火山大爆发，但由于被火山灰掩埋，街道、房屋都完整地保存着火山喷发那一刻的模样。走进庞贝古城，曾经的民居、集市、浴场，还有庞贝最具代表性的性场所，那个曾经富极一时的城市就展现在你的眼前。

　　庞贝古城最繁华时期是公元前8世纪，依托于地中海天然良好港的一个小渔村庞贝，逐渐发展成为仅次于罗马的大城市。城内有神奇的太阳神庙、巨大的斗兽场、恢宏的剧院及新奇的蒸汽浴室和众多的商铺及娱乐场所。这里有亿万年维苏威火山多次喷发而形成的奇异的火山石和地热温泉，吸引着地中海周边的商贾和贵族。

　　维苏威火山，海拔1277米，南距庞贝古城10公里。据地质学家考证，它是一座典型的活火山，数千年以来不断地喷发，庞贝城就是建筑在远古时期维苏威火山一次爆发后变硬的熔岩基础上的。可是世纪初前，著名的地理学家苏特拉波则根据维苏威火山地形地貌特征断定它是一座死火山。当时人们完全相信了他的论证，而过着无忧无虑的生活。他们万万没想到，这座死火山正在酝酿着一场毁灭性的大灾难。公元62年2月，一次强烈的地震造成庞贝城许多建筑物倒塌。我们今天还能看到，当年震毁倒塌的部分建筑遗址。而庞贝人没有及时吸取教训，他们忽略了这次地震造成地壳松动，底部岩浆聚积而形成喷发。他们又重建家园及城市，而且追求更加完美和奢华。十余年后，公元79年8月24日，这一天维苏威火山突然爆发，瞬间使占地六公顷的房屋建筑，及二万余人在毫无思想准备

从庞贝古城眺望维苏威火山

庞贝古城城墙遗址

庞贝古城遗址全貌

人字形小巷交叉的路口

广场神庙遗址

妓院指示标志

的情况下永远葬身于火海，厚约5.6米的火山灰毫不留情地将庞贝城从地球上抹掉。当我们的汽车奔驰在公路上，眺望远方这座美丽的维苏威火山静静地矗立在那里，脑海里却浮现火山爆发的那一时刻，火山熔岩滚滚流淌，夹杂着升空的红尘浓烟，将这座公元前6世纪建筑的古城毁于一旦，二万余人生灵涂炭，死于非命。

（一）考古发现

公元1594年，人们在萨尔诺河畔修建引水渠时发现一块刻有"庞贝"字的石头。1707年，人们又在维苏威火山脚下一座花园里打井时，挖掘出三尊衣服华丽的女性雕像，人们以为这只是那不勒斯海湾沿岸古代遗址中的文物。直到1748年人们发掘出被火山灰包裹着人体的遗骸，考古学家才意识到，公元79年维苏威火山的爆发掩埋了一座城市。

（二）古城建筑

庞贝古城略呈长方形，有石砌的城墙环绕四周，设有七个城门。城内大街、小巷，纵横交错的街、坊布局有如棋盘。

纵横各两条笔直的大街构成的城内主要干道，使全城呈井字形。全城分九个区，每个区的街巷交织。大大小小的道路有几十条，街巷方正，整齐划一。在街、巷之间垒砌高高的拱门。大街宽约8米，小巷宽4—2米，全部铺设石板，两旁是人行便道，高出路面20—30厘米。中间青石板路面都留下一道道很深的车辙。所有的交叉路口和我们今天斑马线一样，在每条路口都设置一块块凸起的高约30厘米的"隔车石"。当飞奔的马车临近交叉路口看到"隔车石"自然就会放慢速度，车辆只能减速从巨石夹缝中缓缓地驮过。于是，我想到这应该是两千多年前人类历史上最早而原始的斑马线了吧。

在许多街口和交叉路口，我们都可以看到有浮雕石槽，或大或小。石槽上的浮雕有神面，有兽头或鱼嘴，它的背后连接的青铜管子并有旋钮龙头，供过往的行人饮用或洗涤。

市政广场是庞贝城的政治、经济和宗教中心。广场呈长方形，三面有围墙，广场中间高台上有青铜铸造威武的人面马身勇士，手持长柄金戟，戟头仍然金光灿灿。广场两侧有高大的神庙，分别供奉朱庇特和太阳神阿波罗两位巨神，政府其他部门都集中在广场附近。

在庞贝古城东南角还有用大理石砌筑的 4000 个座位的露天圆形剧场，3000 个座位的斗兽场。另外一座是宏伟的竞技场，可以容纳 4 万人。我内心崇敬的心情油然而生，古罗马人的人文素养与社会发展潜力，就是 2000 年后的今天，依然让人敬佩不已啊！

庞贝城内豪宅大户也不少，这些豪华的大宅门大都遗有大理石圆柱和雕花的门楼，地面用黑白相间的几何图案方砖铺砌，还有倒塌的壁画。室外装饰矮小而精致的青铜裸体喷泉及地面用马赛克装饰的小方池。

（三）娼妓文化

妓院是文明社会必然产物。早在公元前 8 世纪的时候，庞贝古城就有大大小小的妓院 25 家之多。只要在路口看到男性生殖器的标志就知道里面有妓院。

庞贝古城保留较完整的一家妓院设在市中心以东，一片较为密集的中下层居民区内。妓院楼上楼下共 10 间客房，房间面积都不大，均在室内墙壁下垒砌一个小小的土坯炕，墙壁上端左上角开一个小小的窗户。每间客房的门楣上都绘有不同内容的性爱壁画，室内墙上到处是顾客留下的各种图文。

（四）古物馆里的人体遗骸

庞贝古物馆里收藏着一类特殊的藏品，那就是考古学家依据出土的人体硬壳制作的人体塑像。在火山喷发的一刹那，无数的受害者在火山浮石、毒气、火山灰的夹击中丧生。火山灰包裹着他们的躯体凝固了他们最后的姿势，将庞贝人临终前的所有细节都记录下来。考古材料表明，由于死亡之时，突遇无法抗拒的灾难，这些遗骸在死亡的一刹那表现出姿态各异的恐惧状，有保持奔跑的男子，有

年轻人坐在地上捂着脸哭泣

广场神庙遗址的人物雕塑

紧紧相拥的情侣，有的小男孩在惊吓中双手似乎紧紧地抱着自己的母亲，有个像犬类的动物四肢朝上蜷曲着在挣扎嘶鸣中，还有个年轻人双腿曲肢坐在地上，双手捂着脸在哭泣。灾难来临时有人睁大眼睛和嘴巴，也有人选择绝望中等待着死亡降临。这些人死时大多数和他们的财产在一起，也有的死难者则手里握有神像，在灾难突然降临时表现的无助，以祈求上苍救助的神志令人动容。

同时还发现大量的生活用具及生产工具。我们在库房所看到的大批的尖底瓶及双系罐、石臼、盆、缸、石刻、柱础、四轮小推车及各种生产工具等珍贵文物。

结语

尽管庞贝古城如今只向游人开放三分之一，其他部分还埋藏在地下，我们也领略到庞贝古城，一座因火山而兴、因火山而亡、又因火山获得永生的神秘古城。公元 79 年，维苏威火山的爆发将它掩埋在大约 5.6 米深的火山砾石和火山灰下，庞贝由此成为失落之城，然而其作为罗马文明鼎盛时期城市建筑与生活的缩影之一，也因此得到了极好的保护。尤为可贵的是，像壁画之类极难保存的文物，在庞贝有大量的几乎完好如初的遗存，成为研究西方文化发展的重要资料。同时为研究庞贝古城政治、经济、文化提供了一大批珍贵的实物资料。从 1748 年开始持续发掘至 1968 年，已有 200 余年的发掘史了，是前无古人后无来者的空前壮举，也是对人类考古的重大贡献。

2017 年 10 月 14 日于古燕斋

第二篇 文物漫谈

漫谈文房四宝

文房四宝是对纸、墨、笔、砚四种文具的统称。文房谓书房。北宋苏易简《文房四谱》，叙述这四种文具的品类和典故。这些文具制作历史悠久，品类繁多，历代都有著名的制品和艺人。如安徽泾县原为宁国府，产纸以府治宣城为名，故称宣纸。歙县原为徽州的府治，以制墨有名，故称徽墨。浙江吴兴，原为湖州府治，以制笔有名，故称湖笔。砚产自广东肇庆，肇庆古称端州，故称端砚。

一、纸

纸，我国四大发明之一。早在西汉，我国古代劳动人民已发明用麻类植物纤维造纸。1973—1974年在居延金关西汉宣帝时的遗物中、1978年扶风周原西汉晚期窖藏中均发现过纸。它皆以破旧的麻絮、麻布、绳头为原料，经过切、舂、打浆和抄造，然而纤维粗糙而不平。到了北宋各种用料讲究，做工精细，纸的质量亦提高了。宋苏易简《纸谱》记载："蜀人以麻，闽人以嫩竹，北人以桑皮，剡溪以藤，海人以苔，浙人以麦面、稻秆，吴人以茧，楚人以楮为纸。"

我国以盛产宣纸最为著名，因产于宣州府（今安徽泾县）而得名。自唐代开始，历代相沿。宋元时期除楮、桑麻、竹、桑等原料外，扩大了10余种。其特点质地绵韧、纹理美观、洁白细密。使之书画，墨韵层次清楚，经久不坏。并善于表现笔墨的浓淡润湿，变化无穷，能使画面别开生面。古代诗人笔下，曾把宣纸喻为"莹润如玉""冰翼凝霜""滑如春冰密如茧"等。人们称赞它为"纸中之王"。

宣纸的品种有60多种，根据配料不同可以分为三大类：特净类、棉料类和净皮类。每一类又按尺码不同，分为四尺、五尺、六尺，还有八尺、丈匹、丈二匹、丈六匹的特大幅。又分单宣、单夹宣、双夹宣、三层夹宣等，以上是生宣。

生宣有净皮、夹贡、玉版、单宣、棉连和十刀头等名称。熟宣是在生宣纸经上矾、涂色、洒金、印花、涂蜡、洒云等制成了熟宣，又叫"素宣""矾宣"。其特点不洇水，宜于绘制工笔画，能经得住层层皴染，墨和色不会洇散。它的缺点是，久藏会出现"漏矾"或脆，不适宜作水墨写意画。

二、墨

墨是我国古代劳动人民创造的一种特殊的手工艺品，它不仅本身具有实用价值，而且综合了雕刻、绘画、图案等多方面的艺术。在各个时代中均保持了本时代独特的风格，所以它与我国古代文化发展有着不可分割的关系。

（一）墨的起源和沿革

墨的发明和改进与我国汉字、造纸业的创立发展有着密切的关系。但就墨的起源而言，多家说法不一，有人认为始于新石器时期，如甘肃彩陶中绘有墨彩，有人认为是墨。但经科学测试，其中墨是一种矿质的变化，并非是墨。据《书经·舜典》"象以典刑，五刑有服"，五刑即墨、劓、刖、宫、大辟。其中墨刑即发配

考古与文物漫谈 • 254

各种宣纸

刺字，针刺见血，涂以墨永久不掉。《礼记·玉藻篇》："占卜，以墨定凶吉。"出土材料证明，早在殷商兽骨和陶片上的字系用笔墨写的红黑两种（见启功《关于书法墨迹和碑帖》，《文物参考资料》1957年第1期）。元陶宗仪《辍耕录》："上古无墨，竹挺点漆而书。"春秋战国时期，发明了大篆，这种文字笔画均整，字体规律，用竹挺点漆很难书写，始用石墨磨汁。

西汉时代，我国发明了用麻质纤维造纸，石墨作书则感不适，这时用漆烟和松烟合成墨丸，用以磨汁。

东汉后期制墨逐步发展，《汉宫仪》："尚书令仆丞郎，日赐隃麋大墨一枚小墨一枚。"陕西省有个隃麋县，在今陕西省千阳县以东。传说东汉晚期以产墨著名，后人以"隃麋"为墨的代称。三国时期魏国有位光禄大夫、书法家韦诞、字仲将，善于制墨。他制作的墨，后人称之为"仲将之墨"。此种墨谁也没见过，只是传说。魏晋时代有了螺子墨，只是墨丸之变而已，质量并无进展。唐代是我国书法艺术发展时期，朝廷注重制墨，设官置厂专事制墨。到了南唐有制墨官李廷珪，原籍河北易县人，迁居安徽歙县。他本姓奚，因制墨有功，皇帝李昇赐姓李。他用藤黄、犀角、珍珠、巴豆、松烟等12种物混合制作出的墨，光亮如漆，质坚如玉，纹理如犀。可李廷珪世人没有见过。宋代熙宁年间（1068—1078年），我国制墨业达到了很高的水平，制墨家潘谷、张遇均是制墨能手，深受当时书法家苏东坡、黄山谷等人推崇。元代朱万初用纯正的松烟制墨很盛名。明代制墨，在取材和制作方面都有很大进展，明嘉靖时期方飞、邵格之、罗小华，明万历年间的程君房、方于鲁、汪春元等人，他们不但制出松烟墨，还发明了油烟墨、棉烟墨。在用料配制中加入麝香、冰片、朱砂、儿茶、丁香、黄连等多种药材，使墨香扑鼻，闻之清凉爽神，墨色黑润，气味馨香。清代康熙、雍正、乾隆百余年盛世，我国制墨业达到顶盛时期。清初吴守默、曹素功、吴天章等制墨工艺盛极一时。乾嘉以来有汪近圣、汪节庵、方客庵等制墨都有独到之处。道光以后，制墨从上升趋向下滑，到了民国年间曾一度上升，使我国制墨名扬世界。

（二）墨质的区别

普通制墨主要有两种：一种松烟墨，一种油烟墨。松烟墨就是采松烧灰和胶制成。制墨时需要采松、造窑、发火、取烟、和制、入灰、出灰等7个阶段。这是宋代李孝美《墨谱》所述松烟墨制作的程序。

油烟墨是指松脂油、苏子油、桐麻油、猪油等，都属油烟范围。以上各种油类均可取烟，不过产量有高低、质量有粗细之分。其中以桐麻油为最上等，得烟最多，每斤桐麻油可得烟灰一两二三钱左右。不仅产量大，而且墨色黑而有光泽。所以明清两代的墨普遍用桐麻油制烟。

制墨所烧的烟，叫烟点。烟点也有好坏之分，无论是松烟、油烟和漆烟（用漆烧成的烟）。所谓烟点，是指在窑内烧制烟时取烟的位置。靠近火的烟点叫"烟身"，属下品；在窑中间的烟叫"顶烟"，属中品；离火最远的在四边或在窑顶上的叫"上烟""头烟"，是最好的醇烟，属上品。现在，我们在墨上经常看见有"松烟""漆烟"，这是指烟点原料的区别。有的在墨顶刻有"顶上"或"顶烟"，还有写"贡烟"（就是用上好的烟点做的贡品给皇帝用的），有的写"超贡烟"。这些都是制墨家夸他的墨是用上好的烟点制成的。次些墨写"选烟"。绝没有写"身烟"的。现在徽州的胡开文、曹素功墨店所售的墨仍然用"顶、上、贡、选"等字样作为墨质好坏的标志。清末制墨增加了杵的次数（十万杵），减少了"作料"，同时又增设了"官墨厂"，如"江南制造"。

另外从使用者的角度区别墨质的好坏。如画家于非闇认为作画可用康熙的"内殿轻煤""乌玉块""耕织图御墨"，乾隆的再造墨（再造墨是指把宋、元、明碎墨粉碎后掺入新烟再制）。如乾隆丁卯款、辛巳款御制墨皆是（丁卯乾隆十二年，辛巳乾隆二十六年）。该墨从外表看不甚光润，但使用效果好。但一般书画家还是选用同治、光绪墨。使用时渲染不渗晕。清光绪六年（1880年）以后，从美国进口"气烟",代替国产一切烟点,其成分由于炭高达 90%—92%,因此色度比国产烟点好。

绘画墨分五彩,即焦、浓、重、淡、清。这主要看墨的质量好坏。

1．焦墨:即把墨研成墨汁,经过半日的发挥,用来画最黑、最突出的部分,黑而光亮。

2．浓墨:是说把墨浓的黑度仅次于焦墨,浓墨加入水分,虽黑而无光泽。

3．重墨:对单墨而言,它比浓墨水分多一些,比淡墨则又黑一些。

4．淡墨:多加水成了灰色叫淡墨。

5．清墨:在墨彩上仅仅有一些淡灰色的影子,一般用来表示朝雾夕烟似的模糊景象。

总之,上好的墨不但能焦、能浓,而且能淡、能清,这是根据捣杵的次数决定的。

(三)墨的图案及形式

墨的形成随着社会而变迁,在各个时代中形成了它们各自不同的风格。墨的图案也是日新月异,向前发展,由简单而趋复杂,从朴素而繁华。最初墨为握子形,是用手随形制成的软剂墨。后来逐渐变成多种多样,或方、或圆、或圭、或璋、或璧形。有的反映了古代封建礼仪,如"千秋光"墨,则按《周礼》公、侯、伯、子、男。如爵的圭或璧分成大、小形式,标志着封建的法制。有的把佛教的神话、经文制成图案,反映封建时代宗教与人民思想关系。另外还有按殷、周铜器制成图案,或把墨按古钱币形制成。还有的刻着歌功颂经的铭词或吉祥图。在墨的形式图案和铭文中也能够为我们研究政治、经济、文化等方面提供一些资料。

名胜风景作为墨的图案始于明,盛于清,如百岳图、黄山图、西湖十景、燕京八景等等,不一而足,总之通过书画家、雕刻家、制墨家的精心创造,墨成为各方面艺术的结晶。

（四）墨的鉴定方面的若干问题

1．墨家派别

安徽为制墨中心地区，包括歙县、休宁、婺源、绩溪四个县。但是婺源、绩溪不够一派，仅是为歙县、休宁两个县制墨的工厂而已。只有歙县和休宁是以制墨形制不同分为两派。休宁制墨是以成套集锦为特点，如胡星聚、王丽文、吴大章、叶拱、吴尹友等为代表。歙县是以制作贡墨、御墨、自制墨和交际用的礼墨为自己的特点。

2．品墨

即名家生产的品牌及自家的风格。如吴守墨有"天出儿"，曹素功有"紫玉光"，方于鲁有"九玄三级"。方氏墨谱记载，把制墨原料分三级，上剂"九玄三级"，中剂"非烟"，下剂"太子重玄"。程君房想压倒方于鲁，故有"玄元灵气"等。均为珍品。

3．避讳

制墨避讳有两种：一种是书写，一种是声音。如康熙名玄烨。玄者，墨也，以墨表示其黑。故在制墨的时候命名、题铭，多用玄字。如吴叔大的堂号是"玄粟斋"。后来曹素功接玄粟斋为了避讳康熙之"玄"之，改玄粟斋为"艺粟斋"。叶玄卿本明代制墨家，到了康熙年间，为把已制好的墨中"玄"字挖去而毁坏甚多。

4．质地鉴别与外形鉴别

鉴别墨的质地首先看它是否细腻、滋润，再看是否泛紫光和蓝光。不泛蓝、紫光的是次墨，然后再看"漱金""填青"的真假、新旧；再次看墨的形式和花纹。如果不细致，显露出模型的木纹，不滑腻，不滋润，抚摸不是轻飘飘，而是粗糙的感觉，一定是粗制滥造的或偷工减料的次品。

鉴别墨的真假，归纳如下几点要素：

1．本色：墨的本色不加任何修饰，仅加蓝金。

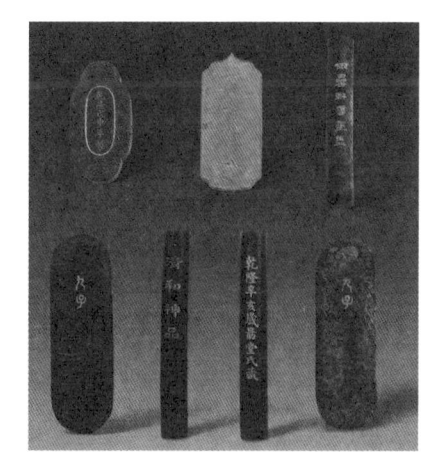

墨的图案及形式

2．绘图：墨的图案清晰，不露木纹痕迹。

3．漆衣：墨身上有一层漆皮，是明代制墨家方于鲁发明的，程君房学之。漆衣能保护墨。鉴别时须看漆皮有细断纹，如古琴漆皮的裂纹。

4．漱金：即洒金，但受潮后能变旧。漆金在明天启、崇祯时较为盛行，均不易辨。

5．漆边：也是断代的依据，六面漆边的是明墨，一面或两面有漆边的是清墨。

（五）造墨的种类

1．古代制墨大致可分：

贡墨：所谓贡墨，即为皇帝造的墨，钦差每年三贡。即"春、万寿、年贡"。贡墨又分三品：①无款墨，如"如被四表""太平雨露"；②臣字款；③双臣字款。双臣字款最好，单臣字款次之，无款墨者最次。

2．御墨：有两种：①为内府墨，如"内殿轻煤"；②曹素功的御墨。

3．自制墨：专为文人、画家及官吏的自制墨（一般都是定做的）。

4．珍玩墨：如各种艺术墨，把玩收藏，不轻易使用。

5．礼品墨：用料较差，如八仙寿屏墨、嫁妆墨、九子图、百子图、手卷墨。"文革"前几元钱一份。现在一份乾嘉手卷墨拍卖上万元。

三、笔

笔是写字画画的用具，而毛笔是我国一种独特的传统书写绘画工具，起源很早。1954年湖南长沙左家乡山木椁墓，发现战国时期楚国毛笔一支，笔杆是竹制，笔尖用兔剪毛包扎在竹竿外围，裹以麻线，涂漆，笔锋坚挺，是书写竹木简牍的良好工具。这是我国目前发现最早的毛笔实物。秦代毛笔制法是将笔杆一端镂空成毛腔，将笔毛置入腔内，与现代制法基本相同。东晋时，安徽宣州陈氏之毛笔，

各种毛笔

为王羲之等人推崇。唐代时期,是我国书法鼎盛时期,制笔业也随之发达起来,以诸葛笔最为著名,有记载:"笔工诸葛高,安徽宣城人,制笔不用毫,不分心副,而是用一种或两种兽毫参差散立扎成,硬软适人手,百管不差一,能做到尖、齐、圆、健四德具备。冯应科、陆文宝善制毛笔,当地人也学他们作笔,越制越精,久而湖笔驰名于世,成为明清时期制笔中心。"

清乾隆年间,湖州来京在琉璃厂开设贺莲青、鄣文泰等毛笔店。民国年间,湖州人戴月轩开设戴月轩笔铺,制作精湛的毛笔,技艺流传至今。

戴月轩,名斌,浙江省湖州市善琏镇人。自幼学制湖笔技艺。年轻时来京,在琉璃厂贺莲青笔社学徒,后自立门户开戴月轩湖笔店。其制作的毛笔至今仍保持传统湖笔的尖、齐、圆、健四大特点。尖,就是笔尖要尖;圆,就是笔体要圆,健就是笔锋要健;齐,就是在笔尖上蘸一点水,使笔尖的毛全部散开,如果齐刷刷的才算合格。如若不齐就要用刀修齐或去掉不齐的毛,如若不去掉写出来的字容易出叉。戴月轩湖笔质量要求严格,故而畅销国内外,深受书画家青睐。

四、砚

砚台,研磨用具。汉刘熙《释名·释书契》:"砚,研也,研磨使和濡也。"许慎《说文》:"砚,石滑也。"我国自古就把砚解释为研磨工具。制砚历史久远。古砚用材有铁、铜、银、石、瓦、陶、泥、玉、漆等制成。品种繁杂,装饰各异。随历史的演进形制也各具特色,富有时代气息。现产地以广东肇庆、安徽、甘肃、宁夏、山东、河南、河北等地为主,都具有石质细腻、雕刻精美、发墨快、不损笔、不易干涸和易于洗涤等优点。艺人因材施艺,充分利用砚石的各种天然形态,色泽纹理,透明石眼,巧于雕成各式砚台,风格清隽高雅,堪称文房之宝。

我国历来注重用端石、歙石为砚之石料。此外还有紫金石、金星石、红丝石、菊花石、易州石、乌金石、灵岩石、绿石等，石料颇多，但以端石、歙石最佳。

端砚，中国四大名砚之一。产于广东肇庆市，肇庆古称端州，故名。创始于唐武德年间。其石质优良、细腻、滋润，具有发墨不损毫、呵气可研磨的特色。端石天然生成的花式很多，成为石品。常见的有鱼脑冻、青花、蕉白、天青、火捺、胭脂晕、猪肝冻、金星线、冰纹，以及透明晶莹的石眼等。所谓石眼，细润有神，犹如鸟兽的眼睛，有鹦哥眼、鸲鹆眼、鹩哥眼、雀眼、鸡翁眼、猫眼、绿豆眼等等。眼的名称和实物形状相似。这些石眼中又分为活眼、死眼和泪眼。圆晕相重，黄黑相间，黑睛在内，晶莹可爱者，谓之活眼；四磅浸渍不甚鲜明者，谓之泪眼。形体略具，内外皆白，殊无光彩者，谓之死眼。故石眼亦是鉴别端砚石品高低的主要标志之一。清潘来《端石砚赋》说："端砚人惟至灵，及生双瞳，石亦有眼，巧出天工。"端砚制作主要分采石、维料、制璞、雕刻、配合打磨等工序。量材施光，因材构图，量材、立意、布局造型、刀法、刀路等选择和确定都须经反复推敲。我国自唐代以来历代皆有雕刻石砚的能工巧匠，他们根据石质自身的色泽纹理、形状而加工刻制。造型古朴大方，端庄自然，样式种类繁多，有履式、簸箕式、斗篷式、圭式、蝉式、琴式、风字式、手抄式、门字式、云龙式、素砖式、籽砚等等。有的石砚刻有铭文，诗文并茂，书法精美而耐人寻味。

收藏古砚者历代皆有，古代有百砚阁、万砚阁。现代人田家英有"十砚斋"，收藏有10方汪士慎、翁方纲等名人刻铭的端砚而得名。

端砚素以细腻柔润而著称，一方好的端砚，用手抚摸如同孩儿脸一般柔润，叩之木声，将墨研之如同热锅涂蜡，形容下墨快而不易损砚。

歙砚，中国四大名砚之一。安徽省歙县地处黄山南麓，历史悠久，名人辈出，景色秀丽，素有"东南邹鲁""文物之邦"之称。著名的歙砚产地歙州婺源县（现江西省），创始于唐开元（713—741年）至南唐李后主推崇"龙尾歙砚为天下冠"，并任李少微为砚官，专管砚务，从此歙砚闻名遐迩。宋代书画家米芾在《砚史》

端砚

马尾歙砚

元大都出土的紫金石砚及铭文拓片

中对歙砚的特点概括为:"金星宋砚,其质坚丽,呵气生云,贮水不涸,墨书于纸,艳丽夺目,数十年后,光泽如初。"歙砚的纹理很多,如龙尾纹、马尾纹、金星、金晕、银星、银晕、眉毛纹等等,砚工们根据石料的星晕纹理因石取势,设计各种砚式,雕出优美图案,如二龙戏珠、海水江崖、龙麟月砚、荷叶青蛙等精美佳作。

1972年,西直门内明清北城墙基下后英房元代居住遗址出土一方紫金石砚,背部铭文曰:"此琅琊紫金石所不易得□□□墨在诸石,皆以为端也",落款"元章"。考《宋史·米芾传》云:"米芾,字元章,吴人也,以母侍宣仁后,藩邸旧恩辅三含光历知雍丘县涟水军,太常博士、知无为军,召为书画学博士赐对便殿。"可知米元章应为宋代书法家米芾。传说此方石砚原为苏东坡心爱之物,苏东坡要去世时,嘱其子将此砚入棺,米元章认为此乃阳间之物,不能带到阴间,故从苏东坡(苏子瞻)那里得到此砚。按米元章《宝晋英光集》卷八记载:"吾老年方得琅琊紫金石砚与余家所收右军砚无异,人间第一品也。端歙皆出其下,新得右军紫金砚石,力疾书数日也。吾不来斯不复用此石矣。"证明米元章得此砚后也非常珍爱它。此砚出土后,我当年请诸多专家过眼,书画鉴定专家徐邦达先生认为是真品无疑,启功老先生认为宋式砚无疑,但款识是元代人伪刻。当时国家文物局王冶秋局长说:"我认为它应当是真品。"此砚铭文在1972年《考古》第1期《北京后英房元代居住遗址》就已发表,至今尚无评论。

印的由来及发展过程

一、印的名称起源

印,就是今天通称的图章,它有着相当悠久的历史。印的由来是和我国的文字创始和演变分不开的。考古资料表明,从殷墟发现的甲骨文来推断,估计早在殷商以前就已经创造了文字。出土的龟甲兽骨的文字,全部是用刀刻出来的,刀锋笔画非常锋锐遒劲,从而可以知道大约在三四千年以前,我们的祖先就掌握了"刻字"的技巧了。

从史书资料中最早记载有关印玺的《周书》曰:"三易放桀大会祝诸侯,取玺置天子之座。"《周礼·玺节》,郑注云:"玺节者,今之印章也。"按许慎《说文》云:"印,执政所持信也。"徐锴曰:"从爪手以持信也。"正宏曰:"秦以前民皆以金玉为印,龙虎钮惟其所好……"玺就是印的最早名称,证明两千年以前我国就有了印的制度。

据《淮南子》记载:"鲁君召子贡,授以大将军印。"这说明在古代社会中"印"有官印和私印之分。官印又按照级别职位不同而制定一整套规格制度。秦统一六国以后，官印制度就更加明确了。秦以来天子独以印称玺，独又以玉，群臣莫敢用也，七雄之时臣下玺始称曰"印"。汉代又以将军、太守所用的印称"章"，所以章也是印的别称。

唐朝太宗改天子之玺为"宝"，臣以下称"印"或"记"，在私印中有斋、堂、阁、馆的收藏印，称为图书或图记。这就是一直到现在通称印为图章的来源。

二、印的发展过程及其流派概况

古代刻印字"㊞"，就是画人的一只手，拿着个竹节的意思。"节"是古人用它作为一个"信物"（就是现在的证件一样），据说最早的节是把一根竹节劈为两半，双方各拿一半以两半能够符合作为凭信。后来发展为铜质虎符，两人各执一半，以合上为凭证。"印"就是"信"的意思，所以古时的官印主要是带在身上，如同现在的证件一样，作为证明身份用的。另一个用途就是作为封检用的。近代发现的"封泥"就是古玺印的遗迹。

什么叫"封泥"呢？在我国上古时代，没有纸、笔，记载什么事都是用竹枝蘸着漆把字写在竹片上，称为"简牍"，又叫"竹简"。因为简牍都是一片一片的，为了避免散乱，就要用绳子穿起来。在互相传递这种竹简时，要用胶泥把绳扣密封住，并在胶泥上按下"玺印"的印，防止中途被人打开，就好像我们用火漆来封检信札等物一样。《释书》云："玺，徙也，封物使可徙而不可发也。"就是这个意思。"封泥"可以说是使用盖印的开端。

汉朝时由于纺织手工业有了进一步发展，和帝时蔡伦又发明了造纸，缣帛楮纸逐渐代替了竹简，而印的使用办法也随之有了改变，用"濡朱"来盖印。"朱"就是把印文染成红色，盖在纸上，我们将这种印文叫作水印。

隋唐时期文艺盛兴，唐代宗以"贞观"年号的联珠印盖在其所收藏的书画上。

汉代瓦纽印

九叠文铜印

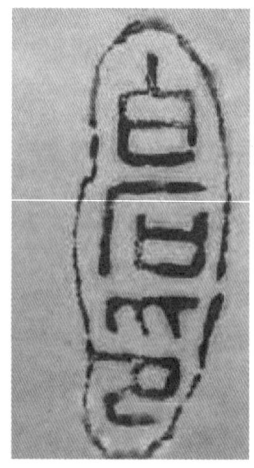

白石印

又李泌制有"端居室"的玉印。开展了斋、馆名称入印和收藏的先河。后来范围逐渐扩大，又产生了别的号印、词句印（闲章）等等。如王阳明"阳明山人"、石涛的"靖江后人"、方士庶的"偶然捡的"等都属于这一类。

宋元时期印的使用更加广泛了，又与书画紧密结合起来，一些书画家在自己的书画上钤印已成习惯。由于宋徽宗编辑了《宣和印谱》，更加引起文人对印的重视。文人自己刻印也一天天多起来了，如赵孟頫等。

自从王冕以花乳石自刻印章开始，文征明、文寿承、唐寅等大书画家几乎都能够自己刻印。篆刻这门艺术到了这时候几乎成了书画家的一种能事了，并形成一种流派。具有代表性的有"文明三桥""何雪渔文"为"文何派"（又称徽派），其继承者有苏宣、舍一甫、程原、程扑、程邃巴、慰祖、胡长庚、汪肇龙、董询、王振声等人。又有宋比玉以汉隶入印，称"莆田派"，亦称"闽派"。

到了清代，以丁敬、黄晓松为首，改文何派之矫揉造作，直追秦汉，称为丁黄派，又称浙派。其继承者有蒋仁、陈豫钟、陈鸿寿、钱松、赵之琛等等，又号称"西泠八家"。

以安徽邓石如（完白）为首的治印者，变秦汉印的风貌自成一派，称邓派，又称"皖派"，其继承者有包世臣、吴熙载、徐三庚等人。同时又有赵之谦等人另具一格，风靡一时。清末，吴昌硕治印艺术精深，堪为印坛之巨匠。

现代的齐白石治印融汇秦汉篆法，自出心裁，别树一帜，学习他的人很多。

以上就是印的发展简单过程。

三、印泥的制作与鉴定

印泥是在封泥盖章而得来的名词。战国以后、西汉初期在捆扎的竹简上用胶泥把绳扣密封住，盖上印章称"封泥"。书简用青泥，诏书用紫泥，登封玉折用金泥。

一般所称"八宝印泥",是指天子印玺有八种,即传国神宝、受命宝、皇帝三宝、天子三宝,总称"八宝"。用八种名贵原料制作的印泥,称八宝印泥。同皇帝的八宝印玺相对称,故也指皇帝的八宝印泥。主要原料有八种:珍珠、天然红宝石、红珊瑚、麝香、朱砂、朱膘、冰片、赤金叶。

艾绒,也是制作印泥的一种主要原料。艾绒主要用江南生长的艾草,经漂洗剥皮、晾晒、分检等十多道工序,制作出的艾绒是雪白色,柔韧,富有弹性。

制作时将八种主要原料按精确配方研制,麝香要加入冰片单独研制。朱砂、红宝石、红珊瑚放入玛瑙乳钵里研磨。各种原料研成粉状后,按配方上的各自比例,放在一个瓷缸里。将艾绒也按八种原料的比例同时放入瓷缸,再用蓖麻油调制。印泥的等级与掺入蓖麻油的年限和重量有关,蓖麻油年限久远则印泥等级高。传说清秘阁开始制作八宝印泥时使用的是明代蓖麻油,民国初年,还存有清乾隆年间的蓖麻油。

因蓖麻油有不易挥发的特性,因而是调制八宝原料与艾绒的最佳原料。蓖麻油经沉淀后,配上多种中草药熬制,装入瓶中盖紧瓶口,不能透气。再经晾晒蓖麻油瓶,经数十年乃至一二百年,瓶内陈油浓度增加,油色变为透明体。陈油不走油,不跑色,富有弹性。把它用于印泥中,印泥则冬不凝,夏不干,打出的印色不扩散。至此将八宝原料和艾绒加入蓖麻油,放入瓷缸中,再经工人捶打,捶打时要看成色,再配料调整,并加入香油。经"千锤百炼",印泥才具有韧性、黏性、而且色泽鲜艳。制作完成后,还要装入密封的坛子里,搁置数年。搁置期间要定期"倒坛",使各种原料充分融合,才可装入小印盒中出售。

老琉璃厂魏长青先生从小就在琉璃厂学徒,他写得一手好颜体字,天安门广场"人民英雄纪念碑"背后的周恩来总理题辞,就是魏长青书写摹勒上石的。他治印,能刻吴昌硕体,但最擅长的还是制作"八宝印泥",在琉璃厂堪称一绝。他个人总结制作印泥十六字口诀秘不外传。如何选艾,如何洗艾,如何调入银朱

印泥调制

同时按一定的比例掺入玛瑙、珍珠粉末……这样长期精心制作的八宝印泥鲜红发亮，经久不褪色，百年不会变黑，红艳如初。而鉴定印泥时看其是不是八宝印泥，先在一张宣纸上盖上八宝印泥的印迹，在宣纸下用火烧，可见印泥由红变黑，待离开火后，印泥又变成红色。

古瓷窑遗址调查

隋唐五代时期，在农业经济繁荣的基础上，手工业有了很大的发展，生产规模也随之扩大，分工更加细致，技术不断发展改进。陶瓷业中发明了白瓷和著名的唐三彩，此外纺织品印染和金属铸造等手工业都有了许多新的发明和创造，这充分显示了手工业工人的智慧和创造才能。

宋元时期，烧瓷工业有了很大的发展，全国各地出现了许多新的瓷窑，如北方定窑、汝窑、磁州窑、钧窑，南方的景德镇窑、龙泉窑等都代表了这一时期烧瓷发展水平。

宋元时期，我国瓷器已远销日本、南洋和中亚各地，元末更远销到也门、摩洛哥等国。这说明我国与亚洲、非洲各国人民之间在经济文化交流上有着悠久的历史。

20世纪60年代中期至70年代，为配合城市地铁施工，在北京明清北城墙下发掘元代居住遗址十余处，出土器物以生活中常用的瓷器为主，有磁州窑、钧窑、龙泉窑及景德镇窑等，为解决元大都出土瓷器窑口烧造工艺断代等诸多问题，于1976年4月和1976年9月分两次与中国社会科学院考古研究所前往河南、湖南、江西、安徽、江苏、浙江等地考察古瓷窑址，现将窑址考察情况记述如下。

一、河南省古瓷窑址调查记略

1976年4月，有考古所李德金、关甲堃，山东省淄博硅酸盐研究所刘凯民和我，前往河南省古瓷窑址考察。临行前元大都考古队队长徐苹芳先生召集开会，谈了几点注意事项：1. 认真努力，虚心学习当地经验，找一些具有生产古代陶瓷性质的作坊，考察陶瓷制作的生产工序的原始性。2. 有关"运动"情况不谈。3. 逢州过县不要给当地政府添麻烦。而后4月8日出发到5月12日回京，历时35天，先后到郑州、临汝县、郏县、洛阳、新安县、鹤壁市、安阳市等地共调查古瓷窑遗址40余处，并在当地博物馆禹县陶瓷厂召开座谈会，了解现代制瓷工艺情况。这些活动大力促进我们对古代窑址及陶瓷生产程序的进一步了解。

（一）禹县八卦洞窑址概况

八卦洞（现名钧台），位于县城内北门。《钧州志》载："钧州，古豫州三河之境，黄河故墟也。"《史记·夏本纪》载："禹在此受封为夏伯。"禹的儿子启在此大享诸侯于钧台。汉代重建，唐代复修，今遗址为清光绪时期重修。台高丈二，中间券门上有隶书"古钧台"刻石，两旁刻有对联为"得名始于夏，怀古及登台"（《钧窑史话》）。北宋初，禹县以盛产钧瓷而闻名，并在此设有"官窑"，烧造宫廷用瓷，"钧窑"遂以古迹而得名。

该遗址规模宏大，东西长1100米，南北宽350米，总面积达30万平方米。1973年初正式发掘，发现窑炉11个，其结构为就地挖筑，四周为土壁，仅在窑门和烟囱口部垒砌小砖。大多窑门向北借助自然风力以加大炉温。窑的形式有圆形、马蹄形等，其中还有窑室呈横长方形，并列双乳状火膛，东火膛留有圆形气孔，西火膛留有窑门，上边留有方形烟囱，窑后壁留有三个出烟孔。这种结构的

宋钧窑洗

宋钧窑盘

宋钧窑玫瑰紫釉出戟尊

宋元瓷片

宋钧窑碗

宋钧窑碗

窑室在燃烧过程中可能利用氧化焰转还原焰时，对复杂的窑变釉有着特殊的功效。

出土瓷器种类繁多，造型别致，其早期作品接近汝瓷，胎壁较规整、细致，火候极高。胎作灰白色，釉色变化单一，如灰蓝色，接近天青、豆绿，釉光亮细腻，个别器物有小开片，棕眼稀疏。

具有代表性的作品以花盆为主，有葵花式、海棠式、六棱形、长方形，鼓钉洗也较为习见，成套的器皿在底部刻有一至十的数目，以此可将花盆或洗子由大到小而排列起来，从而打破近百年来文献记载"底有一二数目字号为记"或"有偶数者为贵"的传说。

其次有敛口尊、出戟尊、碗、盘、炉、钵及高足碗之类的造型，其特点胎壁较厚，大多在0.8—1.5厘米之间，造型端庄，胎质细密坚硬，胎色以灰白胎为主，其次有浅灰、深灰色两种。釉色浑厚，莹润光亮，呈现一种乳浊现象，以天青釉为主，另有月白、红紫相间、碧蓝、豆青等多彩绚丽的颜色。故古人形容其窑变颜色如"飞碧流火，色泽欲滴""夕阳紫翠忽成岚"。用窑变的颜色构成幻觉美妙的图案，是钧窑最大的成功之处。

（二）神垕镇钧窑产品特征

神垕是我国钧瓷之故乡，位于禹县西南60里的大刘山麓。据当地老人讲，附近二十多里皆产钧瓷，目前发现的窑址有刘家门、张庄（上白峪）、下白峪、杨岭砦、石屹尖、槐树湾、茶叶沟等处，其中主要窑址有：

1. 刘家门：采集标本有盘、碗、钵等造型较多，大部分为元代作品，胎质深灰色，致密，坚硬，略有杂质和气泡。釉色有天青色、月白色、蓝灰色，各种造型的盘、碗施釉均不到底。宋代作品仅见折沿小碟一种，胎质细密坚硬，呈黑灰色，釉呈墨绿色，较细腻，裹足釉。

2. 茶叶沟：只见盘、碗、钵、洗等日常生活器皿。胎质粗糙，较松软，胎色有红褐胎、灰胎、白胎三种，大部分胎坯属生烧。釉色泛绿或豆青色，天蓝色常见。釉细润,内有小气泡,底足不挂釉。其中较大型器物胎壁厚重,质地细密坚硬,釉色蓝灰色,粗糙有气泡。

3. 其他三处如屿沟、张庄(上白峪)、龙盔地,除屿沟窑生产的盘、碗、碟有早期裹足釉以外,其他三处均不见早期作品。胎质虽坚硬但很粗糙,内有砂粒,釉质也没有像屿沟那样细润柔和,较粗糙,内含气泡,带有石英斑(白点),无光泽。

(三)郏县烧造钧釉产品情况

郏县同禹县交界,窑址亦很多,其中以黄道窑、野猪沟、北朝岭三个窑址为最好,属省级文物保护单位。

1. 黄道窑:位于黄道乡翻身桥南100米,两岸均遗留有大批钧釉瓷片,从瓷片堆积看,属唐代至元代的遗物。唐代此地以烧白瓷为主,盘、碗均为平足或壁足,口沿卷唇式,胎质粗糙,内含杂质,但火候较高,大部分胎色为灰色或深灰色。另外也烧造四系黑釉蓝斑罐,即所谓的"唐钧"。其造型平底、圆腹,施黑釉,因火候关系产生一种窑变的蓝斑,外观呈乳浊状。它和后来发展的宋代钧窑有着一脉相承的关系。

2. 野猪沟窑,宋代始烧青瓷,并创烧窑变釉,以红、紫斑为最佳。在遗址中未见到早期瓷片,只采集到元代器物,以盘、碗为主,另外有香炉、小口径瓶等。胎质坚硬、致密,略有杂质。胎色有深灰色、灰白色、白色三种。釉色以深蓝、天蓝、天青、月白色为主,施半截釉较厚,垂如蜡泪。

(四)新安县窑址分布情况及产品特征

新安县位于洛阳西,窑址大部分集中在县西北隅,以元代窑址为最多,如北冶、大石头沟、上弧灯、下弧灯、下寺等处。它们共同的特点:造型以盘、碗居多,胎色有黑灰色、灰白色、白色、黄褐色等。胎质较硬,内含杂质较多。碗的底足外撇,中心较薄,削旋较规整,因旋刀角度关系,底足中心凸起尖状乳突。

制作熟练，与其大量生产有一定关系。釉色以天青色为主，另有天蓝、豆青、蓝紫相间等不同色调，质地细腻莹润，因过烧的红釉与天空的红霞一般，非常艳丽，不论造型或施釉的质量皆属上乘，但远不及神垕一带的佳品。

（五）鹤壁集钧釉窑址概况

鹤壁集今称鹤壁市，位于河南省的西北部，西依太行山，周山环抱，有汤河、淇河由西向东穿过。而早期鹤壁集在汤阴县城西北五十里，是汤阴西乡一个大镇，镇西门外不远有柏灵桥，此处原立有"德应侯碑"，刻于清乾隆三十七年。碑文大意内容："柏灵桥者何？指柏灵而言也。柏灵翁者何也，我汤邑尊也，后封为德应侯。其父兄子侄皆世历显宦，晓风气，识土情，游览斯地，知其下有五色土焉可以陶……邑西之人借以养生者不啻数万家，因为庙以祀亡，年久倾圮，重修者再复崩，且留碑记……"从碑文记载可以得知，当时窑场盛况，以烧窑为生者以万家计。现在柏灵桥下是一条干涸的河，由北往南及西北，有陈家庄、曹家庄、龙家庄、李家庄、邓家庄等几个村子毗邻相连。村口、道边及沟崖到处散落瓷片，俯首即是。这里以烧白瓷为主，其次为白地黑花瓷和钧窑瓷。如陈家庄窑生产的钧瓷，其早期作品胎质致密，坚硬，色呈灰白，天蓝釉细腻而莹润。晚期作品，胎质粗糙，白胎，釉面蓝而无光，气孔较多。

鹤壁市以烧钧釉为主的窑址有以下几处：

1. 崔村窑：位于鹤壁市西北16里，属宋元遗址。产品只见盘、碗、碟等生活日用品，胎质黑灰色，较坚硬，内含杂质，气泡较多。釉以天蓝色为主，釉面光亮，但有气泡。

2. 龙卧村：距鹤壁市西北12里，属宋元遗址，其造型仅见瓶、碗、钵等器皿，胎质细密，坚硬，胎色灰白，釉色以天蓝色为主，釉面光润细腻。

3. 沙锅窑村：距鹤壁市西北15里。其宋代产品胎质致密坚硬，胎色有灰色、灰白色、黄褐色。底足裹釉，釉面呈乳浊状，蓝中发灰。元代产品制法粗糙，施釉不到底，胎内含杂质和小气孔，釉色以天蓝色为主，浅灰釉、月白釉亦有之，釉面玻璃感较强，内有气泡。

4．南寺湾：位于鹤壁市南3里。属于五代、宋元遗址。五代时期以烧造白瓷为主，灰白胎坚硬致密，釉面白而粗糙。盘、碗等产品皆为敞口平底。宋代产品极少。元代以烧钧瓷为主。胎质坚硬，内含有极细的黑沙，故呈灰白色。釉色有天青、月白、玫瑰紫、豆青、深蓝、天蓝、灰蓝等釉。釉质粗糙不到底，内含气泡。所见盘、碗底足外撇成八字形，但中间削旋较平，没有乳突。

5．大屿：位于鹤壁市西南8里，属宋元遗址。早期产品胎质细密，釉质莹润而光亮。以盘、碗、钵、碟等生活日用品居多。晚期产品胎质有黑灰色、灰白色，内含杂质较多。釉以青釉为主，其次有豆青、墨绿、玫瑰紫等色，外观呈乳浊状。大多器物施釉较厚，釉到底部垂如蜡泪。

（六）安阳地区瓷窑遗址情况

安阳市西南有南善应、北善应。此地有小南海，在小南海岸边有楼上坡遗址，长达50余米的瓷片堆积暴露在岸边。以盘、碗、钵、洗等生活器皿居多。早期产品很少见，大多是元代作品。胎以白色为主，其次为黄褐色或黄白色，胎质疏松粗糙，内含杂质较多。胎坯厚重，施釉较薄。釉色有天青、天蓝、豆青、灰青、月白等釉，个别瓷片釉质细腻，玻璃感较强。

结语

综合上述各窑特点，使我们对钧瓷产品有了大概的了解。钧瓷源出于青瓷。早在奴隶社会的商周时期我国就已经始烧原始青瓷了。发展到唐代，制瓷工匠在釉药中加入锰、钛等化合物，使之还原变成白地蓝斑，俗称"唐钧"。产品虽不多见，但也应为我国花釉瓷的萌芽时期。到了宋代，这种做法被匠师所吸收，在青瓷釉中加入铜的成分，利用窑内气氛使氧化铜还原。由于胶体铜分布在青釉中与氧化铁及含有磷酸、硅酸的化合物结合，它的乳浊性和较大的流动性，不易烧成纯还原铜，故产生了红、黄、绿、紫、青甚至月白诸色错综掩映、流纹千变万化的铜红系窑变釉。根据上述诸色所占比例的不同，又有玫瑰紫、海棠红、鸡血红、鳝鱼红、月白、天蓝及千变万化的色彩，这便是钧瓷固有的特色。有时釉面在烧窑过程中在低温时发生裂纹，经高温时釉药溶融又流入空隙填补裂纹而形成蚯蚓走泥纹，更是钧窑的另一个特点。

宋代钧窑盛产花盆、钵、洗、尊等大型器皿，造型端庄浑厚，胎质细致、坚固，大型器底有细小支钉，釉厚莹润而细腻，周身满釉，颜色绚丽，不用花纹装饰，而是通过窑变反映出釉调色彩，犹如自然风景构成一幅神奇的图画，如朝阳初升之时照耀山中云雾，红里透紫，紫里有青，青里显白，其色调变化无穷，引人入胜。

公元 1126 年靖康之变，宋室南迁，随之带走大批北方各种手工艺工匠，从此宋钧一蹶不振。但在宋钧盛名影响之下，民间于战乱之后为了生活，各地借宋钧之名恢复了钧瓷原始时期的青器——元钧。与宋钧相比大为逊色，偶尔也见有带红紫斑一类的瓷片，是有意识在青釉下涂一块红铜釉，烧出后虽呈玫瑰色，但不能晕满全身，更没有像宋钧那样绚丽多彩的窑变颜色。有人对元钧的天青釉和紫斑进行化学分析表明，这两种釉色化学成分除 CuO 完全相同外，紫釉的 CuO 含量占 0.33%，而青釉则仅占 0.098%，这也说明钧釉紫斑是有意识涂上去的。如此一类的钧窑遗址仅禹县境内就有 96 处之多，至于临汝、郏县、登封、宝丰以及洛阳以西的新安县，黄河以北的汤阴、鹤壁、安阳等地相类似的瓷片相当普遍。此种元钧大都是就地取材和比较简单的釉料配方制成。故胎壁较厚，笨重粗糙，内含杂质较多。烧成后胎内有夹砂或气孔现象，胎色有灰色、深灰色，火候不足者呈白色、黄白色、黄色、黄褐色、橙黄色，制品大部分以生活器皿为主，如盘、碗、碟、洗、钵、缸之类的器物较多。施釉薄厚取决于上釉技术和胎坯的强度，一般说元钧釉厚，施釉两三遍，烧成后大多釉垂如蜡泪。有时造成釉内含气泡较多，或有没烧透的石英砂等化合物遗留在釉内形成的斑点。更由于炉温掌握的不同，时而因温度不足或温差不一，使之釉面显蓝灰、青灰、豆青、灰绿或烟熏发黑等色调。虽有天青、天蓝、月白、紫红斑等釉色，但极艳丽、细腻、莹润的已不多见。制法上元钧与宋钧也有截然不同的区别，宋钧多采用支烧满釉、器底遗有细小支钉。元钧则采用叠烧，器外施半截釉。器壁修饰不甚规整，底足削旋时由于刀具斜放底足中间，往往突出乳突，足里外撇，底心较薄，是元代钧窑突出的特点。

二、湖南长沙窑、江西景德镇湖田窑

1976年9月中旬，再次为解决元大都出土众多瓷片的窑口问题，由中国社会科学院考古研究所李德金、关甲堃和原北京市文物管理处赵光林、马希桂、黄秀纯组成联合考察队，前往湖南省长沙，江西省南昌、景德镇、吉州，安徽省繁昌，上海，南京，浙江省龙泉，山东省淄博。此次重点调查江西省景德镇和浙江省龙泉窑。

9月18日到达湖南省，参观了省博物馆，该博物馆瓷器展出主要以长沙窑为主。窑址在长沙铜官镇及书堂乡石渚瓦渣坪一带。属唐五代时期。品种有碗、碟、杯、钵、洗、瓶、壶、罐及玩具等。以青釉为主，兼少量黄褐釉、酱釉、白釉、绿釉器。青釉器有素面及釉下彩绘，是以铁、铜为着色剂描绘釉下彩纹饰。如人物、山水、花鸟、走兽、游鱼等。还有题诗、谚语、警句等。大多写在壶的腹部，少量的碗、碟里心及枕面，字体为楷书和行书。此外尚有贴花和印花的装饰。盘、碗等圆器均采用叠烧。

9月20日到江西省并参观了省博物馆，由馆长彭士凡负责接待。其馆藏瓷器不多。早期瓷以青瓷为主，宋以后有影青，龙泉窑、吉州窑产品。其中影青作品与北方定窑覆烧盘、碗造型相同。可以证明北宋南迁后，定窑瓷工南逃影响了景德镇，故早期影青圆形器均为芒口。吉州窑具有典型的民间风格，剪纸贴花是其主要特点，另外有天目瓷、玳瑁斑、黑白花瓷，不如河北省磁州窑色彩明朗。

青花是景德镇主要产品，但省博物馆藏品不多。元代作品只有2件。梅瓶色暗淡模糊，绘双龙纹不清楚。双耳瓶其造型和玉壶春瓶一样，但肩部有双耳。

以上是20世纪80年代江西省博物馆陈列大致情况。

9月22日，今天是我31周岁的生日，恰逢在景德镇度过，同志们听说是我的生日，也非常高兴，大家在饭馆吃面条表示祝贺。而对于我来说，第一次来到祖国的瓷都（据说英文 China 是中国"瓷器"的发音），亲自感受到在瓷都内人们生活的气氛。这里大街小巷到处堆放着瓷器，一条小小的瓷巷里有 80% 的住户是制瓷业，其余 20% 的人家也和瓷业有关，有的拉运砖坯或瓷土。这里的小孩儿从 4 岁开始就会磕模制坯，当然磕出来的泥模大多是小孩儿玩具。最小的 9 岁开始到工厂当童工，11—12 岁开始学习在瓷面上画画。当地人讲孩子小手腕灵活好学，大了手腕死板就学不出来了。当年景德镇陶瓷厂用童工最多，从打模灌浆、晾坯，到画瓷，多为童工操作。就是拉砖坯的重体力工作，也是父母在前面驾辕，后面有个娃娃在推车，此情此景随处可见。从这里的房屋建筑就可以看出，生活好一些的用砖瓦，一般贫困人家均使用废弃的匣钵砌墙，屋顶用石板覆盖。大街上可以看到用匣钵垒砌而堆放木柴的大屋顶。他们把木柴切割成 50 厘米左右，然后码放成垛，以备烧窑。

在市区内可以看到堆放如山的废弃匣钵和瓷片，在景德镇处理匣钵是一件头疼的事，因为匣钵是一次性的，出窑后匣钵就废弃扔掉，故有的匣钵山最早可以到五代时期，可见景德镇瓷工业历史悠久。

我们到景德镇的目的主要考察青花瓷和景德镇湖田窑及烧瓷工艺流程等。当时由于经济条件限制，大批的遗址并未发掘，所以青花瓷不多，特别是元青花更少。我们在景德镇陶瓷研究所刘新园所长陪同下，参观了湖田窑遗址。

湖田窑距景德镇西南 8 华里。据介绍，这里并不是最好的瓷窑，最好的窑是景德镇窑。另外参观了景德镇东南 10 华里的黄泥头窑址、景德镇正南 10 里左右杨梅亭窑址，其次有刘家务、姚岭上、望石坞、豪猪岭、琵琶山等，其中，湖田窑最具有代表性。

（一）湖田窑

湖田窑以烧青白瓷而著称。所谓青白瓷，是指白中泛青，青中透白，介于青

湖田窑青白瓷观音

湖田窑青白瓷高足碗

湖田窑青白瓷玉壶春瓶

白之间的瓷器。它是利用釉内少量铁成分在还原焰气氛中烧成的。又因其胎白而薄，在阳光下能透出器物后的手影，所以又有影青或映青之称谓。其窑址在景德镇湖田村。自五代时期仿烧越窑青瓷，器型有碗、盘、瓜棱壶等。浅灰胎，釉质青中闪灰。盘碗内心有密集的瓜子形支钉痕。

北宋时期，湖田窑主要生产白瓷。其早期釉色白中闪青，玻璃质较强，光亮，多素面无纹，少量的简单草率之纹饰。器型有钵、瓜棱壶、盏托、瓶、碗、盒等。北宋中期的产品釉色淡青，明亮细润。装饰手法以刻为主，纹饰清晰流畅，常见的有牡丹、莲花、流云、水波纹等，器型种类增多，有碗、盘、壶、盏托、炉、执壶、瓶、盒、枕、魂瓶、塑像等。

碗的器型是斗笠碗（斜壁碗），敞口，腹斜直内收小圈足。盘是敞口，浅腹坦底大圈足。碗的圈足厚近乎实足，只有极细的一圈，这时期的装烧方法是用垫饼支烧法，因垫饼含有大量的铁分，致使圈足内有黑褐色铁斑痕迹。

北宋晚期，开始仿定窑覆烧法，盘碗口沿无釉，底足满釉。器壁薄而不变形。

南宋时，湖田窑青白瓷不如北宋晚期质量高。胎不够细密，有缝隙、小孔或有杂质。釉的颜色比北宋略浓。装饰手法刻、划、印纹均有。印纹层次增多，繁缛华丽，非常清晰，划、刻纹草率。常见纹饰有莲花、荷花、牡丹、游鱼、芦雁、飞凤、婴戏纹等。主要器型有盘、碗、盒、壶、炉、水注、罐、贯耳瓶、枕、塑像等。

元代湖田窑以烧枢府釉为主。

湖田窑烧成工艺可分原料、成型、装烧三大流程。

1. 原料

景德镇的瓷器之所以名贵，是与原料有关。它是用高岭土、瓷石粉碎后烧成的。所谓高岭土，产自浮梁东乡高岭山，是最好的烧瓷原料，因此中外陶瓷业把这类瓷土都叫"高岭"（kaylin），即凡是三氧化二铝占39%以上的均叫高岭土。景德镇自元代才开始使用高岭土，采用二元配方，因高岭土到1350℃才发硬，而瓷石到1150℃就变形,所以在瓷石中加高岭土,烧的幅度宽,瓷胎是半透明状。

2. 成型

瓷器和陶器相似,但可塑性不如陶器,因此成型比较慢。北宋后期瓷器成型先在旋盘上拉出毛坯,干后再用刀子进行利坯,叫"干坯定型"。与过去"湿坯定型"不同,烧出来的坯子不软化,不收缩,也不会变形,这是制瓷工业重大改革。

3. 装烧

瓷器的烧成和窑有关,最早是小窑(土窑),以后发展为龙窑、阶级窑,呈斜坡状,前面放置小件器物,后面放大件器物。火力逐渐后移。景德镇的窑大多为半圆形半倒焰窑。前有小门,烟道设在窑底,抽力大,使火力灌满全窑。

(1)烧成气氛分还原焰和氧化焰

北方瓷器用氧化焰,南方瓷器用还原焰。还原焰分三个阶段:①预热,使窑内湿度及坯内水分蒸发;②升温,加大火力,增加燃料,充分燃烧使火变白;③烧成,还原焰在烧成阶段窑内乌烟瘴气,燃料不能充分燃烧,窑内的气氛决定瓷器的釉色。由于器物放置的位置不同,使器物受热也不同,故釉色也不尽相同。

(2)湖田窑的窑具

①垫柱:五代时采用,是湖田窑早期使用的窑具。因窑底温度低,把胎坯垫高好烧。垫柱是用耐火度高的高岭土,搓成泥条,然后垫在碗坯的底部,缺点不能摞烧太多。窑室也不高。最多一柱烧14—17件,而且碗底遗留有疤痕,圈足也不干净。

②匣钵:北宋时期采用,耐火土先做匣钵,然后装瓷坯,在放瓷坯前先放一个用泥制的垫饼。优点是把匣钵里的器物垫高一些,使器物受热均匀,成品率高。

③垫钵:北宋晚期—南宋初期湖田窑发明覆烧。垫钵只起一次作用。烧成后口沿有毛边,缺点只能烧由大到小的产品,不能规格一致。

④垫圈:河北定窑发明。景德镇学定窑的,不用匣钵,是生坯垫圈,可烧规格一致的产品,也是覆烧,口沿有毛边现象。

⑤元代枢府窑碗底垫沙。

⑥垫饼：明代又开始使用垫饼，但垫饼大而薄，在垫饼下垫沙。

（3）湖田窑碗的造型

从工艺看，碗分两种造型：一种是斜壁碗，一种是弧形碗，两种碗均为圈足。唐—五代时期的圈足厚，口沿部分是湿坯定型，五代时期口沿卷边，撑口泥挂在外边，宋以后挂在内壁，当时工艺上做不了薄口沿，会变形。后来做葵瓣碗就是为了掩饰口沿变形的问题，在艺术上也显得华丽漂亮。五代时期采用叠烧办法，因此碗壁厚，底大，也是当时生产技术的标志。

北宋初至中期，此时使用干坯定型。装烧技术的提高决定这一时期的碗壁薄，底厚。口沿流线形，足径小。口沿和底径的比例小了，更显协调好看。碗壁垂直，不外撇。北宋后期采用覆烧，圈足矮，底薄，口沿出现毛边。经二次刮削，内外不一样宽。南宋时期也用覆烧或垫烧，口沿毛边用人字形刀一次刮削，故内外宽度相同。碗的圈足小，底厚，使之重心更加稳定。

元代仍然采用覆烧法，腹壁外撇。枢府折腰碗底部有凸尖，是元代典型特点。圈足边厚，下边垫沙。

明代又使用匣钵装烧，故碗的造型更加美观。碗足是过肩挖走，圈足内的深度高过外壁的弧度。圈足内挂釉，足壁薄，底内收为"内八字"。

釉：釉是有草木灰、石灰石、高岭土搅拌成一种玻璃质而成"釉"。五代时湖田窑使用两种釉：青釉和白釉，二者配方是一样的。青釉施在黑胎上，与越窑难以区别。由于选择泥土不佳，淘洗技术不高，烧成后呈青色。白釉施在白胎上，而且淘洗的较为精致，五代时白釉显灰色，宋代白釉呈艾叶青。大观年间开始加铜，出现了红色釉，铜釉发挥快。到了元代，枢府釉呈乳浊状，元代釉中石灰石减少了，瓷石加多，窑室的温度高，釉的黏度大，烧成范围也宽，因此枢府窑底部烧黑釉瓷。明代全部烧白釉瓷，温度低处呈影青釉，似宋瓷。

三、调查吉州窑

吉州窑位于吉安市南8里永和镇。隋唐—宋古称吉州，故称吉州窑，又叫永和窑。它创始于唐代，盛烧于宋代，至元代衰落停产了。

唐代始烧青瓷，宋代烧青瓷，南宋时烧玳瑁斑、鹧鸪斑、剪纸贴花、木叶纹等画釉瓷器。其中以黑釉瓷居多，是这个窑最具有代表性的产品。①玳瑁斑，即在黑釉上涂洒一块块黄褐色斑片，类似海龟背壳的花纹，为一次性高温烧成的。②鹧鸪斑，因纹饰和鹧鸪鸟胸前的羽毛相似而得名，类似兔毫或油滴，圆点周边有细条状丝缕，丝缕除了白色外，也有蓝色的窑变，非常美丽。③剪纸贴花，为南宋吉州窑常见的装饰品种。其做法是在上过釉的坯体上敷以剪纸纹样，再次施釉后揭去剪纸，显出纹样，常见的纹饰有折枝梅、团梅、飞凤等。还有"长命富贵""金玉满堂"等吉祥文字。④木叶纹，亦是南宋吉州窑独有的装饰方法之一，工艺和剪纸贴花异曲同工。其方法是将经过特殊处理的树叶蘸浅色釉贴在施过黑釉的胎体上入窑烧成的。⑤黑釉剔花，即在上过釉的胎体上剔出纹饰。

吉州窑黑釉瓷以碗、盏为多，一般直口深腹，挖足过肩，露出黄褐色胎，质地疏松。

9月29日晚7点，离开江西从九江乘船顺长江而下去芜湖参观繁昌窑。该船是夜航，本应在第二天凌晨6点左右到达，但夜间雾大，中途停船4个小时，结果30日上午10点才到芜湖码头。下船后我们一行找到当地文管会。由于是9月30日，大多干部都放假，只有办公室负责人给我们联系芜湖华侨宾馆。从文管会出来已经是下午2点了。1976年是打倒"四人帮"第一年，当地政府10月1日搞庆祝活动，但从9月30日下午街上人就很多了，一些扭秧歌的、舞龙的、踩高跷的、耍狮子的、小车会、跑旱船的等等。我们一行人随着人群走走蹓

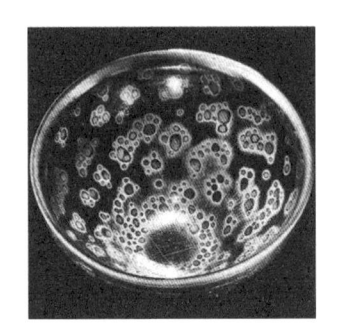

吉州窑鹧鸪斑瓷碗

吉州窑执壶

吉州窑罐

蹭，边走边欣赏。走到码头广场后，有人提议乘公交车。等了一个多小时，好容易来了一辆车，车上人很多，赵光林、马希桂、关甲堃、李德金挤上去了。我和蒋忠义没上去车，我们只好等下辆。其实广场到宾馆只有两站地，我建议走着去宾馆，蒋忠义说："要走，你一个人走，我等车。"于是我又等了一会儿，决定一个人走了。这一走，我也后悔了。第一，路不熟。第二，街上人很多。第三，芜湖市中心是围绕当地境泊湖建设的，因此公路、房屋等设施都不是正南正北，而是随弯就弯。另外天也黑下来了，我越走越远，说是两站地，我已经走了一个多小时，还没有到，而且越来越荒凉，我觉得马路两旁连房屋都没有了。仔细一看是一片稻田。我有些害怕了，找人问了一下路。才知道前边是芜湖钢厂，已经到了郊外。原来在码头广场时，我走的是反方向，因此才越走越远，没有办法只好往回走。找到码头广场已经是深夜22点，我又急又饿，心想这回我把自己给走丢了。其实芜湖街景很美，加上夜里的霓虹灯，更显得富丽堂皇。我当时没有心情欣赏，找不到宾馆得先吃饭。于是我在路边找个小饭馆囫囵吞枣吃了些东西，继续找华侨宾馆，等找到宾馆的时候已经是凌晨1点了，大家都非常着急，问我去哪儿了。我说走丢了，走到芜湖钢厂才知道方向反了。其实我走后10分钟公交车也来了，蒋忠义18点就和赵光林、马希桂等人会合了。第二天是10月1日，大家休整一天，我们一起上街沿境泊湖散步，边走边聊。我把昨天晚上走的路复述了一遍，其实码头广场距华侨宾馆仅一站之遥。一段插曲过后，沿途又有很多话题。

10月2日，我们乘车前往繁昌县，在县博物馆张馆长陪同下，我们调查了古代繁昌地区影青瓷窑生产情况。该窑址位于繁昌县城南3华里。峨山脚下原属环城公社高潮生产队铁门大队管辖，遗址面积1.5平方公里，呈不规则方形。相传此地土包上（匣钵废墟）有72个窑。20世纪50年代于繁昌柯家冲发现11处青白瓷窑遗址。繁昌与江西临近，两地瓷业比较密切，受之影响，繁昌地区北宋

安徽繁昌窑瓷器盏托碗

安徽繁昌窑凤首执壶

早期始烧影青瓷,产品有盘、碗、执壶、枕、瓶、罐等,瓷胎较薄,釉面广润,有开片。器物的光素无纹者居多,也有少量刻花、印花装饰。

四、龙泉窑调查记略

1976年10月10日，我们一行人到达浙江博物馆，该馆坐落在西湖东岸，背靠大山，三面环水，正面就是风景秀丽的西湖，这里四季如春，风景怡人，环境极其优美。

负责接待我们的任世龙同志说：馆里目前正在搞运动，另外大部人都在下边发掘，特别是馆长朱伯谦也在下边。你们要去龙泉窑址也很困难，距离杭州还有1000华里，而且交通非常不便。龙泉南的界限与福建毗邻。看来我们只能以参观博物馆为主了。13—15日，2天参观博物馆，16日朱伯谦从工地回来，在我们再三要求下陪同我们去龙泉县大窑。先由杭州乘火车，金华县下车，倒汽车到龙泉县。然后再乘汽车到大窑的小梅，由小梅下车还要步行15里才到大窑。这一趟让我们体会到搞考古的真的不容易，翻山越岭，历尽千辛万苦。为了亲眼看一眼窑址，捡一片瓷片，感受一下亲身经历，就得到满足。我当年还是个小伙子。赵光林年龄最大，还有李德金、关甲堃两个女同志。其次蒋忠义、马希桂身体很好，一路谈笑风生，倒也不觉得累。不过到达目的地后，大家都筋疲力尽了，只得休息，第二天才去窑址。（20世纪80年代末90年代初考古所李德金任队长在此地主持发掘4年之久。）

现将这次调查参观龙泉窑址的记录整理如下：

龙泉县在浙江省南部，东、北与庆元、云和、遂昌诸县相邻，西南和福建省的浦城、松溪等县交界。

龙泉在晋代置龙渊乡，唐初改龙渊乡为龙泉乡。乾元二年（759年）升乡为县，始设县治，宋宣和年（1122年）诏所有县镇凡有龙字者皆避，故改为剑问县，绍兴元年复为龙泉县。宋庆元三年，分龙泉县的松原乡为庆元县。龙泉自宋以来

龙泉窑碗

龙泉窑盖罐

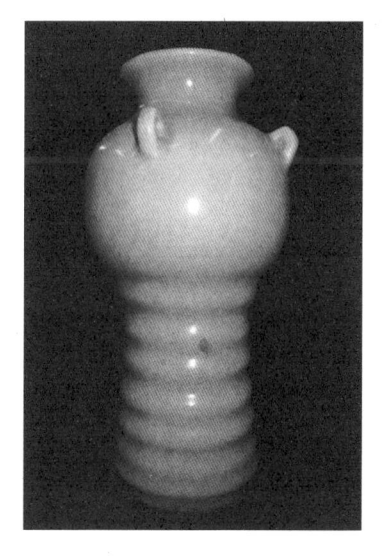

龙泉窑青瓷瓶

属处州府，现属丽水地区。境内山岭连绵，溪流纵横，森林和矿藏资源极为丰富，同时是浙南瓯江重要发源地，水力充沛。龙泉瓷自唐代的小规模生产以来，到明末清初前后共八九百年的制瓷历史，而且，窑址密布，瓷业十分发达。根据现有资料，在龙泉、庆云、云和、遂昌、丽水、永嘉等县里发现各时期的龙泉窑址共达25处以上，它密布在瓯江两岸，和松溪的上游连接，长达五六百里。

（一）龙泉瓷业的兴起

浙江是我国青瓷重要产区，历史悠久，早在春秋战国时期，就在绍兴等地区建窑30余处，烧造原始青瓷的产品。到汉末、三国、两晋时期，越窑、瓯窑和婺窑的瓷器都已经进入成熟阶段。隋唐统一全国以后，消灭了三国以来几百年分裂割据局面，促进了经济文化的发展，浙江的瓷业也获得了重大的发展。唐代首次在庆云县黄坛设窑烧瓷。这个唐窑是1957年发现的。它位于黄坛村的东北、龙庆公路以南的地方。该瓷窑遗址已遭到严重破坏，但窑具砖等散布面积很大，而且遗留有碗一类的残片，碗敞口，平底，青黄釉较均匀。证明龙泉在中唐时期生产青釉瓷器。

五代到宋，特别是宋代浙江瓷器大发展时期。

浙东许多县纷纷建窑，如上虞、余姚、东阳、金华、武义、江山、永嘉、瑞安等县境内窑场林立。著名的越窑、瓯窑和婺窑在原基础上发展更强大了。也在这时候浙江南山区龙泉的劳动人民利用当地质量很多的瓷土和丰富的水利、燃料，先后在大窑、五湖、安福等地兴建瓷窑20余处，烧造青瓷，龙泉已初见规模，进入开创时期。

五代末期到北宋常见类型有碗、盘、钵、盆、罐、瓶、执壶等造型，古朴大方。其中碗、盘的样式多与越州窑、婺州窑近似，但就品种类型没有越窑那样丰富，只有瓶的种类较多，有口沿外折、颈短而直、圆筒型深腹的，有盘口肩部装环、耳腹做多级的，有盘口深腹、腹部呈多级的，有盘口、深腹、腹部呈多级的自下而上逐级向内收缩，形似宝塔，故有人称塔瓶。上海博物馆藏有"太平戊寅"款和"北宋太平三年所制"塔瓶，是一件难得的珍品，此种是龙泉独有的产品。

"塔瓶"的肩部贴附着五片扁平的印花条形饰片，可能象征着五谷丰登的意思，此后不久变为"五管瓶"，五管与腹部不通，纯属装饰的产品，制作十分精致，胎质厚薄均匀，胎面经过修坯，光洁无疵，圈足高而规则。

装饰手法：所有的器壁花纹都在刻花内填以由篦纹、戳纹或点线纹、弧线纹，线条奔放，密而不整，但又十分和谐。

如在敞口的小碗内，有布满鱼鳞片状的波涛纹；在翻口浅腹的盘内刻划团花、菊花和童子戏花。在执壶上刻缠枝花卉、牡丹、蕉叶纹和仰覆莲等。不过此时龙泉窑还在开创期，产品还存在不成熟的地方，器皿种类少，钵的坯体重，形状古朴，很像越窑南朝时期产品，又如釉层较薄，釉色青中带黄有开片，釉汁集聚成点状现象比较普遍。此外，钵、盆，较大型器底内凹，经化验，釉中氧化钙（CaO）较高，故此釉面光泽很强，透明，高温较低，易流釉。又由于烧成阶段还原焰技术掌握不熟练，不能很好地使釉汁中着色剂三氧化二铁（Fe_2O_3）还原成氧化铁，致使釉层普遍呈青黄色。

另外，使用窑具较为落后，那时瓯窑、越窑使用匣钵。而龙泉窑除碗、盘一类较矮的坯件使用匣钵，盆、钵、罐等高大的坯件采用底部置垫环，放在喇叭型垫座上烧成。这种烧造方法的缺点：①首先是坯体没有保护体，很容易受烟火窑尘沙的侵袭，产品釉色有不纯、不光洁的缺陷。②这些高大的坯件因胎重置于外底心的窑具承托面积小，附和着重，器底往往内凹。③不能叠烧，使窑内空间无法利用，造成原料的浪费而成本高。

此外北宋初期，在金村西南有三座瓷窑烧造一种受瓯窑影响的青瓷，这类瓷器，胎质细腻，呈淡淡灰白色，所施玻璃釉色泽一致，呈色较淡，做水青色，釉层透明，表面光亮，与瓯窑瓷器相似。器型有碗、盘、盅、壶、坛、五管瓶。其中碗作葵花式口，圈足外撇，内底划变形云纹。五管瓶直口圆肩，肩缘装五管，管下堆贴莲纹的圈，瓶腹深，腹壁划仰覆莲三重。盖若钟形，外壁披覆莲，顶端置小罐一个，式样别致新颖。器物多施满釉，外底留有托珠和垫饼痕迹。一种瓷器胎壁较薄，形体细巧，纹饰简单，线条纤细。以及葵花瓣式碗盘的造型和云纹、水草纹图案与宋初瓯窑瓷器的特征相同，其烧造时间应在北宋。

（二）龙泉窑的发展

龙泉窑自开创以来，由于国家的统一，在北宋中晚期，这一百余年的时间内获得了迅速的发展，取得很大成就，制瓷技术和质量明显提高。宋人庄季裕《鸡肋篇》中记载："……处州龙泉县……又出青瓷器，谓之秘色，钱氏所贡盖取于此，宣和中，禁廷制样须索，益加工巧。"1960年，龙泉县大窑岙底亭后山40号窑址出土一件内底有"永清窑记"戳记瓷片，说明这原来是永清窑址。

北宋中晚期的瓷窑按窑址的堆积情况和大窑、金村两地窑址来看，都是长条形的龙窑，依山坡而建造，窑身斜度在14—18度之间。窑体相当大，金村16号窑，窑头已被破坏，残长50.35米，宽1.85米。大窑31号窑址发现三座窑中最小的一处长达30米，根据老工人估计，大窑31号龙窑一次可装上万件瓷坯，可知当时生产壮观的景象。

（三）别具一格的青瓷

北宋中晚期的龙泉窑青瓷，釉层透明如镜，表面浮光强，好像在釉面包一层薄薄的玻璃，釉色青翠，很少有开裂现象。但由于瓷器工艺的复杂性，如胎釉化学成分，因矿藏不同，发生变化及烧成时气氛、装窑时的位置不同，生产出来的瓷器釉色也因此而不同，如青灰釉、青黄釉或生烧现象。

造型古朴的器壁，往往作斜线形式，转角处线条明快，底部厚重，圈足宽矮，具有刚健稳重的特点。此特点也与使用原料有关。据化学分析，这时的坯中含氧化铅较低，所以胎体厚。如果薄的就会塌变形，同时装窑时采用坯垫泥饼。为了防止底部破裂，挖足很浅。为了提高产品质量，在拉坯后又经一次"拍坯"，这是以前没有的。所以产生内底大、外底小，内底周围有凹陷。瓷器种类的增加，出现瓶、炉、碟、盒、渣斗、塑像等等。

花纹装饰特点：是在前期的基础上，获得发展和提高的手法上，先是刻花和篦纹并用，尔后以刻花为主，篦纹越来越少，到北宋晚期出现了印花。以题材而论，前期常用的比较呆板的团花纹不见了，取而代之的云纹、蕉叶纹、凤纹、鱼纹、荷花等。云纹是北宋中期的一种装饰，它有两种形式：其一是刻花和篦纹结合，其二是用纤细刻划线缭绕而成，划时先用"S"形划线，将器物分为五格，然后，在格内划云纹，简单快速，所以均用于碗、盘一类的大宗产品上。时隔不久，这类碗、盘就演变成口沿五处"V"形缺口，同时外壁用坯浆画直线，烧成后显现五条白痕的葵口碗，有的葵口碗底心印有"河滨遗范"或"金玉满堂"。篦纹已不在使用了，而是稀疏划在花瓣或绿叶之中，成了叶脉和花径，使之茁壮有力。飞雁和凤鸟刻划在大盘里面，它们展翔于花草之中，构成了一幅美丽的花鸟画。碗、盘中刻划的鱼和荷花是这时期最为生动的装饰，题材健美，刀笔遒劲有力，线条简练。到了北宋末，莲瓣纹又成了常见的装饰，还有龙虎瓶的肩上贴塑龙或虎和盖上堆捏鸟兽形纽等。另外还发展印花的，如山茶花、荷花、古钱纹、如意纹，有印文字的，如大、太、飞、巨、堂、富、金玉等。

此时，入窑完全用匣钵。

（四）南宋龙泉窑

自北宋晚期以来，宋、金两大统治集团的矛盾愈演愈烈，十分尖锐，金统治者不断出兵对宋统治区域进行侵略，他们所到之处实行野蛮的统治，使广大劳动人民惨遭杀戮，宋室被迫南迁。

北方人纷纷南迁，此时龙泉窑亦受北方临汝窑影响，并且产量随之人民的需要日益增加。

大窑、溪口、梧桐口、周洋、安仁口都成为发展瓷业的强大基地。

作坊发现在大窑37号窑址梯出中，它是一座朝东的长方形的三间瓦房，面阔11.5米，进深6.3米，每间之间排有规则的柱础。其中靠北一间的地面有12厘米厚的烧土面，有的烧土面呈圆形。分析应是素烧和烘坯车间。当心间和南间应该是成型的作坊，屋内出有石杵。北间和当心间还有废坯，南部搭盖着与作坊呈斜形灶一个，灶旁出土铜锅一件。

作坊西面有砖建的淘洗池两个和过滤池一个。淘洗池呈方形，它们分别建造在靠近作坊的北间。南间的后壁淘洗池口径1.98—2.02米，以砖砌墙。过滤池呈长方形，长1.17米，宽0.67—0.7米，大砖砌成，壁面倾斜。上口大，下面小。南宋时，龙泉所用的窑，仍然是龙窑。窑都依山坡倾斜而造，与地平面呈15度角左右。窑长30—50米，宽2—2.6米，内高1.7米左右。南宋青瓷釉层丰厚，制作精细，造型优美，釉质柔和滋润。

器型有盘、碗、碟、钵、杯等。如碗敞口，小底。大窑和溪口、瓦窑、垟窑所产生的瓷器，从质量和种类看，显然是供统治者的用品。如鼎、奁、觚、琮、炉，及印有道教色彩的镂雕云鹤、何仙姑等瓷像。例如南宋龙泉青瓷由于釉厚和胎料中铅含量较低，烧成时易变形，故坯胎不能太薄。匠师们把特别令注意不易变形的器口和圈足底端修的很薄。同时将器体与圈足相接部位的胎壁加厚，以防器物变形下塌。又如有的青瓷胎料中因掺加部分含量较高的紫金土，烧成后期冷却时经过次氧化，胎面呈现朱色或黑色。同时底部由于支垫饼，所以使足部产生一圈纤细和均匀的朱色和黑色（朱砂底和铁足）作为优美的装饰。这时期青瓷另一成就，就是光泽柔和的粉青和碧绿的梅子青釉的烧成。

釉层大大加厚，釉面呈现较深的青色，此时一般的上釉3层或4层。

(五)龙泉窑的演进和衰落

元代的瓷窑在大窑周围增加了 50 余处,在庆元里的竹口、枫堂一带发展到了 10 余处。尤其是龙泉东部的丽水、瓯江两岸,有梧桐口、小白岸、坑口、山石坑、大白岸、狮子岩、道大、葡萄垟、前赖、安福口、垫子琳、源口、大棋,总计 150 余处以上。

到了明代,上述诸窑中的多数还在烧,但规模比元代小,反映了在龙泉已接近衰落期。元代仍然使用龙窑,明代出现了阶级窑。

元代早期产品保留了宋代风格。胎壁修整光滑,造型端庄大方,转折处明显,或作棱角或作凹线,圈足足壁垂直,足底平齐,釉层较薄。

器物种类丰富,除盘、碗、杯、盏、洗、瓶、炉之外,又出新样式,时代特征明显,如高足杯、双鱼洗、月梅纹碗、龟心荷叶碗、荷叶罐盖、双耳连座瓶等。纹饰有云龙纹、荔枝、牡丹、荷叶,有模印贴花、露胎装饰和褐斑装饰。明代早期龙泉产量仍很大,有相当一些器物,如大盘、大罐等造型、纹饰与景德镇青花极为相似,明晚期瓷业渐衰,青釉色泽灰暗,器底不施釉,足部处理粗糙。

中国古代陶瓷发展简述

一、绪论

瓷器是我国古代劳动人民的伟大发明。远在旧石器时代，我们的祖先就在自己的土地上用打制的石器进行劳动、生产，过着极其简朴的生活。大约距今一万年以前，中国进入原始社会的新石器时代，在磨制石器的同时发明了陶器。

恩格斯在《家庭·私有制和国家的起源》中说："可以证明在许多地方，也许是一切地方，陶器制造都是由于在编制的或木制的容器涂上黏土，使之能够耐火而产生的。在这样做时，人们不久发现成形的黏土不要内部的容器，也可以用于这个目的。"人类在漫长的劳动实践中，逐渐发现了泥土有两个重要的性质：一是不怕火烧，耐高温；二是当它潮湿的时候具有黏性，可以塑造出各种形状的东西。于是先在编织的篮子涂上黏土，晾干后，经过焙烧形成不易透水的容器。从此得到启迪，进而又捏造不同形状的器皿，并经过烧制成型，即所谓的陶器。

已知考古资料，我国已发现公元前五六千年以前的河南新郑裴李岗和河北武安磁山出土的陶器，考古学者称之为磁山裴李岗文化。其特征以红陶为主，有泥质和夹砂两种,由于手制而器壁厚薄不匀。器表以素面为主,少数饰有划纹、篦点纹、指甲纹、乳钉纹、细绳纹、席纹等。器型有碗、钵、壶、罐、盘、盂、三足鼎、支座等。据测定,这时期陶器烧成温度达 900—960℃。

大约在今四五千年以前,母系氏族繁荣时期,我们的祖先就能烧制精美的彩陶了。所谓彩陶文化,它是在 1921 年河南省渑池县仰韶村发现的,因此也称为仰韶文化。其主要分布于河南、陕西、山西、河北南部及甘肃东部,它的中心地存在晋南和豫西一带。这一时期多以红陶和彩陶为主。造型简朴庄重,种类繁多,器型有盘、碗、杯、钵、瓶、罐、瓮、甑、釜等。色彩大部分为红色,上面画有红、黑或紫的花纹。图案多为波浪纹、几何纹、三角纹、蛙纹、人面纹等。它充分体现了我国古代劳动人民丰富的想象力和杰出的艺术才能。

地处黄河下游的大汶口文化和龙山文化,两者一脉相承,继承仰韶文化因素而又有了新的发展。20 世纪 50 年代末期,在山东省宁阳县堡头村首次发现大汶口文化,由于它地处山东省泰安县大汶口镇交界而命名"大汶口文化"。它主要分布于鲁中南和苏北地带。据碳十四测定,其年代约在公元前 4040—前 2240 年。早期陶器以手制为主,绝大多数为红陶,器类较广,如鼎、鬶、三足器等,烧成温度在 1000℃左右。中晚期则出现了轮制技术,但尚未广泛应用,在灰陶和黑陶大量出现的同时,还出现了用高岭土制作的灰白陶,胎薄而细腻,说明制陶业已相当发达。纹饰有划纹、弦纹、篮纹、镂空、附加堆纹等。器类亦显著增多,有鼎、鬶、豆、高柄杯、背水壶等。而薄胎黑陶的高柄杯,代表了这一时期的工艺水平,它为以后的龙山文化蛋壳黑陶的生产打下了良好的基础。

1928 年,山东省济南附近章丘县的龙山镇城子崖发现人类进入父系社会时期使用的黑陶及与之共存的石器、骨器等生活用品。这些人类遗物所代表的文化,考古学上称之为龙山文化。这一时期陶器的共同特征是大量使用灰色陶器,也有少量的红陶和黑陶,大多采用轮制技术,以绳纹、篮纹、方格纹及附加堆纹等为主要装饰，常见器型有鼎、鬲、斝、鬶、双耳盆、筒形罐、杯、碗等。它主要分布在陕西、河南、山西南部、河北南部、安徽西北部及山东西部等地，因地域及器物特征差异，可分为河南龙山文化和陕西龙山文化等，以河南龙山文化标本为代表，根据碳十四测定，其年代约在公元前 2625—前 2005 年。其中黑陶在烧制技术上有了显著的进步，大多采用轮制坯胎，薄而均匀。黑陶中最精美的制品表面打磨光滑，胎壁厚约 1 毫米，故又有蛋壳黑陶之称。

  随着社会的进步，生产的发展，陶器生产也不断改进和发展。到了商代，一些地区由于烧造技术和土质不同，继而又出现了硬质陶。这种硬质陶烧造炉温较高，它和灰系釉料结合，创造出我国目前发现最早的原始青瓷，于是拉开我国瓷器发展的序幕。

二、关于瓷器起源的讨论

（一）什么是瓷器及"瓷"的定义

关于瓷的定义到目前为止还没有一个共同的大家所一致公认的定义。广义上讲，凡是黏土经过形成，在高温下处理形成的器物都叫陶瓷。现代陶瓷概念的内涵更为广泛，凡用黏土、氧化物、碳化物、氮化物、非金属无机物等硅酸盐范畴内的材料，经高温处理，所烧造的器物都属于陶瓷。如玻璃、晶体管、陶瓷防热瓦（用于火箭外边的隔热层）等。

（二）陶器和瓷器的区别

1. 坯体结构

不论是陶器和瓷器，它的坯体结构均由固相、玻璃相、气相三方面物理结构组成。

陶器，固相多，玻璃相少，气相多，所以陶器不透明，吸水率占12%以上，敲之声音不清脆。

瓷器，固相少（最高占30%），玻璃相多（占60%—85%），气体相占10%左右，吸水率占5‰以下，所以瓷胎呈半透明状，敲之声音发出清脆的金属声。

2. 用料

陶器用料以黏土为主，占50%，石英占35%，长石占10%—15%。

瓷器以高岭土为主，占50%，铝含量占25%—40%，长石占10%。

这里所说的黏土，是指含有水和硅酸铝的土质内中杂质矿物较多，晶体颗粒小，并有树叶、草根等有机物混入，故烧造的坯体不透明，颜色深且气孔较多。所谓高岭土，也是黏土的一种，它是由花岗岩、片麻岩及其他含铁量少的岩石中的长石和云母风化而成，是最纯净的黏土。由于古代制瓷所用高岭土源于江西省浮梁县东乡高岭村，即以产地命名该黏土为高岭土。其化学成分为 $Al_2O_3SiO_2 2H_2O$，其中铝占39%，硅占46.5%，水占14%。单纯的高岭土可塑性差，烧成温度较高，在1400℃左右，故在配料中需加少量的黏土。

3. 烧成温度

由于陶器多为黏土制成，故烧成温度较低，一般在600—800℃之间。而瓷器烧成温度高达1200—1300℃之间。

4. 透明度

器物的胎壁是否具有半透明度，也是衡量瓷器的标准之一。瓷器胎质坚硬，透明度强，陶器反之。

瓷器有它的发展过程。在陶器和瓷器之间还可以另分一类，如胎坯吸水率较低，但不透明，这种半瓷半陶的器物，有人称之为早期瓷器或称为釉陶，也有称之为"炻器"。

（三）关于瓷器起源问题

随着考古工作的深入开展，早期青釉器不断发现，特别是近年来商周墓葬中出土的青釉器则更多了。如河南安阳殷墟出土的釉陶盘、碗等器物；北京琉璃河商周遗址出土的尊、盘、豆，胎质坚硬致密，器表一层极薄的青釉；河南洛阳出土的西周青釉器物在质量上又有较大的提高，出土的敞口大罐高50厘米以上。因此主张将这类青釉器定之为"原始青瓷"的观点日渐增多。随着科学化验的结果及地下出土物的证实，对我国瓷器起源问题提出了各种不同的看法。归纳起来主要有以下两点：

第一，认为我国瓷器应从东汉末到西晋时期开始。把东汉至魏晋时期的青釉器定为"早期瓷器"，而把商周时期的青釉器定为"釉陶"，从而把该时期认定为由陶到瓷的过渡阶段。持这种意见的人只承认商周的青釉器接近瓷器或具备了某些瓷器的特征，但不能称"瓷器"。从陕西西安张家坡西周墓地出土的青釉器化验结果证明，它的烧成温度高达1200℃，吸水性弱，矿物组成已接近瓷器，但内含较多的 SiO_2 和 Fe_2O_3，又是在弱还原中烧成，固而胎呈灰色，不透明，尚不能完全符合一般所说的瓷器定义，从而把它划为"釉陶"范畴。此点，冯先铭先生所撰写的《我国陶瓷发展的几个问题》一文中，对郑州商代遗址中出土地的釉尊，以为还是定为"釉陶"为宜。

第二，根据胎釉的化验结果，认为我国瓷器应当从商周时期开始。把商周时期的青釉器定为"原始瓷器"，并认为此时期是瓷器发展原始阶段。对魏晋时期的青釉器物称之为"早期瓷器"。持这种观点的人认为商周时期的青釉器物，虽然已接近瓷器或具备了瓷器某些特征，但仍处在原始阶段，故称之为"原始青瓷"。

以上对中国瓷器起源问题，虽有不同看法，但对这类青釉器物都认为是在南方印纹硬陶（不带釉，胎质坚硬，火候较高，1200℃左右）的基础上发展而来的，以为它是瓷器的前身，因此，这种青釉器物是南方烧制的。

关于瓷器与陶器的关系问题，看法也大不相同。广义讲，瓷器是从陶器发展而来的，这种说法，一般为大家所承认。这是从两个方面来理解的：一是从它的工艺过程来看，如对原料的处理，作坯成型、上釉、入窑烧制等都是相同的，后者是从前者学来的；二是由于陶器与瓷器都是人们日常生活所不可缺少的东西，它们的用途相同，因此，瓷器的造型也是从陶器演变而来的。我们从这两方面来看，可以说没有陶器的发明与发展就不可能有瓷器，瓷器是陶器进一步发展的结果。因此它们之间的关系是非常密切的，正因为如此，人们往往把它们统称之为"陶瓷"。但是有一点必须明确指出，它们之间关系虽然密切，但两者又是不相同的。诚然瓷器是从陶器发展而来，但陶与瓷是两种不同的东西。严格说起来，陶是不能发展为瓷的，因为陶瓷的质地不同。陶器以黏土作原料，瓷器以高岭土或瓷土为原料，制陶器的黏土在高温上也不可能烧出瓷器来。

三、中国陶瓷发展概况

（一）由陶到瓷的过渡（商—战国）

远在六千年以前的原始社会，我们的祖先已将陶器表面打磨得非常光滑，并且有的陶器加上各种彩绘，使之成为彩陶。以后发展到龙山文化的黑陶，表面打磨得更为光亮，有的黑如漆，薄如蛋壳。这种做法一是为了美观，二是为了实用。白陶最早出现在仰韶遗址内，但色泽不纯，制作不精。白陶的原料本身为一种含铁量很低的黏土，用纯净的黏土为原料，制成的陶器经窑火焙烧后，就成为洁白美丽的白陶。在大汶口和山东龙山文化遗址内出土的白陶鬶、白陶盉，数量虽少，但胎质坚细，制作较精，器物造型规整庄重，是陶器中的精品。

白陶器在商代又有了较大的发展。早、中期器型，除有鬶、盉、爵外，还有豆、罐和钵等。器表多为素面磨光，仅有少量的绳纹、人字纹和附加堆纹等比较简单的纹饰。商后期的白陶制作工艺达到高峰。常见器型有壶、罍、盉、簋等。这些白陶胎质细腻洁白，火候达1000℃。

商代的印纹硬陶，是在烧制一般灰陶的长期实践中，发现了含铁量较高的黏土为原料而烧制出来的。其胎质比一般泥质或夹砂陶器细腻、坚硬，烧成温度也很高，而且在器表面又拍印以几何形图案为主的纹饰。由于印纹硬陶所用的原料含铁量较高，所以印纹硬陶的胎质多呈紫褐色、红褐色、灰褐色和黄褐色。其中以紫褐色印纹硬陶的烧成温度最高，烧结程度已接近原始青瓷，且器表常有一层类似薄釉的光泽，击之可以发出和原始瓷器类同的金石声。主要器型有硬陶瓮、硬陶罐、硬陶尊等。早期印纹硬陶的颈部多有轮制时遗留下来的弦纹，而腹底多拍饰叶脉纹、云雷纹和人字纹。

商代中、后期的印纹硬陶常见器型有硬陶瓮、罐、尊、釜、碗、豆等。胎色除紫褐与黄褐色外，多见红褐色或红色。纹饰也较早期增多，有云雷纹、叶脉纹、方格纹、曲折纹、回纹等。从目前我国各地已发现的商代印纹硬陶情况看，长江中下游地区印纹硬陶的出土数量、品种和纹饰，都明显地比同期的黄河中下游地区为多，说明长江中下游地区在商代已经较多地烧制和使用印纹硬陶器了。

大约在公元前16世纪的商代中期，我国古代劳动人民在烧制白陶和印纹硬陶的实验中，不断总结经验，改进原料选择与处理，提高焙烧温度和器表面施釉的基础上，创烧出原始的瓷器。所谓原始瓷器，是指用较高的温度焙烧而成，但釉层较薄，烧结不良，较易剥落。以胎和釉而论，均表现出瓷的原始性和由陶到瓷的过渡性。河南郑州商代遗址中出土的三千多年以前的带玻璃质的青瓷器物，胎质坚硬，说明它的焙烧温度已经很高。这种青釉器物在河北、山西、湖北、湖南、江西等地的商代遗址和墓葬中都有出土，其创制时间，也不会晚于商代中期。这一时期常见器型有尊、罐、钵、瓮、簋、豆等。器物制作基本采用轮制，也有以手捏和泥条盘筑法而成型的。胎质细微坚硬，不吸水，杂有细小的石英砂粒。胎色多呈灰白色和灰褐色。器表釉质为天然的碳酸、钙矿物配合黏土烧制而成的石灰釉，颜色以青绿色最多，并有一些灰绿色、黄绿色及赭黄色。釉色有的比较光亮，有的比较呆滞，常见施釉在器物表面或内口，而里部多不挂釉。釉面涂抹不均，凹凸不平者较多，有流釉积聚而成"泪痕"。此时常见以方格纹、篮纹、叶脉纹、锯齿纹、弦纹、席纹等装饰手法。而晚期杂有水波纹、云雷纹、S形纹、网纹、翼形纹、划纹和附加堆纹等。

到了西周，原始瓷器的烧制工艺，又在商代后期的基础上有了新的发展。施釉技术有显著的提高，胎质接近灰白，器型和产量较以前丰富和增加。分布地域较广泛，有江苏丹徒烟墩山、吴县五峰山、安徽的屯溪、河南洛阳金村、庞家沟、陕西西安张家坡、甘肃灵台、北京房山县琉璃河西周墓等都出土过"原始瓷器"，器型有尊、豆、罐、罍、簋、盉、壶、盘、碗、钵等。仅安徽屯溪西周墓一次就出土有71件之多。器型丰富，纹饰种类繁多，前所未有。施釉不均匀，有的凝聚块状，釉色青绿，而灰绿者多。胎质灰白，坚硬不吸水。西安张家坡西周墓出土的器物，经化验证明火候已达1200℃以上。器表面除素面外，其釉下纹饰为几何纹图案，有方格纹、篮纹、云雷纹、叶脉纹、划纹、弦纹、乳钉纹、曲折纹、席纹等。

春秋战国时期的原始瓷器，在西周时期的基础上又有了较大的发展。如浙江绍兴一带战国墓出土的大批原始瓷器，胎质细而坚密，器型规整，火候很高，与青瓷在许多方面有相似之处，但在技术上还不如魏晋时期，显然还处在较原始的阶段。器型多仿青铜器的式样，如提梁盉、三足鼎、彝、匜与整套的编钟等。胎质多呈白色，并有一些黄白色和紫褐色，火候较高。釉色有青绿色、黄绿色和灰绿色三种。器表以装饰大方的格纹和编织纹为主。

（二）秦汉时期的原始青瓷

随着制陶工艺的发展，汉代除继续烧造原始瓷器外，又成功地烧制了铅釉陶器。这种铅釉是以铅的化合物作为基本熔剂，大约在700℃左右即开始熔融，因此它又是一种低温釉。由于它的着色剂是铜和铁在氧化气氛中烧成，而使之成为翠绿色、黄褐色或棕红色。釉层清澈透明，釉面光亮，平整光滑。胎质粗糙。常见器型有鼎、盒、壶、仓、灶、井、水碓、作坊、磨、楼阁、池塘、碉楼等。它们都是在汉代墓葬中发现的各种模型明器，至今没发现一件实用器皿。值得注意的是，这些墓葬出土的铅釉器，大多有一层具有银白色金属光泽的物质，被人们称之为"银釉"。而对银釉的成因却众说纷纭，解释不一。后经中国科学院硅酸盐研究所同志科学试验证明，所谓"银釉"，实际上是铅绿釉表面的一层中透明衣，即铅绿釉沉积物。当它处于潮湿的环境中，由于水和天气的作用，釉表面受到轻微溶蚀。溶蚀下来的物质连同水中原有的可溶性盐类在一定条件下在釉层表面和裂缝中析出。但这层沉积物与釉面的接触并不十分紧密，故水分仍能进入沉积物及釉面的空隙，水在空隙中继续对釉面进行溶蚀，经过很长时间，它又重新析出一层新的沉积物。这样反复多次，当沉积物达到一定程度时，由于光线的干涉作用就产生了银白色光泽（引自《中国陶瓷史》第115—116页）。因此这类银釉器物大多出自比较潮湿的墓葬，而比较干燥的地方，则很少发现这类银釉器制品。

铅釉技术的发明，是我国古代劳动人民对陶瓷工艺发展史上又一伟大贡献，从而为我国花釉瓷和釉下彩瓷的生产打下良好基础。

东汉时期的陶瓷工艺水平，在前人的基础上又有较大的提高和发展，所烧造的青瓷已经脱离半瓷半陶状况，逐步向瓷器过渡，从而出现了瓷器。20世纪70年代在浙江省上虞县、宁波、永嘉、余姚及江苏省的宜兴等地均发现了东汉时期的窑址。出土的青瓷质量明显提高，胎质坚细，呈浅白色，釉呈淡青色，有光泽。根据浙江省上虞县小仙坛出土的一件青瓷的测试结果表明，其烧成温度达$1300 \pm 200 C$，吸水率为0.15%—0.5%，显气孔率为0.62%，抗弯强度达710公斤/平方厘米，瓷胎的化学成分组合为氧化铁（Fe_2O_3）和氧化硅（SiO_2）的含量为1.56%—2.4%和0.97%，SiO_2为75.40%—76.07%，Al_2O_3为15.94%—17.73%。这些数据表明东汉时期的青瓷已具备了瓷器的各种条件。[①] 除了烧造青瓷以外，在上虞、宁波的东汉青瓷窑址中还发现烧造黑釉瓷，但瓷质粗糙，釉层薄，光泽较差。这时期常见器型以日常生活用品居多，有盘、碗、盏、盆、洗、钵、罐、罍等。其中以直口四系罐最为多见，直口圆唇，鼓腹平底，肩腹部之间饰四系。纹饰有弦纹、水波纹、网格纹，或在外壁拍打麻布纹、三角纹、植物纹等较为常

[①] 李家治：《我国瓷器出现时期的研究》，《硅酸盐学报》1978年第3期；李德金：《古代瓷窑址的调查和发掘》，《新中国的考古发现和研究》，文物出版社，1984年。

见。装饰手法以线描为主,线条粗犷有力。

(三) 魏晋南北朝时期青瓷

三国两晋南北朝是我国封建社会大动荡的历史时期,战乱使得各族人民四处迁徙,在全国范围内出现了民族大融合的形势。不同地区不同行业的生产技术均有较大的进步。与此同时,长江流域战乱较少,社会经济稳步发展。手工业生产也出现了一个新的局面,瓷器工业已经成为当时社会的一种重要手工业生产,瓷器的烧制在原有的基础上取得了新的重要成就。此时生产的瓷器已完全脱离了半陶半瓷的状况,从而进入了陶瓷成熟阶段,成为我国早期的成熟瓷器,这使得我国的瓷器手工业的发展产生了重要的飞跃。

魏晋南北朝时期历时三百余年,青瓷烧造技术发展迅速,窑场广布在今浙江、江苏、福建、四川及湖南等广大地区。所烧青瓷种类繁多,胎质洁白细腻,瓷化程度较高,釉色青绿者多,施釉均匀,光亮润泽,器型规整,纹饰也很精致。特别是南京赵土岗吴墓出土的青瓷虎子,釉下刻有"赤乌十四年会稽上虞师袁宜作"的名款①,说明当时已经形成制瓷专业的工匠队伍。此时期具有代表性的重要窑址有:

(1) 越窑

越窑遗址主要分布在今浙江省上虞、余姚、绍兴等地。产地原为古越国的政治经济中心,秦汉至隋属会稽郡,唐改为越州,宋代更名为绍兴府。唐代越窑瓷器风靡全国,窑以地名,故称"越窑"。

越窑青瓷自东汉创烧以来,中经三国、两晋,到了南朝获得了迅速发展。瓷窑遗址在上虞、绍兴、余姚、鄞县、宁波、临海、萧山、余杭、湖州等地都有发现,是我国最先形成的窑场众多、产品风格一致的瓷窑体系,也是当时我国瓷器

---

① 江苏省文物管理委员会编:《南京出土六朝青瓷》,文物出版社,1957年12月。

生产的一个主要窑场。

所烧瓷器有执壶、罂、罐、耳杯、把杯、盏托、粉盒、碗、碟、脉枕等。造型丰富秀美。釉质滋润细腻，如冰似玉。陆龟蒙描述越窑青釉如："九秋风露越窑开，夺得千年翠色来。"这时期器物以造型和釉色取胜，胎体多光素无纹，少量有划花、印花、刻花及褐色彩绘等装饰。由于烧成气氛还不能完全控制，有相当一部器物青中带黄。

这时期典型器物有盘、壶、鸡头壶、虎子。由于时代不同及工艺的进化，其造型也有所不同。

鸡首壶

西晋时期的鸡头壶：壶身、壶颈都比较低矮，壶上的鸡头小而无颈，在鸡头另一端的地方有一个很小的鸡尾。

东晋时期的鸡头影壶：壶身、壶颈都比西晋的略高，鸡头昂起而其鸡尾已经消失，演变为一个弯曲的把柄。东晋中晚期在把手的上端饰龙首和熊纹，器型优美。

南北朝时期的鸡头壶：壶身、壶颈比西晋、东晋更高、更瘦了，而且鸡头也更高起，鸡冠也较以前大了，其把柄较东晋更高于壶口。

盘口壶：壶式之一。口沿上折，口形似盘，长颈，球腹，平底。造型源于西汉的喇叭壶，部分器物口颈转折处已呈现棱线，至东汉初棱线凸起，初具盘口，中期后定型。此器自东汉初流行至唐初，器身由矮向高大演变。肩部通常饰双系或四系，东汉为环形，三国两晋呈桥形，隋以后渐成条状。

虎子：又称"槭"，形若伏虎的一种器物，用途有水器与溺器两说。早在新石器时代良渚文化的陶质虎子，呈茧式扁圆腹，绳梁，虎伏圆臀有尾。此后先秦墓中曾出土过漆、铜、陶质的虎子。瓷质虎子流行于三国、两晋、南北朝时期。早期造型呈卧虎状，昂首、张口、鼓目、四足屈蹲，背部竖梁或绳索状，或塑一个小型奔虎状。腹侧刻双翼。中期以后渐趋简单。器身与扁罐相似，肩部有向上的斜直筒口，素身，极少装饰，至晚期虎首和四足逐渐消失。

羊首壶：流行于东汉时期。器型与鸡头壶相似，盘口，长颈，溜肩，椭圆形腹，口与肩部有一曲柄。羊首装饰在壶的肩部与柄相对处。羊鼓腹凸目，双角卷曲，雕塑细腻。羊首壶曾在南京和平门外米家山东晋墓及江苏丹徒、绍兴等地区出土。

（2）瓯窑

温州一带的古瓷窑。温州瓯江北岸的永嘉在汉代已生产原始青瓷及青瓷。三国、西晋时瓯窑瓷胎不如越窑青瓷致密，胎较白，釉色淡青色，呈色不够稳定，有剥釉现象。东晋时胎质细密，釉多为淡青色，青黄色减少，说明烧瓷技术提高。

南北朝青瓷釉色普遍泛黄，有开片纹，釉层易脱落。器型和种类与越窑相同，有罐、碗、钵、洗、壶、盘，其中五联罐、束腰罐、牛形灯、褐彩罐、碗、笔筒风格独特。

瓯窑的花纹装饰比较简单，常见的有弦纹、褐彩和莲花瓣纹，水波纹也偶有所见。褐彩在东晋、南北朝瓷器已经普遍使用。如在器物口沿及肩腹部加几点褐彩，或在器物肩腹部用褐色点彩组成图案。如在四系罐的肩腹部围饰一圈褐彩。这种褐彩装饰手法新颖独特，为其他瓷窑所不见。

（3）婺州窑

在今浙江中部金华地区。秦汉属会稽郡，孙吴宝鼎元年（266年）分会稽郡置东阳郡，隋改为吴州，开皇九年又分吴州置婺州，炀帝初改婺州为东阳郡，唐高祖武德四年（621年）改东阳郡为婺州，隶越州。

唐陆羽《茶经》："碗，越州上，鼎州次，婺州次。"

三国时期婺州窑青瓷，胎质呈浅灰色，釉面粗糙。釉层厚薄不匀，常常凝结芝麻点状，釉色淡青、青灰、灰中泛黄，裂纹密布，有胎釉结合不紧密和釉面开裂处，往往有奶黄色的结晶析出，这是婺州窑青瓷特有的现象。

婺州窑器类比越窑少。三国、西晋时以生产盘口壶、罐、盆、碗、碟、筒、

瓯窑柳条纹钵

婺州窑青瓷灯

水盂、唾壶和虎子等生活日用品为主，此外还有猪圈、鸡笼、碓斗、谷仓、水井等明器。东晋以后则生产罐、壶、碗、碟、水盂、鸡头壶等，内器已经不见。南朝时碗、钵、盏数量最多，同时出现了盏托。

(4) 龙泉窑与龙泉诸窑

龙泉窑属南方青瓷系统。早在公元三四世纪时，今浙江东部宁波、绍兴地区，以绍兴、上虞为中心，已经形成一个早期越窑青瓷体系。五代、北宋初期又以余姚为中心，再度形成一个烧制所谓秘色瓷的越窑体系。除越窑之外，同时烧制青瓷的还有婺窑和瓯窑。北宋时期的龙泉窑受三窑的影响，烧制了与三窑相似的瓷器。南宋以后，龙泉窑为应付南宋宫廷、官府所需，也生产一种以施黏稠的石灰碱釉为特征仿官窑特征的瓷器。南宋中期以后终于形成了有龙泉窑自身特点与风格的梅子青、粉青釉青瓷。北宋时期产品为灰胎或浅灰胎，圈足高而规整，釉层薄，有流釉和开片现象，釉色不稳定，多青中带黄。

常见纹饰有团花、菊花、莲瓣纹及缠枝牡丹纹。

南宋晚期，龙泉青瓷有很大发展，除了龙泉境内众多窑场以外，在周围的庆元、遂昌、云和等县，以及江西吉安永和窑，福建泉州的碗窑、乡窑也烧制龙泉风格的青瓷。入元以后持续不衰，在今天浙江南部瓯江两岸已发现150余处元代窑址。

从窑址遗存的标本看，龙泉窑创烧北宋早期，南宋晚期是龙泉窑鼎盛时期，经元、明以后逐渐衰落。

龙泉窑烧瓷有七八百年的悠久历史。早期习见日用品如盘、碗、壶、盆、钵、罐等，造型制作工整，局部修理平滑。器物比较普遍地使用刻花，辅以箆点纹、方格纹，此外，还有波浪纹、云纹、蕉叶纹、团花和婴戏纹等。在大窑、金村、安福等窑址中这类标本比较丰富。早期产品器型、装饰与釉色各方面与越窑、瓯窑、婺州窑有相似的特征，龙泉窑在南宋中期逐渐形成了自己风格，器物造型，器底厚重，圈足宽而矮，具有稳定感。早期器物仍继续生产，同时出现了炉、瓶、盆、渣斗、塑像等器物，造型多种，每种器物都有多种样式。如炉、葱管足炉、八卦炉、四足炉等。

器皿施釉较厚，玻璃感较强，为了达到晶莹剔透效果，龙泉窑瓷器大多施釉多次，以达到粉青和梅子青效果。

装饰以刻花为主，箆纹逐渐减少。碗口多五出花口碗，碗内刻云纹较多，有的碗心印阴纹"河滨遗范"或"金玉满堂"四字比较多。北宋浮雕莲瓣开始流行，在盘、碗的外部这类纹饰也较多。

元代龙泉窑瓷器继续发展，此期大件器物比较多，器大而不变形，反映出烧制技术纯熟。碗、盘、杯、盏、洗、瓶、炉又有了新的样式，时代特征明显。如高足杯、双鱼洗、龟心荷叶碗、荷叶盖罐、双耳连座瓶等。纹饰有云龙、荔枝、牡丹、荷叶。大量印有"福、禄"等吉语文、商标性质铭文及八思巴文。

明代早期龙泉窑产量仍很大，有相当一些器物，如大盘、罐等造型、纹饰与江西景德镇青花极为相似，明晚期瓷，青釉色泽灰暗，器底不施釉，足部处理粗糙。

(5) 德清窑

德清位于杭嘉湖平原的西湖，南与余杭县相邻，北和吴兴县接壤。

德清窑是黑瓷和青瓷兼烧的瓷窑，以生产黑瓷为主。黑瓷胎多呈砖红、紫色、浅褐色。青瓷胎一般呈深浅灰色，由于胎色较深，所以普遍地在胎外涂一层化妆土。德清窑釉色比较深，一般作青绿、豆青或青黄色，釉层均匀，具有较好的光泽。黑瓷釉层较厚，釉面滋润，色黑如漆，可与漆器媲美。

器型有碗、盘、碟、钵、耳杯、盘口壶、鸡头壶、香炉、盆、罐、唾壶、虎子、灯、盏托等。其中盒、槽、筒形罐、盘口壶、鸡头壶等都配制了器盖。鸡头壶，盘口高颈，腹部瘦长，前有并列双鸡头，后为双股泥条做成的龙头柄。高鸡冠引颈，昂首远眺，造型十分优美。

青瓷继续生产，白瓷的烧成及其重要意义，为后来生产的各种美丽的彩绘瓷器打下良好的基础。没有白瓷就不会有青花瓷、釉里红、五彩、斗彩、粉彩等美丽的彩瓷。白瓷的出现，为我国制瓷业开拓了广阔的前景。

我国早期瓷器，全是属于青釉系统。因为所有的制瓷原料都含有多少不等的铁。这些含铁的坯釉经过还原烧成，便呈现各种深浅不一的色调。古代制瓷工匠们认识了青釉的呈色机理以后，以青釉为中心，在工艺上设法排除铁的干扰，成功地控制了胎釉中的含铁量，从而发明了白瓷。反之加重铁的含量，就会烧成黑瓷。这标志着制瓷业的又一飞跃，是陶瓷发展史上新的里程碑。

考古资料表明，北方白瓷创烧于北朝，1971年安阳北齐武平六年（575年）范粹墓，首次发现了北朝的白瓷。这批早期白瓷有明显的特点，胎料比较细白，没有施化妆土，釉层薄而滋润，呈乳白色，但仍然普遍泛青，有些釉厚的地方呈青色，可以看出它脱胎于青瓷。如果拿它和清代白瓷相比，显然不够成熟，属于创烧阶段，表明它是早期产品。

范粹墓出土13件瓷器中，白瓷仍为主流，有碗、杯、三系罐、四系罐、长颈瓶，造型与同期的青瓷大致相同。这批早期白瓷，胎釉的白度略呈乳浊的淡青色，还没有完全排除氧化铁的呈色干扰，这反映了它的创烧阶段的明显特征，虽然不那么成熟，但它是目前有可靠纪年的早期白瓷，具有十分重要的意义。

（四）隋唐五代时期陶瓷

1. 隋代陶瓷

隋唐时期是我国封建社会的鼎盛时期。公元317年西晋灭亡，出现了南北朝分裂的局面，由于各族人民相互斗争，到公元581年，出现了隋代统一局面。隋代历史甚短，立国仅39年，时间虽短，但制瓷业在中国陶瓷史上却占有重要地位。它上继魏晋南北朝，下启唐及五代，承前启后。除了烧制青瓷外，隋代的白瓷在继承北齐之后也日渐成熟，造型讲究，注重装饰，为唐代瓷业发展奠定了良好的基础。

隋代瓷器继承了南北朝时期的造型，并有所创新，逐渐向美观大方、实用的趋势发展，创出很多新的器型，如白瓷四环足盘。常见器型有罐、壶、尊、瓶、碗、盆、钵、杯、坛、高足盘、三足炉等。

典型的四系罐，直口，无颈，罐身近椭圆形，腹中部有一周凸起的弦纹，将器身分为两部分。也有二系或三系，但四系罐最常见。

壶：分鸡头龙柄壶和盘口壶两种。鸡头壶由西晋创制，一直延续到唐继续烧制。其造型为洗口，以鸡头作流，肩部附贴双系，和流相对的一面附有龙形作柄。其演变趋势是鸡头由小到大，壶身由矮到瘦长，系的形式由条状系到桥形系。隋代鸡头趋于写实，仍为双龙形柄，底部微向外撇。

尊：多为敞口，直颈，鼓腹，腹底斜纹，下有喇叭式圈足。

瓶：一般由北朝的洗口瓶演变而来，盘口，短颈，平底。主要的演变部分是腹部，隋代的瓶颈变细长，腹部阔大，略呈椭圆形。

高足盘：多为浅盘式，口沿微向外撇，盘心较平，下有高空心喇叭状足承托。

隋瓷已开始注重装饰，美化瓷面，模印花是隋瓷中一种常用的装饰手法。它是在胎上先压印出凸凹不平的暗花纹，再施釉入窑烧制，因而显示出釉下的花纹。常用的纹样有草叶纹、朵花纹、几何纹等，其次还有划花、莲瓣纹、卷叶纹、波浪纹等。

2. 唐代陶瓷

公元 7 世纪开始的唐代是我国封建社会经济繁荣的时期，瓷器的产生也得到很大发展，并逐渐从陶器生产中分化出来，成为一个独立的手工业部门，促进了制瓷工业的发展。唐朝时期的青釉瓷有了更大的发展，但白瓷也发展到成熟阶段。

白瓷自北齐创烧，历经隋代，有了较大发展，到了唐代，趋于成熟。早期白瓷比较细白，但不上化妆土，釉层薄而细润，呈乳白色，仍然普遍泛青。隋代的白瓷，胎质较白，釉面光润，胎釉已看不到白中闪黄或白中闪青的痕迹。唐代前期白瓷的烧制仍沿用隋制，大件器物往往施半截釉，盛唐以后，多改成上满釉。

目前已发现烧制白瓷的窑址有河北省的邢窑，河南省的巩县窑、安阳窑、辉县窑等。

（1）巩县窑

以巩县窑的产品最为出色。以白瓷为主，兼烧三彩及单色釉陶器。

白瓷有碗、盘、壶、瓶、罐、枕等类。

根据上海硅酸盐研究所对巩县唐代白瓷的胎、釉的分析，釉中所含 Fe_2O_3 为

0.57%，比宋代定窑白瓷釉的 0.96% 低。

（2）邢窑

唐代著名瓷窑，位于今河北省内丘境内。内丘在唐武德五年由赵州改隶邢州，窑以地名，故称"邢窑"。唐陆羽《茶经》云："邢瓷类银"，"邢瓷类雪"。考古调查表明，内丘县城关一带白瓷窑最为集中。除烧白瓷外，还烧青瓷、黑、黄釉产品。而白瓷又分粗、细两种，以粗白瓷最多。邢窑产品以造型规整、制作精致、胎质坚硬、釉色洁白为主要特色。器型有碗、盘、盏托、瓶、壶、罐等。碗大多敞口，斜壁，口沿往往凸起一道唇边，底为璧形。足矮浅。玉璧底中心往往划刻阴纹"盈"字。盏托为五瓣口沿，腹较深，矮圈足。器物施白釉，釉面光滑，色纯白或微闪青。邢窑瓷器不注重纹饰，所见之器都没有花纹。

（3）越窑

越窑在浙江省余姚县上林湖，发展成就非常突出，是唐代青釉瓷代表，受到当代文人及清代乾隆皇帝的好评。越窑瓷器胎骨坚硬，精细，呈灰色。施釉薄，釉质光亮，早期釉色为绿中闪灰黄，中、晚期为绿中闪黄色，个别精品为青绿色。唐越窑瓷器的纹饰早、晚略有不同。早期器物一般无纹饰，少数器物则刻划简单的花草纹。中、晚期器物纹饰逐渐繁缛和增多，有花鸟、龙凤、人物故事等图案纹饰。

唐代越窑器物的造型有盘、碗、盒、壶、瓶、罐、枕、盏托等，造型别致精美。器物底部为平底、玉璧底、圈足等几种。盘、碗一类的产品圈足者多。中、晚期圈足一般向外卷曲的八字形。

烧成工艺多采用垫烧、支烧。垫烧见于玉璧底器物和平底的印盒类器物。底部往往遗留有灰白色的垫砂。支烧法则是用很窄的圈形窑具支在器物底部，如盘、印盒等器物多用支烧。

（4）郏县窑

1964 年，河南省郏县黑虎洞和黄道发现唐代瓷窑遗址。均以烧白瓷为主，黄釉次之。此外还有黑釉瓷器。黄釉瓷器的产品有碗、罐、壶、瓶等器物，烧造方法多采用叠烧法，为了避免粘釉，碗里只施半截釉，使碗底露五角形、六角形胎。另外有黑釉斑点花瓷、白釉绿彩瓷等。

（5）鲁山窑

唐至元代瓷窑。窑址在河南鲁山段店。所谓鲁花瓷，即黑釉或褐釉上带白、月白等浅色斑纹装饰的瓷器。器型有拍鼓、瓶、壶、罐、碗、盘等。白釉器物有炉、罐、碗、钵等，白釉点褐彩、圈点、花卉等纹饰。其中点纹排列方式有横向形、花朵形和三角形等。另有白釉划花，纹饰有荷叶、花草纹。有珍珠地划花，用黑釉、酱釉装饰口沿的白釉碗。此外，还有红绿彩碗、三彩凸雕莲瓣炉、绿釉狮形枕、划花枕、褐黄釉划花枕都具有鲁山窑特色。

（6）巩县窑

河南巩县窑是唐代重要瓷窑。创烧于隋，已发现青瓷及泛青的白瓷碗、高足盘。唐代烧瓷品种丰富，除玉璧底碗、注壶、盘口瓶、罐、盒、钵、杯、豆、枕

唐鲁山窑窑变釉执壶

等器物，还有人物、动物雕塑、玩具等。器物以白瓷为主，由于胎中含杂质，故釉色白中泛黄，少数精品胎釉洁白。唐《元和郡县志》载："开元中，河南贡白瓷，领登封、新安、巩县……"《新唐书·地理志》也有关于河南盛产白瓷，向长安贡献白瓷的记载，在时代上是一致的。唐代的巩县交通方便，两三里地就到洛河，瓷器用船运输，可以直达洛阳，由洛阳转赴长安。

宋代五大名窑

一、宋代瓷业的昌盛

经过晚唐和五代十国的混乱局面，到了宋代终于完成了全国的统一。北宋（960—1127）一百多年间，结束了长期的封建割据局面，改进了农业技术，推广了谷物品种，经济得到了恢复，促进了手工业的进一步发展，从而瓷业繁荣昌盛，陶瓷工艺技术也得到了全面的发展和提高。

宋代瓷业的振兴，是由于国家减轻了赋税，使人们得以休养生息，社会比较安定，有利于生产的发展和社会的进步。随着经济关系的变化，促使了社会生产力的发展，在这个基础上，商品经济也有了长足的发展，全国出现了许多商业繁荣、人口密集的城市和集镇。宋代许多瓷窑集中地自然形成商业繁荣的集镇，如河南登封曲河宋代窑址附近发现的清代碑记说："尝就里人偶拾遗物，质诸文献通考而知，当有宋时窑场环设，商贾云集，号邑巨镇。"登封曲河窑场如此，其他瓷窑集中地也可推想而知，如鹤壁集窑、神垕镇窑、新安县城关窑等，大凡繁华的集市周边均设窑烧造瓷器，集市成为商贾云集、瓷器集散地。至于北宋的东京汴梁（今河南开封）与南宋的临安（今浙江杭州），既是当时的政治中心，又是最大的消费城市与商业贸易中心，人口逾百万之众，除了当时的商行、货栈，茶坊、酒楼与瓦舍、勾栏也到处可见。

宋代社会经济关系的改进，减轻民众负担，提高了生产技术，促使生活方式的变化和文化素养的提高，对瓷业的发展导向提出了新的需求。它不仅要生产广大人民日常生活必需用瓷，其重点还得提高制瓷的质量与工艺技术，生产满足皇宫、贵族、官僚、富商大贾装点豪华的居室，产品美观、实用，又具有观赏、收藏和艺术陈设价值的瓷器。如历史鉴赏与收藏家所盛赞的宋代五大名窑——汝、钧、官、哥、定，这些名窑生产的瓷器，也主要是供观赏收藏用的陈设高档艺术品。宋代的茶坊酒肆，均选用精致的名瓷器皿，饭店选用耀州窑青瓷碗，饮食担子也用定州窑的瓷瓶，在民间流行瓷枕作睡具，妇女化妆多使用瓷制香料盒或脂粉盒。尤其宋代斗茶风盛行，上自帝王，下至文人学士和雅兴百姓，皆以斗茶取乐，以斗茶聊天，作为胜败论争的一种娱乐方式。斗茶使用的黑釉茶盏，在宋代各地窑址中皆有发现。可见当时瓷业的振兴，一方面为满足宫廷贵族等上层人士高尚的艺术追求，同时也适应了当时的习俗时尚与瓷器的普及，满足了社会各方面的客观需求，从而得以兴旺发达。

二、五大名窑的兴起

宋代是我国陶瓷发展的繁荣昌盛时期,产品多样,富于装饰,技艺娴熟,工艺精细。瓷艺荟萃,相互促进,争芳斗艳,独具风韵。全国各地官窑林立,民窑四起,继承传统,勇于创新,进而出现了激烈的竞争局面,并形成八大窑系。大江南北,各地窑口竞相仿制。由于北宋皇宫的特殊需要,选定工艺精湛、技艺超群的"汝、钧、官、哥、定"五大名窑,由宫廷直接垄断或派职官进行监烧,专为宫廷显贵烧制御用品,更由于宫廷的赏识与宠爱,又将这五大名窑的产品作为官窑产品。为了显示皇家的独尊,有的产品甚至禁止在民间流通和仿制,普通的生活日用瓷和广为流行的商品瓷器,一旦被宫廷垄断后,则成为皇宫御用的工艺美术陈设品,民间禁用。五大名窑的出现,充分展示了我国北宋时期陶瓷发展历史跨进了繁荣昌盛的新格局。

1. 汝窑

因产自河南古代汝州而得名,经过文物考古工作者多年的探寻,汝官窑已在河南宝丰县清凉寺村(宋时宝丰归汝州管辖)找到。汝窑以产青瓷著称,土质细腻,胎坚细密,釉色润泽,釉中施玛瑙末,其色卵白、天青、豆青、虾青,往往微带黄色,还有葱绿、天蓝等。尤以天青为贵,粉青为尚,天蓝弥足珍贵,有"雨过天晴云破处"之赞美。施釉莹厚,有如堆脂,视若碧玉,扣声如磬,釉中沙眼显露了蟹爪纹、鱼子纹和芝麻花,底上有细小支钉痕。汝窑分为汝官窑(专为宫廷烧制御用汝瓷)和民窑(即临汝窑)两部分。民窑造型多样,美观大方,富于装饰,艺术性强,图案丰富,线条流畅,坚固耐用,备受青睐。

汝官窑是北宋后期元祐至崇宁间20多年里为宫廷烧制御用青瓷的窑。主要器物有盘、碗、碟、洗、尊、盏、托、水仙盆等。盘、洗、碗多为圈足外卷,足底有3—5个支烧痕。碗是莲花式,较深,是宋代较为盛行的注碗形式。盘有花口、圆口、敛口、敞口等不同形式,三足盘是较为独特的器型。瓶有纸槌瓶、长颈瓶、长颈敞口瓶。尊有三足尊、出戟尊。盏托为方花瓣式,水仙盆为椭圆形。

汝窑器物胎较薄,质地细腻,香灰胎色,修坯精细,一丝不苟。

2. 钧窑

因在河南禹州城内古钧台附近设窑烧造瓷器而得名。其主要特点:造型端庄,胎质细腻,坚实致密,扣之其声,圆润悦耳。入窑一色,出窑万彩,钧瓷无对,窑变无双。钧瓷的造型除碗、盘器皿,还有壶、罐、炉、枕等生活日用品,特别在钧台窑出土的多种宫廷美术陈列品和各类花盆、盆奁、尊、炉、瓶、洗及文房四宝等。

钧台窑经考古钻探、发掘证明,该窑址总面积为36万多平方米,共分四个不同品种的烧造区,即白地黑花瓷、青瓷与青白瓷、黑釉天目瓷和钧窑烧造区。这里的钧瓷纯属为北宋宫廷烧制御用品窑口,其主要特征:紫口铁足,芝麻酱底,窑变美妙,红紫相映。开片密布,釉层温润,做工精细,胎坚致密。有蚯蚓走泥纹者尤好。钧窑的花盆及盆奁,为了适应北宋皇宫的设计需要,盆及盆奁同号配套,在底部均刻有一至十的汉字号码,一号最大,十号最小,依次递减,形成了钧瓷独有的特点。

器型有花盆、盆托、洗、炉、钵、碗、盘、瓶、出戟尊等。以铜金属为着色剂的乳浊釉通称钧釉,颜色有天蓝、月白、玫瑰紫、海棠红等多种。"入窑一色,出窑万千"。钧窑釉料配方一致,由于入窑的前、后、左、右、上、下位置不同,出窑后产生各种意想不到的绚丽多彩的颜色,为以后花釉、彩瓷开辟了道路。钧窑另一个特点是坯胎在烧窑过程中,在低温时发生裂纹,经高温时釉药溶融又流入空隙填补裂纹而形成蚯蚓走泥纹。

公元1126年靖康之变,宋室南迁,随之带走大批北方各种手工艺工匠,从此宋钧一蹶不振。但在宋钧盛名影响之下，民间于战乱之后为了生活，各地借宋钧之名恢复了钧窑原始时期的青器——元钧。与宋钧相比大为逊色，偶尔也见有带红紫斑一类的瓷片，是有意识的在青釉下涂一块红铜釉。烧出后虽呈玫瑰色，但不能晕满全身，更没有像宋钧那样绚丽多彩的窑变颜色。故有人对元钧的天青釉和紫斑进行化学分析表明，这两种釉色化学成分除 CuO 完全相同外，紫釉的 CuO 含量占 0.33%，而青釉的 CuO 含量仅占 0.098%，这也说明钧釉紫斑是有意识涂上去的。如此一类的钧窑遗址仅禹县境内就有 96 处之多，至于临汝、郏县、登封、宝丰以及洛阳以西的新安县，黄河以北的汤阴、鹤壁、安阳等地相类似的瓷片相当普通。此种元钧大都是就地取材和比较简单的釉料配方制成，故胎壁较厚，笨重粗糙，内含杂质较多。烧成后胎内有夹砂或气孔现象，胎色有灰色、深灰色，火候不足者呈白色、黄白色、黄色、黄褐色、橙黄色，制品大部分以生活器皿为主，如盘、碗、碟、板沿洗、钵、缸之类的器物较多。施釉薄厚取决于上釉技术和生胎的强度，一般说元钧釉厚，施釉两三遍，烧成后大多釉垂如蜡泪。有时造成釉内含气泡较多，或有没有烧透的石英砂等化合物遗留在釉内形成的斑点。更由于炉温掌握的烧造气氛不同，时而因温度不足或温差不一，使之釉面显蓝灰、青灰、豆青、灰绿或烟熏发黑等色调。虽有天青、天蓝、月白、紫红斑等釉色，但极艳丽细腻、莹润的已不多见。制法上元钧与宋钧也有截然不同的区别，宋钧多采用支烧满釉，器底遗有细小支钉。元钧则采用叠烧，器外施半截釉。器壁修饰不甚规整，底足削旋时由于刀具斜放底足中间，往往突出乳突，足里外撇，底心较薄，是元代钧窑突出的特点。

3. 官窑

（1）北宋官窑

据宋叶寘《坦斋笔衡》记载："北宋大观间，汴京自置窑烧造，名为官窑。"官窑又可分北宋（汴京今开封）官窑和南宋（今浙江杭州）修内司窑、郊坛下官窑。北宋官窑窑址已深埋地下 7 米，无法寻找，而南宋官窑窑址经考古发掘已在杭州乌龟山下找到。但北宋官窑由于直接受到汝窑的影响，虽然当时的汴京（今河南开封）地处豫东大平原，当地并无瓷土、釉药原料，也可以从汝州、禹州等地运去原料，然后设窑烧造官瓷，当然也离不开汝州工匠们熟练的制瓷技巧。所以北京故宫博物院收藏的汝窑三足弦纹炉与北宋官窑的冲耳三足炉，二者釉色极相似，不仅风格雷同，甚至一脉相承。

北宋官窑的原料也非常讲究，均选用上等瓷土，釉料采自陈留、钧州等地，所以马祖常诗云："贡篚银貂金作籍，官窑瓷器玉为泥。"官窑产品胎骨有白、灰、红等色，白的含有铁质的黑釉护胎足，釉色以月白为上，粉青次之，又有天青、翠青、大绿等，其釉薄如纸，釉内呈现冰裂、蟹爪、梅花和开片等纹样，也有作鳝鱼血状的釉斑者，器表形成金丝、铁线两种大小不同的开片，成为北宋官窑的基本特征。其造型多炉、瓶、壶、尊、碗、盘、洗、碟、盒及文房用具等。

（2）南宋官窑

公元 1127 年，宋高宗赵构南渡长江，把都城由汴京（开封）迁到了浙江临安（即杭州）建都，史称"南宋"。在北宋南迁时，一些制瓷工匠也相继迁到南方，这时北方一些瓷窑逐渐衰落，甚至停产，而南方制瓷业在原有基础上得到发展。

南宋迁都临安后，在凤凰山下设窑，称修内司官窑，也称内窑。后来又在乌龟山下的郊坛另设新窑，称为"郊坛下官窑"。以上两个官窑统称"南宋官窑"。

修内司官窑：据曹昭《格古要论》记载："官窑，宋修内司烧者，土脉细润，色青带粉红，浓淡不一，有蟹爪纹，紫口铁足，色好者与汝窑类似，有黑土色谓之乌泥窑，伪者皆龙泉所烧，无纹路。"

修内司官窑，窑址位于杭州市凤凰山西北万松岭附近老虎洞，1996 年发现，也称老虎洞官窑。经过考古工作者 5 年的发掘和整理，在众多的青瓷片中发现一件瓷身带字的荡箍："修内司窑置庚子年□□□□□匠师造记"。它成为修内司

宋汝窑天青釉碗

元代钧窑钵

南宋官窑天青釉碗

官窑最有力的佐证。考古资料显示,早期以厚胎厚釉为主,粉青釉,灰黑胎。器型以日常生活用具为主,有盘、碗、杯、碟、罐、壶、洗、盏托等,也有少量的仿青铜礼器。晚期以薄胎厚釉为主,器型多为仿青铜礼器,有觚、尊、琮式瓶等,也有少部分日常生活用品。

郊坛官窑:在今浙江省杭州乌龟山。20世纪50年代起做了多次发掘,发现了窑炉、窑具及瓷器碎片。胎质有黑灰胎和黑褐胎两种,胎薄者施釉较厚。釉色翠青、粉青、月白、米黄色、油灰色,釉面有开片纹,纹片较大,有冰裂纹。

造型有盘、碗、碟、洗及仿商周秦汉古铜器及玉器造型的器物。传世品有方、圆、葵口、折沿等各式洗。瓜棱贯耳、胆式弦纹瓶、葵口花式盘、葵口圆口碗、盏托等。大部分有紫口铁足的特征。器物多采用支钉支烧,洗有5—8个支钉。少数器物从造型和釉色、纹片都与哥窑难以区分。官窑制品明、清御窑大量仿制,其中雍正仿品质量最好,有达到乱真的程度。

4. 哥窑

产自浙江龙泉,相传古代章生一、章生二兄弟二人以烧瓷谋生,而且都比较成功,然章生一烧制的瓷器更为名贵,得到社会各界的赞赏与青睐,榜上有名,史称哥窑,也名哥瓷。其主要特征:胎色有黑灰、深灰、浅灰、土黄等多种色调。黑灰胎有"铁骨"之称。其釉为失透的薄乳浊釉,以灰青为主,还有粉青、月白、油灰、炒米黄、浅青等色。器表纹片装饰,大小有别,有的大纹片呈现黑色,而小纹片呈现黄色,故有"金丝铁线"之美称。但也有纯小开片纹者,纹片全部呈现黑色,世称"百圾碎"。传世的哥窑器造型有各式瓶、炉、碗、盘、洗、碟和罐等。坯胎有厚薄之分,其胎质又有瓷胎与砂胎之别。

哥窑列为宋代名窑,最早的文献记载见于明初宣德年间的《宣德鼎彝谱》一书:"内库所藏:柴、汝、官、哥、钧、定。"列名于宋名窑汝窑、官窑之后,钧窑、定窑之前。可见哥窑已被当时认定为宋窑,并已列入重要的收藏对象。然而由于它的传世之少，已是十分稀有而珍贵。更由于传世少，稀有难得，到元末曾一度出现仿烧。如明代曹昭《格古要论》中云："旧哥哥窑出（指出产某地，产地待考），色青浓淡不一。也有铁足紫口，色好者类董窑，今也少有。成群队者，是元末新烧，土脉粗糙，色也不好。"由此可知旧哥哥窑当指宋代哥窑，而从元末已出现的仿哥窑则为新哥窑。《格古要论》没有说明哥窑与弟窑之关系。《浙江通志》中第一次出现了章生一、章生二各主一窑场的事。哥窑生产开片瓷，弟窑生产不开片瓷的龙泉青瓷。然而自20世纪70年代末，考古工作者在浙江各大窑场进行大规模调查和发掘，没有发现单独生产哥窑的窑址。而釉面布满开片的哥釉瓷是龙泉青瓷中部分窑址的一种产品，很有特点，生产作坊也不是一个独立的瓷窑体系，后人错误地把它分为哥窑、弟窑两个窑系。明清以后景德镇有专仿哥窑的产品。

5. 定窑

宋代五大名窑之一。窑址在河北曲阳涧瓷村。曲阳宋代属定州，故名定窑。创烧于唐，发展于宋，延续烧瓷至金、元时期。唐代始烧白瓷、黄釉器物。白釉器受邢窑影响，有玉璧底碗、注壶、瓶类等器型。宋代定窑型成了自己独特的风格，烧制碗、盘、盏、盒、壶、瓶、枕等类器物，以白釉为主，其次有黑釉、酱釉、绿釉、白釉、褐花等品种，白釉器胎白坚硬，薄胎，釉白中泛牙黄色，因覆烧而形成无釉的芒口，釉流有泪痕。装饰方法有划花、刻花、印花，纹饰题材有莲瓣、龙凤、牡丹、莲池游鸭、婴戏、鸳鸯等。北宋晚期一度为宫廷及官府烧制瓷器。北京故宫博物院收藏一批定窑龙纹盘、碗，既专为皇室烧造，有些器物入宫后刻"风华""寿华""禁苑""德寿"等宋代宫殿名称。窑址出土白瓷标本刻有"官""新官""会稽""尚食局""五王府"等款识，显然是为官府或某些机构而烧制。定窑黑釉，釉色黑如漆。酱釉器有内白釉外酱釉的复合釉。绿釉标本发现最少，只有碗。此外，定窑印花白瓷及覆烧方法影响一批瓷窑，如河南

哥窑簋式炉

定窑白釉瓷碗

定窑酱釉盏托

鹤壁，山西介休、霍县、阳城、盂县、平定，四川彭县，江西景德镇都模仿定窑白瓷，形成以定窑为中心的定窑系。霍窑仿定产品有"土定"之称，景德镇仿定有"南定"之称。明、清景德镇仍有仿定窑的器物。

收藏与鉴赏

收藏与鉴赏是门学问，这门学问水很深，不是三言两语能讲明白的，我只能粗浅地讲些皮毛。

一、收藏

中国民间的收藏活动源远流长，自人类有目的地造物之后，收藏活动也相应地发展起来。在中国历史上，历代宫廷均设有专门机构，收集和管理遗存物品。皇家的收藏意向，多引导着民间的收藏品味。宋代以来的文人收藏，将民间的收藏趣味引上了"雅"的道路，收藏的种类也有所拓展。明清以来，民间收藏已成风气，大家辈出，具有特色的各家收藏，使当时的收藏与鉴赏水平达到了新的高度。近现代私人收藏家也很多，如张伯驹、张学良、溥侗（溥仪堂弟）、袁克文（袁世凯之子），此四人为"民国四公子"，都是大收藏家。现代收藏家最著名的有商承祚、容庚、章乃器、尹润生、周绍良等。这些收藏家都是以不同门类的文物及艺术品，来提高自己的文化修养。

随着改革开放以来，人们的生活富裕了，业余时间多了，特别是现在股市不稳定，房地产投资受到限制，而艺术品投资又容易被大众所接受，因此搞收藏的人越来越多，真正体现了"乱世收黄金，盛世收古董"。文物市场也"与时俱进"，搞活开放，在北京、上海、广州、深圳等地举办的文物拍卖活动，以及遍布全国各地的古玩市场，促使更多的人加入文物收藏的行列。而民间广为流传的收藏活动，也将收藏领域拓宽到"诸物皆可收藏"的程度，并且涌现出一批具有一定专业知识和一定收藏规模的个人收藏家，民间收藏团体、私人博物馆遍布全国。藏宝于民间，既可以弥补国家专业博物馆之缺项，又有利于民族整体文化素质的提高。

现在民间收藏的对象仍然是以文物为主体的文玩。文物——即古代劳动人民遗留的物质文化，是不可再生的。文物一旦为私家收藏或进入商品流通者，叫作"文玩"，又称古玩、古董、骨董。它包括瓷陶、玉器、漆器、钱币、文房四宝、竹木牙角器、古书等。文玩之所以成为人类高雅的精神追求，是由其丰富的文化内涵和不可限量的经济价值所决定的。也就是说，比起一般精神产品来，它具有难以估量的经济价值；比起一般物质产品来，它又有着博大精深的文化内涵。

文物古玩的特殊性和地位决定了人类的文明程度越高，社会的物质财富越丰富，收藏风气也越盛。除专门人员外，必然还会出现大量的业余爱好者。随着社会的进步，我们相信一定程度的收藏与鉴赏知识，将会成为每一位公民所必备的基本教养。

与此同时，由于人类思想意识、道德水准的差异，作伪之风很难断绝，因而鉴赏作为一门专业性很强的技术和学问，也必然有着长期性的重要地位。即使将来人的道德水准提高了，而对古代赝品的甄别以及对无年代无作者可考的文物的研究，仍然是文博界永久性的课题。

二、鉴赏

　　鉴赏乃是文物艺术品的鉴定、欣赏。首先是鉴定，就是鉴别真伪，以前鉴定各类文物，靠的是学识与眼力。现在鉴定除眼力外，还有 ^{14}C、热炽光、化学元素及波光仪检测等科学手段。为此，2003 年 11 月 4 日，由陶瓷鉴定专家毛晓沪发起的"古艺术品传统鉴定与科技鉴定双轨制研讨会"在京召开。参加会议的有前国家文物局局长吕济民、国家文物局鉴定委员会主任史树青、国家鉴定委员会专家耿宝昌、中国古陶瓷学会秘书长袁南征及有关专家孔祥星、刘建业、杨敬荣、张宁、黄秀纯等，与会者一致支持毛晓沪倡议。不久，毛晓沪聘请清华大学教授、光学仪器系统等有关专家，研制的"陶瓷年轮老化痕迹——玻光仪"诞生。经专家鉴定论证验收，得到国家首肯。学识是在长期学习和实践中积累起来的，眼力是在学习与实践中练出来的，不下一番功夫，换句话说，不交一定的学费是不会积累丰富的文物知识，也不会练出好眼力的。

　　所谓鉴定，是根据自己所学知识积累的经验，对某种器物进行"排除法"，把不符合时代特征的东西排除掉，即是真品；如果排除不了就是赝品。字画鉴定专家老前辈启功先生认为文物鉴定不是简单的分真伪，它有一定的模糊度，如古代流传下来的字画，有多种情况，不是"真""伪"两端所能概括的，如果把真伪二字套在历代一切书画作品上，也是与情理不符的，不合逻辑的。另外还有每个鉴定专家的学识、学历、见闻经历各有不同，对某件作品也会得出不同的结论（这样的实例太多了），如 2012 年中拍国际拍卖公司拍卖一件麻布织绣佛幡，我们找了四个专家，四个意见，先找的古代丝织品专家中国社会科学院考古研究所研究员王亚蓉，她认为东西是真的，时代为魏晋时期到唐代。第二个找的国家博物馆字画鉴定专家吕长生，他认为是真的，唐代的，是敦煌出土的。第三个找的敦煌研究所的老教授，他认为不是敦煌出的，是宋代西夏的。第四个找的故宫博物院字画鉴定专家杨新，杨先生展开一看，两个字："假的。"

同时启功先生又说，鉴定中有"世故人情"。鉴定工作本应是"铁面无私"的，从种种角度"侦破"，按极公正的情理"宣判"；但它究竟不同自然科学，一加二等于三，"一氢二氧是水"。而鉴定工作常有许许多多社会阻力，使得结论不近正确，不公平、不正不公的，固然有时限于鉴定者的认识，这里所指的是"屈心"做出的一些结论。

启功先生根据多年的鉴定经验，从八个方面总结了造成不公正的原因。

一、皇威；二、挟贵；三、挟长；四、护短；五、尊贤；六、远害；七、忘形；八、容众。并指出鉴定工作者应有的态度。

"皇威"，意思是说由于古代皇帝喜好，他认为哪件书画好的哪一件就是精品。乾隆就是一例，他可以在一幅自己喜欢的画上随意题诗，也有在伪画上题跋，并说是精品，这种事例不少。

"挟贵"，是说贵人有权有势，说这件东西花多少银子买的，知情者明明知道是假的，也不敢说，只有附应，这种情况也是普遍的。

"挟长"，启功谈到有位老前辈，误信伪题，把清人画认为是元人画。王畅安先生和我惹他生气，他把我们叫去训斥，然后说："你们还淘气不淘气了？"这是管教小孩的用语，也足见这位老先生和我们的关系。我们回答："不淘气了。"老人一笑，这画也就是元人的了。

"护短"，是说当看一件文物时，有人说真，有人说假，而说真者眼力弱，说假者眼力强，这种情况也常见。

"尊贤"，是说对一些老前辈的话要尊重，即使老前辈也有走眼的时候，但年轻人又必须尊重老前辈的意见，不可否认。

"远害"，是说过去评价一件文物或字画的真伪常常要违心地说话，这样会减少很多麻烦。说真话可能会伤害卖家的利益,这样会结仇,所以鉴定者便敷衍了事;而说了假话,又会伤了买家的利益。

"忘形",是指有的看一幅画,刚一打开容易激动忘形,而大呼其真品,而冷静下来一看,竟会发现问题。这样大呼真品时藏家高兴,而一旦说是假的,又不好否认自己。这种一时忘形出现的失误也是常有的事。

"容众",是说对某件文物,大家意见不一致的情况下,请一位老先生来定结果,老先生亦不应妄自尊大,目无群众,而包容大多数人的意见。

因而启功说鉴定工作都有一定的"模糊度",而这方面的工作者、研究者、学习者、典守者都宜心中有数,就是说,知道有这个"度"才是真正向人民负责。

鉴定有一定"模糊度"的观点,是站在哲学的角度看问题,故而拓宽了我们思维领域,给鉴定学领域增添了新的内容。同时也告诫我们从事文物研究工作者,要自我警惕,应该保持对人民负责任的工作态度。

2003年11月4日"古艺术品传统鉴定与科技鉴定双轨制研讨会"在京召开。与会代表合影

三、文物市场

改革开放前,文物严禁流入市场,除国家专门机构——文物商店以外,民间严禁私下交易。1982年国家颁布新的《文物法》,明确指出"藏宝于民",于是文物逐渐流入市场。为了迎合市场需要,全国各地的古玩城、旧货市场应运而生。最著名的莫过于"北京潘家园旧货市场",如今世界只要对中国古代艺术品稍有兴趣的人,恐怕无人不知,无人不晓。国内古玩界收藏家更是如此。现在到北京有两处必看的人群景观:一是去天安门广场——抬头看国旗;二是去潘家园地摊——低头寻国宝。搞收藏的人若是没到过潘家园旧货市场,恐怕会遭到业内人士耻笑。

潘家园旧货市场位于北京东三环,潘家园桥西侧,20世纪80年代初,这里是一片高低不平的空地,后开辟跳蚤市场,卖旧家具电器、废铜烂铁等,夹杂着古旧瓷器、玉器、旧书、字画等,但大多偷着卖。1995年以前这里有"鬼市"之称的非法文物交易市场,即每天凌晨四五点钟天没亮,一些来路不明的文物商贩占据街道两旁空地摆摊卖旧货。一些逛"鬼市"的人,借助手电,凭着自己的眼力,一个摊位一个摊位地逛。东西真假全凭自己的眼力,其中也有各地出土的文物,直到天亮自动散场。

1995年,借助拍卖公司将文物公开上市的东风,有关部门解放思想,在潘家园街道南边空地上用帆布搭建了临时帐篷,让街面上的"孤魂野鬼"们退街进场。半合法半非法地将一些文物掺杂古玩旧货公开买卖,随着经济体制改革不断发展、完善,特别是新的《文物法》颁布,市场不断扩大,条件越来越好,到2005年,这里占地面积达48500平方米,有摊位3000多个,来自全国各地24个省市的古玩商贩有数万人之多。

与此同时，在潘家园旧货市场东南侧，华威桥西北新建一座"北京古玩城"。政府投资一部分，摊商捐一部分，凡交4万元人民币者可"收摊进城"。我的一位中学体育老师——刘育照，60岁退休，先在潘家园旧货市场摆地摊卖盆景，价格非常便宜。有一天，来个日本人看上他的盆景了，但挑了半天都不中意，问他："还有好的吗？"他说："有，在家呢。"日本人说："明天你带两盆来。"其实，家里也没有。下午收摊后，刘老师骑着自行车直接到"中山公园"花棚里花800元买两盆最好的也是最贵的盆景，第二天日本人来了，打开包装一看，日本人非常看好，刘老师要价1.6万元，日本人还价1万元人民币。"OK"成交。刘老师说到此时非常得意，他说："这是我一生中第一次知道姓万的长什么样。"那时候一万元，可是天文数字呀！后来这位刘老师交4万元进城，在古玩城二楼专卖奇石，堂号"见石楼"。

潘家园旧货市场经营的商品，主要有五大类：古玩、字画、金石、陶瓷、竹木牙角器等。这些文物流入市场，就具有商品的性质。凡进入市场的商品就应该保真。但是文物市场是非常复杂的，文物本身又有特殊性，历代都有真假之分。收藏家玩的就是"眼力"。所以在古玩市场淘宝，就有"打眼"和"捡漏儿"之分。买假了自认倒霉，从不上门理论，只怪自己"眼力"不好，全当交学费了；淘上好东西了，买的又便宜叫"捡漏儿"了，没事偷着乐吧。俗话说："不怕贵，就怕不对。"只要到代，贵些也合算，有待以后升值。潘家园旧货市场大约80%以上是赝品，但工商局执法队从不去潘家园打击假冒商品。这里出售的叫"仿古艺术品"。相反如果倒卖出土文物，文物局执法队就要查办了。为什么？因为出土文物概归国有。20世纪90年代，中国文物报报道河南省洛阳北魏时期墓群被盗，出土很多一米多高彩陶俑流入各地古玩市场。于是国家文物局指示，故宫、国家博物馆、北京文物公司去潘家园旧货市场截留，重金收购，结果越收越多，据说宿白先生首先对这批彩陶俑产生了疑问，后来史树青先生和耿宝昌先生说："老耿啊！你看看吧，这些彩陶俑会不会是假的呀？"于是经过检测，发现大多是仿制品，国家文物局还派调查组去河南调查，在省文物局陪同下到洛阳文物复制厂查处，厂方说："我们有工商执照，我们就是搞文物复制的，我们以为北京组织文物艺术品出口呢，所以我们才大量的烧制。"因为是文物复制品，不予追究了。

拍卖市场，即拍卖公司，北京就有大大小小拍卖公司上百家，我国艺术品拍卖市场比外国晚100余年。中国第一家拍卖公司——嘉德国际拍卖公司是1993年成立的。翰海拍卖公司属于国企，是1995年成立的。

依照《中华人民共和国拍卖法》第十八条、第六十二条规定：拍卖公司对拍卖品的真伪及品质不承担瑕疵担保责任。但建议在拍卖公司预展期间竞买人应以审慎的态度对拍品进行检查，以其他方式亲自审看拟竞投拍原物，自行判断拍品质量状况，而不应依照公司拍品图录及其他形式的影像制品和宣传品之表述做出决定。这是法律条文，也叫"告知权"，也就是说拍卖公司告诉你了，拍品的真假质量状况等一切后果自负。

2000年，杭州一家拍卖公司拍出一幅张大千画，成交价105万元，后来买家认为此件是赝品，告到法院，如果真的像买家所说的是赝品，那么拍卖公司要双倍赔偿买家210万元。就此件商品引起南北两派鉴定家争论，南派字画鉴定专家谢稚柳先生说是真的，我亲眼看着张大千画的；北京字画鉴定专家徐邦达先生认为是假的。此件拍品由于专家鉴定意见不一致而法院无从宣判，也就不了了之。

2005年12月，收藏家苏敏罗通过翰海拍卖公司以253万元竞拍买下一幅作者吴冠中《池塘》的油画，疑此画是赝品，后经吴冠中先生亲自鉴定，并在画心中写下"此画非我所作，系伪作"。双方2008年10月25日对簿公堂。翰海公司称："我们不认可吴冠中的鉴定，画家本人鉴定其作品的真伪存在很多弊端，也不符合法律规定。吴冠中在本案中不能既充当证人又充当鉴定人，书画鉴定主观性很强，弹性很强，画家不能既当运动员又当裁判员。"翰海公司还称，我们预展三天，"告知了'拍卖不保真'"是行业惯例。

中拍协副秘书长王凤海表示："依靠法律规定艺术品真伪的案例，在国外也没有先河，不仅我国，世界各国对艺术品的鉴定都没有统一标准，也没有权威鉴定机构。"

第三篇 说拓碑

说拓碑

一、石刻发展种类

石刻文字是我国古代文化遗产的一个重要组成部分。江西省清江吴城商代石刻文字，传世的石鼓文和河北省平山县战国时期墓葬中发现的战国刻石是现存最早的石刻文字。其中以唐初陕西峡州发现的10个形状像鼓一样的刻石最为完整。每个石鼓周围刻四言诗一首，记述秦国君游猎之事。石鼓所刻文字称"猎碣文"，书体在古文与秦篆之间，故称"大篆"。石鼓原藏在天兴（今陕西省宝鸡市）三峙原。唐末以来多次被弃置，辗转南北，现藏北京故宫博物院。

秦始皇统一六国后，先后五次巡视全国。东巡邹峰山、泰山、琅琊台等处，均刻石歌功颂德。据《史记·秦始皇本纪》记载，"共有峰山、泰山、琅琊、芝罘碣石和会稽"等七种，史称"刻石"而不称碑。

碑：东汉石刻文字，习惯上称之为汉碑。其实碑只是石刻文字的一种。《说文》："碑，竖石也，以文勒石，以记前人功勋而用。"据《礼记》："碑制有二：一为宫庙庠序中庭之碑，以石为之；一为下棺之碑，以木为之。"汉刘熙《释名》

鹿孝禹碑

东汉献于璜碑

东汉孔谦碑

泰山经石峪摩崖

幽州书佐秦君神道阙

北京房山石经

经幢

浮图塔

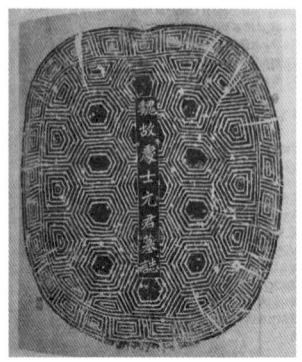

龟形墓志

西晋华芳墓志

金代墓表

石鼓文

石造像

宋拓《淳化阁帖》

云：" 碑者，被也，以本葬时所设也，施其鹿卢（辘轳）以绳被其上，以引下棺也。臣子追述君父之功，美以书其上，后人因焉。无故建于道陌之头，显见之处，名其文，就谓之碑也。"又《礼记·檀弓》："公室视丰碑。"郑注："丰碑，断木为之，形如石碑，于棺前后四角树之，穿中于其间为鹿卢，下棺以绕。"正义："即绋也，凿去碑中之中令空，于空间着鹿卢，鹿卢两头各入碑木，以绋之一头系棺缄，以一头绕鹿卢。既讫，而人名背碑负末头，听鼓以渐欲行而下之。"按上述文献记载，东汉以前，"碑"是一种引以下棺的借助工具，当时凭借"碑"用鹿卢穿绳索，以牵引木棺下入墓穴，因此碑必须有"穿孔"。《礼记·丧服大记》："君葬，四辅、四绋、二碑……大夫葬，用辅、二绋、二碑；士葬，用国车、二绋、无碑。""凡封，用绋去碑负引。"郑玄注："树于圹之前后，似绋绕碑间之辘轳，挽棺而下之。此时棺下室，使挽者皆击绋而绕，要负引舒纵之，被失脱也。用绋去碑者，谓纵下之时也。"这是说碑最早在墓穴的两端，石上凿穿做辘轳便于系绳下棺柩用的。以后镌刻纪年、书写传记等铭文。碑的功用的演变由此可见。原来，古时丧葬，在墓坑两边各竖一碑，碑间架辘轳，以绋绕辘轳，挽棺缓放下，后来用碑追述先人功业，如西汉《孝禹碑》有额，两旁各刻一鸟，有穿，穿下刻"河平三年鹿孝禹"等字。

东汉元初四年（117年）祀三公山碑，碑文已达二百余字，此时碑刻已经发展成熟并广泛用于墓前。

战国以前，碑除了凭此引棺下穴以外，在宫中也有所谓的碑，那是作"识日景，引阴阳"之用的。在宗庙中，则用碑以系牲畜。《仪礼·聘礼》："宾自碑内听命：东面北上，上当碑南。"注："宫必有碑，所以织日景，引阴阳也，凡碑引物者，宗庙则丽牲焉，以取毛血。其材，宫庙以外，窆用木。"《隶释》云："碑之有穿，在庙则以系牲，在穴则以下柩。"《礼记·祭义》："君牵牲……即入庙门，丽于碑。"注："丽，系也，谓牲入庙系着中庭碑也。"上述记载说明碑的起源,最早碑是立于宫庙庭园中以拴系马匹之用,到了汉代逐渐演变为墓碑。

《文心雕龙·诔碑》云:"自汉以来碑碣云起。"这里所说的"碣"是碑的别体,在汉代碣和碑并称于世。

碣:原本作"楬",后人用石代木才通用"碣"字,又称作"杙箸",是作标志用的小木桩。《周礼·秋官·蜡氏》称:"若有死于道路者,则今埋而置楬焉。"《汉书·尹赏传》颜师古注曰:"楬,杙也,楬于瘗处而书死者名也。"可知楬是人死后在埋葬的地方竖立小木桩以标志其位置。故碑、楬(碣)两者作用略有不同,然而形状却大致相同。楬,改为石质后,其形状和碑相差无已。《后汉书·窦宪传》李贤注云:"方者谓之碑,圆者谓之碣。"《隶释》则说:"碣,上窄下宽顶方平。实际上形状在方圆之间,上小下大的刻石也称碣。"碣的形制在秦代就已出现。东汉孔谦碣形制与其他汉碑无大差别,额无标题,上面有引棺下葬的穿孔,因其小而称碣。

摩崖:按其时代划分,摩崖应是最早出现的石刻作品。按其性质又可分佛教摩崖、道教摩崖、纪事摩崖,以及文人墨客游访远足,触景生情在摩崖壁上留下的书迹。

早在新石器时代,我国古代先民就在较平的崖壁上刻划图案或文字。他们把所经历的或看到的生活情景及神奇的图案刻划在石壁上。如贵州红岩山古字、河北坛山古字、内蒙古地区发现的古岩画,它们都是商周以前的石刻。到了汉代摩崖盛行,有《杨孟文石门颂》《李君通阁道记》《杨淮表》。纪事摩崖有东汉建初元年(76年)《大吉山买山地》、永寿四年(158年)《刘平国通道作城记》等。北朝《石门铭》《郑文公》。佛教摩崖《泰山经石峪》。唐代《纪泰山铭》最负盛名。另外还有少数民族文字的摩崖,如吉林省海龙县庆云北山发现的刻有女真文字《海龙女真国书摩崖》,内容记载金太祖收国二年(1116年)设立谋克之事,后有"大定七年三月"纪年。以上摩崖上的书法各出一奇,但有一共同特点,因为是随山崖刻字，书体恣肆意宕，驰骋流放，极尽散趣之妙。

石阙：是指庙门、陵墓两侧的石碑，盛行于西汉，到了魏晋时期石阙已经十分鲜见，至隋代逐渐消亡。石阙的形状很像宫殿前的楼台，高高耸立，雄伟挺拔，以展示墓主人生前"丰业"和死后"神灵"的威严。因此，石阙又有神道阙之称。20世纪60年代北京西郊老山出土"幽州书佐秦君神道阙。元兴元年（106年）十月鲁工石匠宜造"。石阙一般刻文字不多，无法与碑和墓志相比，但作为两千年以前的遗存文物，石阙上每一个字都具有历史、书法、篆刻的研究价值。

石经：中国古代刻于石碑、摩崖的经典称之为石经。石经从内容上可分三种，分别为儒家经典、道教经典、佛教经典。其中儒家石经出现的较早，如《熹平石经》，汉灵帝熹平四年（175年）所刻。其次是《正始石经》，刻于曹魏正始二年（241年）。《开成石经》，刻于唐文宗大和七年（833年）至开成二年（837年）。《蜀石经》，刻于五代后蜀孟昶广政七年（844年）。《北宋石经》刻于宋仁宗嘉祐六年（1061年），又称《嘉祐石经》。《南宋石经》刻于宋高宗绍兴十三年（1143年）。清《十三经》刻于乾隆年间，于清乾隆五十六年（1791年）完成。

道教石经始于唐代中叶，刻得最多的是《道德经》。佛教石经出现在北魏末年，盛行于北齐、北周。现存北京市房山云居寺经板库石经最为著名，又称"房山石经"，始刻于隋代而终于明代，历经1000余年，总计刻石15061块，在研究中国佛教兴衰、典籍等方面有很高的价值，也为研究北方幽州地区政治、经济、文化、书法艺术等提供了丰富的资料。

石幢：亦称经幢，古代宗教石刻的一种。创于初唐，盛于唐宋时期，明清两代仍有雕造。幢是梵名"马犬缚若"的译名。原是一种经帛制成的伞盖状物。顶装如意宝珠，下有长杆于佛前建之。佛家用它书写佛的名字或经文。后来为了存久远传就用石块仿照其形制作。经幢上有盖，下有座，中有八角形或六角形石柱，以刻经文。远远望去俨如幡幢。经文一般都用汉字，个别的有用少数民族文字的。

如河北保定就有刻西夏文的明代经幢。

造像：是指古代宗教偶像的通称。始自北魏，盛行于唐中叶。其种类有泥塑、石雕、木雕及金属铸成的各种佛像。其中以石造像为最多，铜造像次之，泥造像最少。石造像又分摩崖造像和碑式造像。摩崖造像是把造像刻于崖壁上，依山凿石为佛龛，佛像雕于佛柜之中，题字于龛壁上下左右，如龙门造像。碑式造像是把造像刻在碑石上面，在碑上层雕佛像，一佛或多佛，有的还有背光。造像碑上刻记述文，或是题名记年等。

浮图：也称浮屠。创始于北魏，隋唐两朝为鼎盛时期。按南宋平江景德寺僧法云编《翻译名义集》云："浮图，塔也，佛也。"因此，浮图是泛指佛教中的建筑和佛像。也有用于僧人的称谓。石刻浮图一般有三种类型：一种是记载建塔工役的，文字刻在塔盘或塔座上。如《青州胜福寺舍利塔下铭》《邓州会刻塔下铭》等。一种是记载名僧事迹的，塔上不刻文，在塔边上重新立碑镌文。如陕西澄城的北魏《晖福寺碑》、河北元氏县的东魏《凝禅寺三级浮图碑》等。第三种是僧人的葬碑，有方形、圆形，也有是在塔上刻上铭文，事后埋入墓内。僧人的墓志也可称灰身塔铭。如北魏的《孙辽浮图铭》、唐代的《幽栖寺尼正觉浮图铭》等。浮图文字，不仅有极为重要的各种宗教的内容，还涉及各时代人文、政治、文化、艺术诸方面的史料。从书法角度讲，宗教作品均表现字体工整庄重，如北魏《凝禅寺三级浮图碑》《晖福寺碑》等，为我们研究北魏书法体系提供了珍贵的实物资料。

墓志：墓志是安放墓主人时和棺椁一起埋在圹内的刻石，上面刻有死者的生平概况，如姓氏、世系、官衔、事迹、卒葬年月、埋葬地点等。据《西京杂记》载："有东汉崔子玉写的《张衡墓志》。"证明至少在东汉时期就有将墓碑埋于地下的墓志了。清末民初河南省洛阳出土一方《贾武仲妻马姜墓志》，石高64厘米，宽58.5厘米。到了曹魏时期，魏武帝以天下凋敝而禁立石碑，而后埋志之风遂盛。

元潘昂霄《金石例》云:"魏侍中缪袭改葬父母,墓下题版文。则墓志之作,衲于圹中者,起于魏晋无疑。"

早期墓志形状各异,有圭首碑形、有矗朊状,亦有四方柱形等。但是一般而言,早期的墓志有额、有阴、有侧、有题名。一如碑刻,如北京地区出土西晋永嘉元年(307年)华芳墓志,长方形,四面刻字。北魏以后方形墓志已成定制,一般两块方形石一上一下相合,平放在棺椁前或放在墓门处。上面的石盖一般为盝顶式,中间篆书某官墓志,四角饰宝相花,四边刻十二生肖神像。唐早期生肖像为兽首人身,但多为人身怀抱十二生肖。有志有铭的称墓志铭,墓志铭由于埋葬时的情况不同而有异名,未葬而权寄灵椁的称"权厝铭",死于外地而后葬的称"归祔志",葬于外地而后迁的称"迁祔志"。墓志铭一般刻于石,但亦有刻于砖。在砖上可著或用朱砂书写籍贯、卒年、死者姓名的称"墓砖传"或"墓志铭"。

墓表:从文字内容体例看与碑文并无二致。最初亦是用来标识死者墓域的,《汉书·淮南历王刘长传》颜师古注:"表者,竖木为之,若柱形也。"随时代变迁由木质改用石质,记述死者世系、姓氏、爵位、寿年、卒葬年月、子孙大略及葬地等内容,只是以后多用散文体了。1991年,在凉水河整治工程中,北京市文物研究所在丰台区石榴庄凉水河故道中发现一方金代墓表,方柱形,重檐盝顶盖,通高2.35米,正面首题"吕君墓表"四字,蔡珪篆书,任询撰文并书丹。金代墓表为北京地区首次发现,为我们研究墓表形制提供了珍贵的实物资料。

帖:《说文解字》:"帖,帛书也。"书写在丝织品上的字迹,称之为帖。可见帖的本义是帛书。东汉以后,除写于丝织品上的小件墨迹外,文人士大夫、名门显宦家庭所收藏的名家书法墨迹、书札均称为帖。帖石为横石,每块高30厘米,宽60—100厘米。其内容多为名臣、文人所书诗词、歌赋、书札等墨迹,摹勒上石,镶嵌于壁纵中,以墨为主装裱成册,供人欣赏、临摹。

刻帖起源于南唐。相传南唐初李昪看到历代墨迹日渐消亡,十分痛心,于是命徐铉将内宫珍藏的历代名人的书法勾勒上石，拓印拓本，名之曰"帖"。以传后人。李昇事后废吴常，自立为大齐，国号升元，后人便称其帖为《升元帖》。北宋淳化三年（992年），宋太宗命翰林院侍书王著重刻《升元帖》，并从秘阁中选出汉代张芝、崔瑗，魏晋晚期钟繇、王羲之、王献之、萧正云，唐代颜、柳、欧和怀素等人墨宝摹勒刻于枣木板上，标曰"帖"，共十卷，因刻于淳化年间，又称《淳化阁帖》。《大观帖》全10卷，为大观三年（1109年）宋徽宗因《淳化阁帖》板已断裂，出内府所藏墨迹，命蔡京等稍加厘定，重行摹勒上石。款署"大观三年正月一日奉圣旨摹勒上石"。各帖标题与各卷款识皆蔡京手书。刻工精良，胜于《淳化阁帖》。

《三希堂法帖》，清乾隆初年宫廷编刻大型丛帖，全称《御刻三希堂石渠宝笈法帖》32册，每册一卷，托裱经拆装，共1219页。纵303厘米，横17.6厘米。三希堂在故宫西路养心殿内。乾隆皇帝称王羲之《快雪时晴帖》、王献之《中秋帖》、王珣《伯远帖》为"三希"，并自书《三希堂记》，因而得名。

二、传拓起源

传拓是一项技术性很强的技能，是把各种文物上的图案、文字、器型用宣纸贴在器物表面用墨扑打，使宣纸上凸起来的部分变黑，用这种方法所获得资料就是我们常讲的拓片。

我国传拓技术历史悠久，早在1000多年以前的梁朝，中书侍郎虞和《临书表》云："由是搨书悉用薄纸，厚薄不均，辄好皱起。"又《南部新书》云："兰亭者，武德四年，欧阳询就越访求得之，始入秦王府，麻道嵩奉教搨两本，一送辩才，一王自收，嵩私搨一本。"又何延之《兰亭记》云："帝命供奉搨书人赵模、韩道政、冯承素、诸葛贞等四人各搨数本，以赐皇太子、诸王、近臣。"这里所讲的搨与拓应该是两个意思。搨应指影搨，所以要用薄纸覆在原迹上细心影写，这种方法称为搨。所谓搨本，就是影写本。《唐书·百官志》记载："宫中集贤殿书院有搨书三人……"这些人的专职就是影写古人书迹。赵模、韩道政等人就是唐太宗时有名的搨书手。此搨摹方法直到20世纪50年代小学生上大字课仍用较薄的书写纸上有米字格，搨仿柳公权的《玄秘塔》碑帖。

《隋书·经籍志》对《熹平石经》、魏《正始石经》的拓本已有记载："贞观初，秘书监臣魏徵始收聚敛十不存。"其相传拓之本，犹在秘府。证明隋代已经有了拓本。我们现在见到的最早的拓片是原存敦煌千佛洞的唐太宗的《温泉铭》，上面有永徽四年（650年）题记，是为唐初的拓片。

关于唐代的拓片资料不乏记载。如窦蒙在大历十年《述书赋》时曾云："岐州雍城南，有周宣王《猎碣》（即石鼓文）十枚，并作鼓形。上有篆文，今见打本。""打本"即是我们今天所称的拓片。清代王澍《虚舟题跋》云："雍正六年，裘鲁青云：见山东王氏所藏唐拓朱砂本《王圣教序》，朱色鲜艳，香气袭人，自首迄尾，丝毫无缺，碑一册，跋三册，重十数斤，盖初刻成时进御者。"说明唐代不仅有拓片流行，而且捶拓技术已经达到相当高的水平。

拓片不仅有艺术价值，而且具有文物价值。一切优秀的碑帖的早期拓片均被视为珍贵文物。如唐、宋、元、明拓片，都是十分珍贵的文化遗产。原石久佚，存世仅一本的拓本称为"孤本"。仅存数本的拓本称为"珍本"。出土时初拓的称为"初拓本"，均为善本之列，具有一定的研究价值和经济价值。在现代科学技术日新月异的今天，这门古老的传统拓片仍然发挥着重要作用。没有照相机的时代，拓铜器全形、摩崖造像可以取代摄影技术。即使现在影印技术可以使优秀墨迹和早期拓片影印成册。摄影、摄像等高科技可以使各种器型清晰录制，也不能取代捶拓的作用。特别是近年来，大量的地下文物得以出土，一些新出土的碑碣、青铜器的文字和花纹，其细微之处，是使用最高级的相机也奈何不得。如铜器内底的铭文，必须用捶拓手段解决。因此，拓印技术可以弥补摄影不足。由此观之，拓印技术在现代社会自有其独到之处。弘扬民族文化，整理历史文化遗产及进行科学研究时，拓片仍然是一种不可缺少的形式。因而被当今艺术界、史学界及考古学界所重视，使传拓技艺得以弘扬和发展。

三、拓片的种类及方法

拓片按照其用色不同，可以分为墨拓和色拓两类。按其深浅浓淡的形式效果及使用的工艺材料则可以分为乌金拓、蝉翼拓、朱拓、蜡拓、擦拓、摩崖拓、套拓等多种。

1. 乌金拓：宋代已经掌握乌金拓技艺。是指拓片墨色浓，黑白对比强烈如乌金之黑亮晶莹，因此被称为乌金拓。自宋元以来，历代碑石、墓志多采用乌金拓。拓片黑白分明，容易掌握墨色。

乌金拓要求用较细腻洁白的宣纸与被拓的不同器物要粘连结实，花纹、字口等上纸时要拍打清晰。上墨时要掌握干湿程度，第一遍扑子蘸墨不宜过多，轻轻拍打，而且要匀净，切不可急于上墨，避免轻重不一而形成死墨。待两三遍后纸略干，方可使重墨快速捶拓。用手腕控制捶拓力量，两只手的扑子捶拓时要掌握节奏和力量大小。手臂起落有急有缓，有轻有重，节奏感非常强，双手的扑子配合熟练在碑刻上翻腾飞舞，如同表演，煞是好看。待到纸干透，使墨少的扑子一边拓一边擦，使拓片格外生辉，有如乌金一样黑亮而细润。

2. 蝉翼拓：指拓片墨色薄而淡。其艺术效果淡雅素洁，如夏日鸣蝉的翅膀，薄而均匀。蝉翼拓用纸要薄而细腻，拉力要强，用墨精细，上墨时轻轻拍打，循序渐进。掌握纸的干湿程度，上墨薄而有光。"汪六吉绵连"是蝉翼拓最佳用纸。

蝉翼拓拓小件精美的器物，如甲骨文、玉器、金银器等，这类文物大多刻划纹精细繁缛。纸张薄上墨时更加小心仔细，不得操之过急。虽然要求薄而淡，有如蝉翼，但是捶拓时也要一遍一遍反复上墨，只不过每次上墨，都要将扑子上的墨稀释均匀，宁淡勿重。主要掌握上墨时间及干湿程度，使拓片墨薄而有光，清雅逸气。

3. 摩崖拓：多用于捶拓深山旷野岩壁上的经文、题记、书法等，如泰山石经峪的《金刚经》，河南、陕西、四川等处的摩崖刻石等。由于山石质地粗糙，故一般字迹较大，且年代久远，风的剥蚀存在不同程度风化，表面粗犷，凹凸不平，因此不容易捶拓。

拓印摩崖要选用韧性强、拉力大、不容易破损的纸张，如皮纸、夹宣、高丽纸等。捶拓前应根据字迹大小将纸剪裁好。因为野外风大，上纸要快，字迹较大的也可以先上一层毛头纸再铺上一张宣纸，这样有棱角处，不会把纸扎破。上墨时亦要快速扑拓、擦拓相结合，以免风干或被大风将纸吹跑。

另外，拓制摩崖首先要注意安全，陡峭之处需要搭脚手架或护栏，其次捶拓时间最好选在春秋两季风和日丽时进行。夏季酷热湿度大、多雨水，特别是泰山石经峪夏季有瀑布在石经上流过，上纸后不易干透，不能及时上墨，纸张极容易绷起。冬天寒冷风大，既不易上纸，也不易上墨，故也不便捶拓。

4. 朱拓：指的是以矿物质颜料朱砂或红广告色捶拓。色彩鲜艳夺目，富丽堂皇，另有一种新颖别致的艺术效果。相传朱拓起源于唐代。朱拓在明代十分流行，如明代朱拓思古斋《黄庭经》《兰亭序》等，皆十分珍贵。

朱拓的颜料是用朱砂和鸡蛋清或蜂蜜，调和均匀使用。拓制方法和其他拓法相同，只是注意上色时必须等纸干透，上第一遍色须等干透再上第二遍。否则容易造成颜色渗化，笔画模糊不清，色彩暗淡无光，影响拓片效果。

现在朱拓朱砂料难找，也可用水粉颜料或红广告色拓印。用时将广告色中的颜料摇匀，不得沉淀。捶拓时蘸颜料的扑子可以适当加水稀释，使另外一个扑子往碑石上捶拓。朱拓可以拓人物或动物画像石，动感强烈，艺术效果好。

5. 蜡拓：清代翁方纲跋《九成宫醴泉铭》拓本中有"随行岌携蜡岜有遗踪胜醴泉"的诗句，说明清代在野外田间的拓片，不便使墨而施之蜡拓，其工艺简单，方便易行。蜡拓有两种：一种是拓完后擦上一层蜡；一种是用石蜡溶化和煤烟搅拌均匀后制成蜡饼。野外调查石刻时携带颇为方便。使用时待碑上的纸干透后，用蜡饼擦拓。黑而有光，效果极佳。蜡拓法应注意，必须是较平的石刻，有棱角或凸凹不平的石刻，容易擦破纸张或易伤字口。

6. 套拓：采用多种颜色，捶拓并有深浅不一的变化，这种拓法称为套拓。使用套拓法会使拓片着色更为丰富，可取得十分特殊的艺术效果。如明代周宪王朱祐橓所刻兰亭图拓本，人物楼阁、风景用金粉等色套拓，层次分明，金碧辉煌。题字则另用乌金擦拓法，墨色浓郁，字口清晰。2002年，我在房山金陵遗址发掘时，对金陵出土的金完颜阿骨打石椁雕刻的云龙纹图案的挡板，则采用此法：龙身用藤黄（应当用金粉），龙鳍用磁青，火焰用朱红色，四框用乌金拓，手法求其变化，极大地丰富了拓片艺术效果。此种拓法比较麻烦，拓前必须做模子以遮挡，拓的地方留白，不拓的地方挡住，待干后再拓第二遍，以免串色模糊。

7. 摹拓：也称笔拓。此种拓法始于清代末年黄士陵、张若海等人。他们善用此种拓法，这种拓法与其说是拓，其实还不如说是画。不过用笔模仿拓的样子画出来，效果如同拓片。

8. 擦拓：是指用毡卷蘸墨，待纸干后，在碑上擦。要求速度快，不能洇墨。墨汁内调鸡蛋清，拓出来的作品乌金黑亮。缺点是容易把纸擦破，把碑弄脏，擦拓易留下擦墨时毡卷的擦痕。

9. 全形拓：始于清代道光年间。焦山寺僧刘丹和尚创此拓法。如鼎、盘，先用灯影原大起稿画出轮廓，再以厚纸板做漏子，用薄棉纸扑墨捶拓。此拓法较难，不是一般人所能学会掌握的。虽为刘丹所创，但并不精练。其后有陈介祺、簠斋专心研究，拓为最精。民国年间，周希丁精心钻研，拓亦精妙，并广传其法。有门徒韩醒华、郝保初、肖寿田、傅大卣等，都是拓全形高手。故宫马子云也是拓全形能手，虢季子盘甚精，现陈列故宫博物院。上述名师均已过世，只有故宫纪宏章先生拓过全形。北京市文物工作队喻震先生，靠自己钻研拓出琉璃河出土的牛头鬲全形，惟妙惟肖，仅此一件，实为"孤本"。

乌金拓

朱拓

彩色套拓

四、拓印材料和工具制作

拓片所需要的材料主要是纸和墨,纸和墨的优劣决定拓片质量的好坏,因此尽量选择最好的使用。捶拓的工具有棕刷、打刷、榔头、毡垫、拓包(扑子)、毛笔、刀子、镊子等,另外根据工作需要,可以因地制宜自制工具。

纸

拓片用的纸要求质地洁白、细腻、柔软而有拉力。根据所拓对象不同选择纸的薄厚也不同,器物小而花纹繁缛则选择薄纸,器物上的纹饰及细微变化则能充分地显示出来;石刻类的碑文墓志等则选用厚纸,其拉力大,不易破损。

拓片一般选用以下几种宣纸。

1. 净皮单宣:又称料半,规格133×66.6厘米,质地洁白,薄厚均匀,有横道帘子纹印。一般碑石、墓志、瓦当等纹口深、字体较大的文物宜使用。最好选用安徽泾县红星牌玉版净皮单宣,这种纸皮棉多,纤维长,拉力大,较柔软。

2. 棉连纸:规格133×66.6厘米。是宣纸中最薄的一种。清代有"汪六吉棉连",棉质好,薄而匀,韧性强,宜拓甲骨、金文、玉器等,拓制有光泽,是捶拓用纸的上品。现代棉连纸应属安徽泾县造纸厂生产的地球牌最好,纸薄而匀净,质量略逊汪六吉棉连。

3. 粉连纸:又称连四、连士,规格111×56厘米,以福建浑口及江西铅山等地所产为优。质地洁白,薄而光滑,柔软坚韧,且久存不变色,亦是捶拓理想用纸。

4. 加重单宣:又称十刀头,又谓夹连,规格133×66.6厘米,比单宣厚,细腻纯净,平滑洁白,绵软韧性大,适合拓表面粗糙的丰碑巨碣、摩崖造像等。

5. 高丽纸:不属于宣纸类。《纸墨笔砚笺》称:"高丽纸上绵茧造成,色白如绫,坚韧如帛。"质地优良,发墨可爱,是拓片的优良材料,适合拓印粗糙凹凸变化大的物品,同时也可作吸水用纸。

6. 云南宣:用竹子作原材料生产,纸脆拉力小。

7. 河北迁安宣:纤维短,粗糙而黑,不宜拓碑石墓志。如果拓玉器、金文、甲骨文,最好用汪六吉棉纸。此纸为清代汪六吉制造,棉质好,薄而且匀,韧性强,拓制有光泽,是传拓纸中上品,现在一般木浆造纸所不及。用纸薄厚取决于被拓器物大小,如果是大碑用纸要厚,反之用纸薄一些为好。

墨

墨,分油烟墨和松烟墨。拓印石刻等器物最好用旧墨,选料细,制作精,研出墨细而光亮。特别是小件器物,选用旧墨为好。拓印碑石、墓志等大型刻石应该先捣墨,即将废弃的墨块捣碎后放在陶罐或瓶中,加入水泡之,然后用木棒捣碎,搅动,直到墨浓为止,使用时将墨汁倒出。用捣墨虽好,但不经济,又不方便,而且易于浪费。在野外拓碑,为了便捷,使用"中华墨汁"就行了。但是,这种墨汁胶性大,扑子很容易被墨堵塞,因此使用时不能让扑子过干,要常喷雾水,使之潮润,保持扑子出墨流畅。

白芨,是一种多年生成的草本植物。它的根是一味中药。把根泡在水里,可以使水有黏性,无色透明,是捶拓中不可缺少的材料之一。一般中药铺都有,最好选用块状的。用前把白芨放在一个容器内,加入适量的水泡一天左右就可以使用。时间越长越浓。水的浓淡要根据被拓物件来决定。如易裂、易损的器物不要过浓。白芨不宜久泡,防止变质发酵。使用白芨的目的是使宣纸能附于器物上,干后不致轻易绷开脱空。

打刷,又叫刷子。是用猪鬃毛制成,形状如现代鞋刷,大小可视被拓对象随意选取。拓碑则用大刷。拓甲骨、玉件等用小刷。

棕刷,也称为平刷,是上纸时必不可少的工具之一。用南方生产的棕榈皮扎制而成。市面有售，买回后需要在清水中浸泡，然后上火煮，并在平整石面或砂纸上来回打磨，使棕刷光滑柔软，以免戳伤纸面。在拓碑工具中使用棕刷技巧不好掌握。轻了，纸粘不住，重了就容易把纸划破。使用时双手握棕刷，刷纸时刷与纸成90°直角，然后上下摆动，使棕刷仅挨拓纸，同时又要使用全身的力气。拓工熟练与否就看使用棕刷的技巧。

墩刷，是用棕丝扎成一种圆柱形刷子，一般拓容器底部，砸纸时用。

扑子，又叫"拓包"，是上墨的主要工具。扑子的大小视被拓对象而定。拓石刻、画像砖、墓志等要用大扑子，拓小件铜器、玉器、甲骨、钱币等则用小扑子。扑子制作是捶拓者必须掌握的。大扑子的做法：选用一尺见方的棉布或豆包布，中间垫放一层塑料薄膜。再把棉花分层续在塑料薄膜上，四角兜起，左手握住柄部，右手用线绳扎紧。再用棉布将内胆包裹，一般棉布可放3-4层。捶拓时墨容易散开，下墨流畅。柄不宜留的过长，以手握住为准。捆扎时扑子松紧适度而有弹性。北京地区的拓包内均放棉花，河南、陕西、山东等地的拓包有的放谷糠、头发、锯末之类的东西，很具有浓厚的地方色彩。

木槌或橡皮锤，是拓碑时上纸用的工具之一，用它在毡垫上砸字口或封边用。

其他如油泥、镊子、毛笔、卷尺、裁刀、卡尺、针锥等工具，也应在有条件情况下备齐。

棕刷

橡胶锤，毡垫

拓包

排刷

五、传拓程序

（一）整理器物

凡碑刻、墓志、摩崖、题字、画像刻石、铜器铭文等，捶拓之前都必须将其仔细清洗，把上面的污渍、苔藓杂物擦洗干净，笔画字口以及花纹等细微之处用竹签加以剔除，使之清晰。尤其出土的碑石墓志经多年水浸，字迹大多漫漶不清，字口内石灰质较多，清洗时必须将其剔除干净。传世品中的铜器、玉器等表面多有一层浮油，捶拓前用棉花蘸白芨水擦去上面的浮油。这种油渍和水垢不擦拭干净，在捶拓过程中纸容易绷起。不同的器物如青铜器、玉器、甲骨等，捶拓时可根据不用形状，采用沙袋、棉垫、油泥加固器物，使之牢稳，避免捶拓过程中磨损碰伤文物。

（二）上纸

上纸前应根据所拓器物大小将纸裁好，周围留出2—3厘米的纸边，大碑可以适当的多留。上纸分干上纸和湿上纸两种。

1. 干上纸：干上纸程序比较简单，上纸前先在器物表面均匀地刷一层白芨水，然后把裁好的宣纸用圆木棍卷成筒状，左手拿纸筒，右手拿棕刷，边放纸边刷，刷完后再另外覆一张纸，从头到尾均匀地再刷一遍即可。干上纸适合野外大碑、摩崖、墓志等，其优点快捷、利索。但是，由于宣纸韧性大，干上纸如果字口砸的不实，内有气泡，纸易绷起而前功尽弃。此上纸法易于野外调查或临时急用拓片资料。

2. 湿上纸：是指拓碑前先将纸闷好。闷纸的时候是把整张纸展开，错落对折并留出1.5厘米左右的翻口，连续对折3次，错落有续，后再左右对折，亦留出 1.5 厘米左右翻口，将整张纸叠至 20 厘米见方即可。闷水时先将一块湿毛巾平铺好，中间放一张已经叠好的干纸，然后将另一份叠好的干纸放进清水盆中浸透捞出，放在毛巾中间的干纸上。以此类推，一层干纸一层湿纸，交错叠压，最后把毛巾两端提起包好，最外层再包裹一层塑料薄膜，双手轻轻挤压，使之干湿均匀，放置一边备用。注意闷纸时水分不要过于太湿，太湿的纸上碑时易破损；也不能太干，太干的纸也不容易粘贴在碑上。

上纸时先把纸从所留的翻口处，横着由左向右轻轻揭开。如果器物小，可一次性将纸展开，平铺在石面上。如果是整纸，在上下对打时，不可将纸全部打开，而是顺着翻口将第一层用拇指将纸用力摁在石碑上，用棕刷把纸边平整地刷在碑面，再逐层把纸自上而下揭开，使其自然下垂，用棕刷刷平，也可边揭边刷，如果出现褶皱，可将褶皱处较近的角或边轻轻揭起再刷，直至刷平。然后用双手紧握棕刷，使劲将纸下字口内的气泡赶出。再覆一张毛边纸或高丽纸吸潮，此时改用打刷，轻轻敲打，表面平整的碑面用力可稍大，凹凸不平的用力稍轻，以免打破拓纸。用力大小，以将纸全部打实并打进字口内为准。

无论干上纸还是湿上纸，最后一道工序必须用木槌或橡皮锤垫毡子将字口砸平。其作用：一是将字口中气泡挤出来，二是使拓纸与石面粘接更牢固，否则捶拓过程中纸与碑面分离，甚至整张纸都被揭开。

上纸时应注意以下问题：

1. 湿上纸，闷纸时不宜太湿亦不宜太干。太湿的纸水分过大，上纸时易破损；太干的纸也不容易粘贴在碑面上，只有多实践才能掌握。

2. 上纸时切记由右向左竖纸上碑。如果碑石过大需要接纸时，纸口上压下，切勿反接，否则不易揭取，同时接茬处不可多压，以 1.5 厘米左右为宜。接纸的接头一定要在字与字的空隙处，绝不可接在字口当中。纸的接口接好后，顺着接口处用棕刷刷平，然后用木槌或橡皮锤垫毡子沿接口打一遍以牢固为宜。

3. 上纸时如果纸面有破损。用湿毛笔画出一块略大的宣纸撕下，利用周围毛茬，补好后用打刷或木槌垫毡子打一遍，粘接处的毛茬与破损处粘接一致，上墨后比较自然，不易看出。待整个碑面或墓志的纸上好后，经风吹干，纸由青变白即可上墨。

（三）上墨

上墨也称"扑墨"。拓小件器物如铜器、玉器、甲骨和大碑、石碣、墓志等，只是大小有别，其上墨方法大同小异。小件器物最好用手研墨。制作的拓片，质地细腻，或漆黑如墨或淡如蝉翼，其手法可随心所欲。较大的物件，可将墨汁直接倒入碗内，用毛笔蘸墨。拓印时左右手各执一扑子（拓包），或左手执墨板右手执扑子。一般北方拓印习惯用两个扑子对倒，而陕西、河南大多用墨板蘸墨。但不论两种方法都将墨汁涂到左手墨板上或扑子上，用右手的扑子蘸匀墨板上的墨或左手扑子上的墨。拓包与墨板互相对拍，或左右拓包对拍，使墨进入拓包内。对拍时，握包的手不可把包握得太紧，要让拓包转动自如，使墨包的墨均匀地蘸在右手的拓包上。扑墨的时候一定要在边缘处或无字处试一下墨的浓淡，然后从左至右、从上至下有规律地扑拓。做到第一扑子拓下圆形印，第二扑子压着第一扑子三分之一，以此类推，绝不可跳跃式扑拓，否则纸面墨色不匀净，即所谓"拓花了"。上墨时先慢后快，先轻后重，要审视拓纸干湿程度。拓纸一般快干的时候要尽量快而重上墨。所谓表演性拓工，为了控制捶拓力量，捶拓时非常讲究节奏和力量，手臂的起落有急有缓，有轻有重，煞是好看。一般碑石、墓志上墨3—4遍即可。如果拓纸已干并且粘贴牢固，最后可用拓包擦拓或拍擦结合，使拓纸光亮如漆，拓出的拓片神韵有佳。

拓碑应注意以下几个问题：

1.室外拓碑应事先量好被拓物品规格大小，以备裁纸闷纸。拓碑最好季节应在春秋两季为宜。夏季拓碑气候干燥，特别是大碑，往往后边的纸没上完，前边的纸已干透绷起,自行脱落;冬季拓碑气候干冷,石头凉,上纸后易结冰。

2．拓阳文或凸起的纹饰扑子宜紧,并要直上直下地垂直拍打,拓至器物边际时,不能歪斜多拓,否则会出现字肥、体宽而失真。

3．拓包四周不可积墨。积墨原因往往是吸进拓包的墨没有用尽,而又去蘸墨。积墨过多,扑子面愈来愈小,扑打时会使拓纸形成圈印。如果积墨,应及时喷水使其稀释,同时扑子下墨也流畅。

4．拓包暂不用时,应及时换洗布包,或将两个拓包面对面地合起,放在塑料袋里以保持扑面湿润。日久不用,拓面即会干硬,这时先要用水喷洒扑面,然后两个拓包互相拍打,直到变软后方可使用。

(四) 揭取保存

拓片应该在上完最后一道墨的时候,等其干后,再行揭取。这时揭取一般很容易,有时会自行脱落。但有时会碰到一些石刻因锈迹而揭不过去,也可能是上纸时用了过浓的白芨水,或者在用打刷打纸时没有垫衬纸,或上墨时用力过猛使墨浸入石等原因,拓纸往往容易被粘住,一时不易揭取下来。遇到这类情况,可用嘴靠近拓片粘连处,用力呵气,使之潮润,就可以揭下。或者用竹签剔除粘连部位,慢慢揭取,千万不能心急强揭,否则会功亏一篑,前功尽弃。

拓片揭下来以后,将其展平,按次序对叠整齐,然后在背面下角空白处注明文物名称、出处、时间、地点、时代乃至编号,登记造册,以便于存档及以后查找。另外,把拓片揭下来后,再用清水把留在石碑、墓志上的墨迹或污垢擦洗干净,以保护石碑等不受污染。

六、各种器物拓法

1. 甲骨：是指商周时期刻有文字的龟甲和兽骨。因年代久远，出土后质地疏松而脆，捶拓时容易酥裂。因此拓甲骨时要格外小心，拓前根据其形状大小，用油泥或沙袋将甲骨垫平稳，以免捶拓过程中损害文物。由于甲骨文字口浅，笔道细，拓纸应选用最薄的棉连纸。上纸前用清水将甲骨擦拭干净，然后涂白芨水，再覆拓纸。用湿方巾将纸摁平，均匀湿透，再用小毛刷打出字口，使其清晰为止。待纸由青变白即可上墨。此时将研好的墨汁倒在石砚中，用小拓包轻轻蘸墨，在砚盖没墨的地方轻轻用腕力揉拓包，使拓包吃墨均匀，方可试拓。捶拓时不可操之过急，用小拓包轻轻拍打。每次上墨不可过重，墨色以清淡为宜，字口以清晰为佳，拓出神韵即可。

2. 瓦当：又称"瓦头"，特指陶制筒瓦顶端下垂的遮挡。瓦当是瓦的头端，瓦用于中国古代建筑的屋面，主要功能作用是防水、排水、保护木构屋架部分。在实用上，既便于遮盖瓦间的缝隙，同时，也起着保护檐头的作用，增加了建筑的美观。有些瓦当文字常标明所附属的建筑物名称和纪年，因此亦是考古断代的主要依据。

中国瓦当最早起源于西周晚期，春秋晚期形成了比较完善的并成为一些大型建筑的重要构件。秦代主要盛行各种动物图案的瓦当。汉代是瓦当工艺发展的鼎盛时期，这一时期的瓦当做工精细，出现了装饰有篆字的瓦当，这些风格，文辞多为一些祈福吉语，图案设计优美，字体行云流水，遒劲婉转，富于装饰美。另外有云头纹、几何纹、动物纹等极为精致的瓦当艺术品。

早期的瓦当多为半圆形，主要纹饰为兽面纹、卷云纹等。秦统一六国后，瓦当在图案形态和题材内容等方面更加丰富多彩。

东汉以后至魏晋时期受佛教影响，瓦当纹饰也有很大变化，以云纹作装饰者较多，文字瓦当大为减少，并出现莲花纹和忍冬纹等装饰的瓦当。

隋唐以后至宋元时期，莲花纹瓦当是最为常见的一种装饰，而文字瓦当在这一时期基本绝迹，取而代之的兽面纹瓦当得到广泛的应用。

捶拓瓦当应注意，瓦当大多陶制品，吸水率高，使用白芨水要稠一些。上纸的时候将纸叠成方块，展开后纸的十字线对准瓦当中心。纸干后即可上墨。

3．画像砖：所谓画像砖，就是用拍印和模印方法制成的图像砖。作为中国古代民间美术艺术的一朵奇葩，画像砖艺术在战国晚期至宋元时期的我国古代美术艺术园林中持续开放了十四五个世纪之久。其间，朝代更迭，人事沧桑，社会面貌和意识形态都发生了巨大变化。

画像砖起源于战国时期，盛行于两汉，多在墓室中构成壁画，有的则用在宫室建筑上。画像砖主要用木模压印然后经火烧制成，也有的是在砖上刻出纹饰，画面的表现形式有浅浮雕、阴刻线条和凸刻线条。有的上面还有红、绿、白等颜色。多数画像砖为一砖一个画面，也有一砖为上下两个画面的。画面内容非常丰富，有表现劳动生产的，如播种、收割、舂米、酿造、盐井、桑园放牧等，有描绘社会风俗的如宴乐、杂技、舞蹈等，有神话故事如西王母、月宫等，还有表现统治阶级车马出行的。因此，它们不仅是美术作品，也是记录当时社会生产、生活的实物资料。

画像砖的形制有两种：一为边长40厘米左右的方形，一为长45厘米左右、宽25厘米左右的长方形。分布地区主要是四川，偶见于河南等地。

画像砖的分类

根据出土情况，画像砖可分为成都、新都区和广汉、德阳、彭县、邛崃市、宜宾等地两种类型。而不同的题材约近50余种，大体可分为五种内容：

（1）反映汉代农业、副业、手工业和商业的，如播种、收割、舂米、酿酒、盐井、桑园、采莲、市井等为主题的画像砖。这类画像砖，内容最为丰富，颇具研究价值。如成都羊子山一号墓出土的"盐井"画像砖，细致地刻画了汉代井盐生产的情况。画面上盐井，装置着提取盐卤的滑车；盐卤正通过架设着的竹笕，缓缓地流向烧着火的铁锅中。是研究古代盐业史最难得的实物资料。

（2）表现墓主身份和经历的画像砖，如车骑出巡图、丸剑起舞图等。画像砖的墓主多为当地的豪强显贵，如桓宽在《盐铁论·刺权》中所说："贵人之家，云行于涂，毂击于道……中山素女，抚流征于堂上，鸣鼓巴俞，作于堂下。妇女披罗纨，婢妾□希宁。子孙连车列骑，田猎出入，毕弋捷健。"这类画传砖所表现的内容，与文献记载相符合。

（3）表现当时社会生活和政治制度的，诸如以市集、杂技、讲学受经、尊贤养老等为主题的画像砖。张衡《西京赋》中描写当时的杂技表演场面："临迴望之广场，程角抵之妙戏。乌获扛鼎，都卢寻橦，衔狭燕濯，胸突铦锋，跳丸剑之挥霍，走绳上而相逢。"这些，在画像砖上都可以找到印证。又如"讲学授经图"，生动地塑造了博士、都讲和学生上课时的情景，而汉代的教育，于此可得其梗概。

（4）表现墓主享乐生活的，诸如宴饮、庭院、庖厨、乐舞、百戏等画像砖。这也从一定的角度反映了汉代建筑、民俗风情等的实际情况。

（5）表现当时神话传说和迷信思想的画像砖，诸如伏羲、女娲、日月、仙人六搏等。

总之，画像砖的内容十分广泛，有的反映当时的生产劳动场景与生活现状，有的表现历史人物、神仙故事，有的描绘自然风景、风雨、雷电，变化多端，丰富多彩。对研究古代的绘画、雕刻艺术有重要的参考价值，可为研究当时的政治、经济、科学技术等提供珍贵的实物资料。

4．青铜器：主要指先秦时期用铜锡合金制作的器物，简称"铜器"。包括有炊器、食器、酒器、水器、乐器、车马饰、铜镜、带钩、兵器、工具和度量衡器等。流行于新石器时代晚期至秦汉时代,以商周器物最为精美。最初出现的是小型工具或饰物。夏代始有青铜容器和兵器。商中期,青铜器品种已很丰富,并出现了铭文和精细的花纹。商晚期至西周早期,是青铜器发展的鼎盛时期,器型多种多样,浑厚凝重,铭文逐渐加长,花纹繁缛富丽。随后,青铜器胎体开始变薄,纹饰逐渐简化。春秋晚期至战国,由于铁器的推广使用,铜制工具越来越少。秦汉时期,随着瓷器和漆器进入日常生活,铜制容器品种减少,装饰简单,多为素面,胎体也更为轻薄。中国古代铜器,是我们的祖先对人类物质文明的巨大贡献,对研究我们古代工艺铸造、雕刻、书法、科技均有重要的作用。

青铜器上的铭文字体为大篆,或称"金文""籀文""钟鼎文",春秋以前的铭文都是与器物一起铸成的,战国时代的铭文,大多是铸后又凿刻而成的。文字内容多记载奴隶主贵族的祭祀、征战功绩、训诰、赏赐策命、盟誓契约等。青铜铭文书法风格多样,或古拙雄强,苍茫浑朴,或秀丽典雅,仪态万方,皆具有较高的艺术水平,如著名的毛公鼎、散氏盘、大盂鼎,是研究古文字和大篆书法的宝贵资料。

捶拓青铜器应注意上纸时把拓纸居器物所拓部位中间,先在器物上蘸白芨水再覆拓纸,由中间向左右展开。用湿毛巾将纸摁平,后用打刷将纹饰或字口打出,待纸干后即可上墨。如果拓腹部的铭文,展纸前可把拓纸折出皱纹,随形体变化一步一步地去上,直至上好为准。所折的皱纹要躲开字口,一定不能赶在字口上,否则,拓好展平时,会出现一字分为两半的现象。也可以分段分行上纸上墨,一段一行拓完后,接着再往下进行。这种方法较浪费时间,拓时一定要前后墨色一致。口小、腹深的青铜器底部铭文,上纸时要用长镊子夹着纸送到腹底,再用细长柄的棕刷砸平,拓印时扑子够不着,这时只能把拓包绑在筷子上,把手伸进去捶拓,以拓好为原则。

5. 铜镜：铜镜就是古代用铜做的镜子。在古代，铜镜与人们的日常生活有着密切关系，是人们不可缺少的生活用具。铜镜又是精美的工艺品。它制作精良，形态美观，图纹华丽，铭文丰富，是我国古代文化遗产中的瑰宝。

上古的镜，就是大盆的意思，它的名字叫监。《说文》中说："监，可取水于明月，因见其可以照行，故用以为镜。"在三代之初，监都是用瓦制成的，所以古代的监字是没有金字旁的。到商代初年的时候，开始铸造铜鉴，后来鉴字也有了金字偏旁。商周时期，虽然有铜鉴，但是瓦鉴依然通行。到秦朝时期，才开始铸造铜镜，因为镜的适用优于鉴的方面很多，所以到秦以后，再不用水作鉴了。秦汉以后，镜的适用更加广泛，镜的制作也更加精良。它的质料包括金、银、铜、铁等，以铜为最多，也有镀金银的，背面包金银的，或镶嵌金银丝的。隋唐以来，还有带柄的、四方的，各种花纹应有尽有。直到明代末期，开始有以玻璃为镜子的。清代乾隆以后，玻璃开始大兴于民间。直至民国初年，少数边远地区还有以铜为镜子的。

早期的铜镜小而简陋，数量也少，至战国时则十分流行，制作也逐渐精美，花纹多几何纹、山字纹，纽小而轻薄。西汉至东汉前期，镜体遂渐厚重，镜纽增大为半球形，除几何纹外还有仙人镜，神人镜，十二生辰镜，动物、花鸟镜等。汉代的铜镜大多有铭文，其铭文都是吉祥语，如家势富昌、宜子孙、大富贵、大吉祥等。东汉至魏晋时期铜镜的装饰又出现浮雕的画像镜，铸造十分精美。

唐代是我国封建社会生产力极为发达、经济繁荣、科技和文化高度发展时期，这期间的铜镜铸造有新的发展。平脱镜、螺钿镜等极为富丽堂皇，形状上除圆形外，另有方形、钟形、鼎形、菱花形多种。形式上变化丰富，纹饰上有人物故事、花草鸟兽等。

宋代由于大量铸造兵器，造成铜料匮乏，使铜镜铸造业受到影响，因此宋镜多轻薄、小纽，铜质也不如唐代，呈黄铜色，形制有圆形、方形、亚字形、葵花形、菱形及带柄镜。纹饰内容有人物、花鸟、龙凤、八卦、吉祥语、商标铭等。

图纹纤细清晰，描绘逼真，具有强烈的现实感和韵律节奏，集中体现了宋代制镜工匠的卓越技艺。

金元以后，一方面由于国力不比盛唐，另一方面更注重经济实用，铜镜皆不尚装饰，以朴素大方见长，清代以后逐渐为玻璃镜所取代。历代铜镜除大量精美的图案纹饰对工艺研究十分有益外，许多铭文也具有很高的艺术价值。对书法篆刻艺术的发展也具有较高的研究价值。

古代铜镜大多中间有圆纽，拓印时先按铜镜大小裁一张略大于铜镜的拓纸，然后左右对折成方形。上纸时中间的十字纹线对准镜纽取中，根据镜纽大小、形状，剪一个相应的缺口（使左边仍与拓纸相连）。把拓纸剪出的缺口由镜纽上方套下，用白芨水把缺口纸先粘到镜纽上，再用白芨水把拓纸粘贴在镜背纹饰上，用小打刷把纹饰打清晰。待拓纸干后，即可拓印。拓成后，将纸揭下，再用缺口纸拓镜纽部位。拓好镜纽揭取下来将拓纸展平，即是一张完整的铜镜拓片。

6．古钱币：中国古代钱币源远流长，早在三千多年前用贝壳加工成贝币，至战国时期则种类繁多，变化丰富，如刀币、布币及楚国的蚁鼻钱、郢爰等，造型或模仿工具或模仿武器，都各具特色。秦统一六国后，也统一了钱币，所造方孔圆钱，多姿多彩，集社会经济、冶炼技术、文字沿革、书法演变于一体，三千多年来相沿不断，凝聚着中华民族的智慧与才能，形成了独具特色的东方货币文化，是中华民族传统文化中的艺术瑰宝。

古代刀币与方孔圆币，一般底薄质脆，文字与纹饰较浅，体积又小，上纸前先将钱币放置平稳，下边垫稳油泥，但油泥绝不能超出钱币，超出钱币的部分和方孔内的油泥必须用刀剔除。由于钱币需拓正反两面，所以纸需要裁成长条形，然后对折再将纸折成小方块，展开后先将左侧十字线的方纸对准方孔，拓钱币正面，涂白芨水，用打刷将字口打出，纸干后上墨即可。揭取后，用右侧的拓纸，拓钱币背面。拓印方法同上。

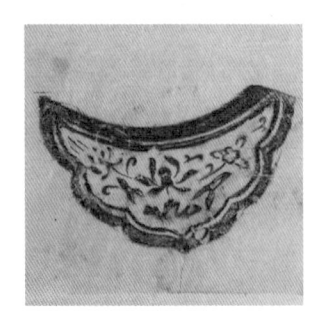

元代瓦当

拓碑时上墨捶拓方法

铜镜拓片

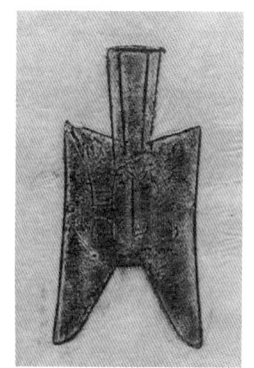

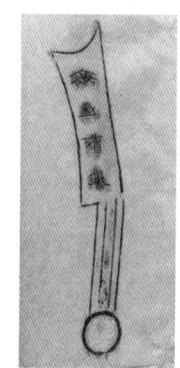

古钱币拓片

汉代画像砖拓片

玉器拓片一组

7. 玉器：中国玉器源远流长，已有七千年的辉煌历史。七千年前的先民们，在选石制器过程中，有意识地把捡到的美石制成装饰品，打扮自己，美化生活，揭开了中国玉文化序幕。在距今四五千年前的新石器时代中晚期，以太湖流域良渚文化、辽河流域红山文化出土玉器最为引人注目。玉礼器是王权和等级的象征，玉殓葬，是祈求永生的手段。

由三代经秦汉至隋唐，玉器一直是皇公贵族的专有装饰用品。两宋时经济发达，商业繁荣，由于手工技术进步，玉器加工变得更方便快捷，玩玉赏玉之风大盛。此时出现大量制作精巧、加工细腻、构思奇妙的玉摆件、玉配饰。

明清时期玉器制作及玩赏达到顶峰，品种也更为丰富多彩，小到玉头簪、玉纽扣，大到整片的玉屏风、玉山、玉船。王公贵族家还常用玉石来制作日用具，如玉碗、玉杯、玉壶等。一般来说，玉质以白玉（特别是新疆产的羊脂白玉）为上，黄玉次之，青玉再次，杂玉（如南方玉、河南玉）为下。

清初时翡翠传入中原，其动人心魄的碧绿马上赢得了国人的倾心。用翡翠制成的玉饰件大行其道，成为时人竞相追逐的时尚。但在传统的中国人眼里，翡翠制成的玉饰却远远比不上古玉。直到今天，如果我们拿起一件翡翠，我们只会去评价它的颜色、质地和制作；可当我们看见一件古玉，欣赏它的造型、它的沁色、它的质料的时候，心中油然而升的却会是一种强烈的民族自豪感，究其原由，就是因为古玉里蕴含着中华五千年文明的沉淀以及炎黄子孙的民族精神。

玉器有生坑和熟坑之分。所谓生坑，是指新出土的玉器，基本上保持原状。熟坑是指收藏多年，用手摩擦，光洁无比。故拓玉器前先分清生熟坑，再分别对待。生坑者先用清水洗净或剔除上面的土锈，露出玉器全貌，即可上纸。后者是先要清除玉面油，方能上纸。又因玉质细而硬，花纹的线条一般琢得较浅，加之玉石坚硬细密，吸水慢，上纸时白芨水不宜太淡、太多。用打刷打时，一定要衬纸打之，打刷不宜直接与拓纸接触，防止纸破浸墨损伤器物。

考古著作目录

一、专著及报告

1. 《元大都遗址发掘报告》，8 万余字，1978 年交稿。

2. 《辽韩佚墓发掘报告》，《考古学报》1983 年第 3 期。

3. 《元铁可张弘纲墓发掘报告》，《考古学报》1986 年第 1 期。

4. 《琉璃河商周遗址发掘报告》，5 万字，1989 年交稿。

5. 《北京考古四十年·元代部分》，北京燕山出版社，1990 年。

6. 《北京元代墓葬》，《北京文物与考古》1991 年第 2 期。

7. 《图说北京史·元代部分》，北京燕山出版社，1999 年。

8. 《北京龙泉务窑发掘与研究》，《门头沟文物志》，北京燕山出版社，2001 年。

9. 《北京龙泉务窑发掘报告》，文物出版社，2002 年。

10. 《北京房山金陵遗址调查与发掘》，《2002 年中国重要考古发现》，文物出版社，2003 年 6 月。

11．《金代陵寝宗庙制度史料》（合著），北京燕山出版社，2003年11月。

12．《北京龙泉务窑发掘简述》，《北京文物精粹大系·陶瓷卷》，北京出版社，2003年。

13．《北京金代皇陵》，文物出版社，2006年。

14．《考古人生》，北京出版社，2012年。

二、论文

1．《辽张俭墓志考》，《考古》1980年第5期。

2．《谈辽韩佚墓出土的青瓷》，《中国考古学会通讯》1981年第3期。

3．《漫谈钧瓷》，《陶瓷》1981年第4期。

4．《琉璃河燕国古城址发掘收获》，《中国考古学会通讯》1985年第5期。

5．《辽张俭墓志辨证》，《考古》1986年第10期。

6．《盗窃国家珍贵文物罪》，《中国文物报》1988年8月7日。

7．《浅析盗窃文物行为定罪与量刑》，《文物工作》1989年第3期。

8．《盗运珍贵文物罪与走私文物罪区别》，《文物工作》1989年第6期。

9．《北京首次发现越窑青瓷》，《北京文物报》1989年第10期。

10．《什么是破坏珍贵文物名胜古迹罪》，《北京文物报》1989年第11期。

11．《什么是盗运珍贵文物出口罪》，《北京文物报》1989年第12期。

12．《清代的冰嬉》，《北京文物报》1989年第12期。

13．《琉璃河考古新证》，《燕都》1990年第2期。

14．《跋元代铁可墓》，《首都博物馆馆刊》1990年第3期。

15．《元代张弘纲墓志及其事迹考索》，《北京文物与考古》1993年第3辑。

16．《略论龙泉务窑址归属问题》，《北京文物与考古》1994年第4辑。

17．《北京出土辽白瓷与龙泉务窑关系初探》，《北京文物与考古》1994年第4辑。

18．《河南省古钧窑址调查记略》，《北京文物与考古》1994年第4辑。

19．《辽瓷造型及其装饰艺术》，《北京文博》2001年第4期。

20．《龙泉务窑址辽代瓷器造型及装饰艺术》，《首都博物馆丛刊》2001

年第 15 期。

21．《金陵遗址第一阶段调查报告》，《北京文博》2001 年第 2 期。

22．《金陵遗址第二阶段调查报告》，《北京文博》2002 年第 3 期。

23．《简论北京地区出土陶器》，《北京文物与考古》2002 年第 5 辑。

24．《北京金陵遗址出土铁器》，《北京文物与考古》2004 年第 6 辑。

25．《北京金陵遗址出土铜钱研究》（合著），《纪念北京建都 850 周年论文集》，北京燕山出版社，2005 年。

26．《白釉红绿彩瓷赏析》，《收藏家》2006 年第 4 期。

27．《辽韩佚墓出土越窑青瓷》，《收藏家》2006 年第 9 期。

28．《煤精石雕水牛赏析》，《收藏家》2006 年第 10 期。

29．《北京金代皇陵若干问题及考证》，《北京文博》2006 年第 3 期。

30．《流光异彩话钧瓷》，《鉴宝》2006 年第 5 期。

31．《白釉内管葫芦瓶与玛瑙围棋子》，《收藏家》2007 年 4 月。

32．《一红异彩话美瓷》，《鉴宝》2007 年第 8 期。

33．《北京辽代名窑——北京龙泉务窑》，《鉴宝》2007 年第 12 期。

34．《巧妙征购宋拓汉〈刘熊碑〉》，《鉴宝》2008 年第 6 期。

三、简报

1．《北京后英房元代居住遗址》，与考古所合作，《考古》1972 年第 6 期。

2．《北京顺义县临河汉墓发掘简报》，《考古》1977 年第 6 期。

3．《北京房山长沟峪金墓发掘》，《文物》1977 年第 6 期。

4．《北京顺义县大营村发现魏晋墓》，《北京日报》1981 年 5 月 22 日。

5．《北京考古新发现》，《人民中国》（日文版）1982 年第 2 期。

6．《北京西郊辽代壁画墓》，《北京文物与考古》1983 年第 1 辑。

7．《北京顺义大营村西晋墓发掘简报》，《文物》1983 年第 10 期。

8．Bei trage zur allgem finuzdvergl elohen den archaologie,《德国考古学报》1984 年第 4 期。

9．《琉璃河西周燕国墓地的发掘》，《考古》1984 年第 5 期。

10．《北京琉璃河西周遗址》，《考古学年鉴》1985 年版。

11．《门头沟区龙泉务古瓷窑址》，《考古学年鉴》1991 年版。

12．《北京近年出土的几座唐墓》，《文物》1992 年第 12 期。

13．《龙泉务窑址发掘获重大成果》，《中国文物报》1993 年 9 月。

14．《北京名胜古迹》，本人负责编写"北京红楼""法源寺""白云观""大慧寺""法海寺""银山宝塔"等，计约 4 万字，北京出版社。

15．《北京文物志·瓷器》，70 余条，约 3 万字。

16．《北京房山金陵遗址发掘简报》，《考古》2004 年第 2 期。

17．《辽代韩佚墓》，《北京考古信息》1980 年第 5 期。

18．《说钧瓷》，《北京考古信息》1990 年第 2 期。

19．《略说磁州窑》，《北京考古信息》1990 年第 3 期。

20．《漫谈古钧瓷烧成工艺》，《福建文博》1997 年第 3 期。

21．《元大都发掘纪实》，《北京文史资料汇编》1997 年版。

22．《辽代瓷器烧造业的主要窑场》，《北京日报》1997 年 10 月 21 日。

23．《龙泉务窑窑具及装烧工艺》，《文物春秋》1997 年增刊。

24．《琉璃河燕国古城发掘初步收获》，《北京文博》1996 年第 3 期。

25．《北京龙泉务窑址简介》，《北京文博》1997 年第 2 期。

26．《北京龙泉务窑辽金白瓷研究》，《河北陶瓷》1999 年第 1 期。

27．《北京龙泉务窑辽金三彩瓷制作工艺显微结构研究》，《河北陶瓷》1999 年第 1 期。

28．《北京龙泉务窑辽金三彩瓷和琉璃的研究》，《河北陶瓷》1999 年第 1 期。

29．《龙泉务窑遗址钻探小记》，《北京考古信息》1991 年第 1 期。

后　记

2013 年，我在北京出版社出版一本回忆录《考古人生》。由于种种原因，总觉得有些缺憾。众多的读者建议我再版重印，我也有这方面的意向。为了新书做出新意，于是 2015 年重新整理，除了保留《考古人生》回忆录，又增加了"漫谈文房四宝""印的由来及发展过程""古瓷窑址调查""中国古代陶瓷发展简述""宋五大名窑""收藏与鉴赏"及"说拓碑"等篇章。这些文章大多是以前的学习笔记或授课讲稿，整理出来也是一种欣慰。

人生无悔。什么是幸福？我认为：人的一生对事业的追求永无止境是最大的幸福。教育家陶行知说："人生办一件大事来，做一件大事去。"我不是什么伟人，只想做自己喜欢的事。

我自幼受琉璃厂古玩行熏陶，长大了就想干古玩这行工作。1964 年从文物鉴定班毕业后，我如愿以偿地分到北京市文物商店工作。1968 年"文化大革命"时期我又歪打正着地做起了考古工作。从此，由外行转入内行，历尽千辛万苦。

为了增加知识，1979 年远赴吉林大学考古系进修。那时候孩子还小，由我夫人吴震荣一个人带着两个孩子，接送幼儿园。有时候接回家上楼，从小推车里抱起这个，那个哭；抱起那个，这个哭……索性，连车带孩子一块儿夹着上三楼。而带着孩子换煤气就更不容易了。我经常在外出差，家里杂七杂八的事情她不说，我全然不知道。有一次，她感冒发烧浑身难受，把孩子接回家进门就躺下了。两个孩子似乎很懂事，不哭也不闹，乖巧地依偎在妈妈身边。楼里邻居大嫂感觉很奇怪：每天这个点儿正是做饭的时候，娘儿仨进进出出可热闹了。今天怎么了？屋子里黑着灯没有任何动静。于是轻轻地推开门一看，一排躺下仨，忙问："这是怎么了？"我夫人说："我感冒发烧浑身没劲儿……劳您驾！麻烦您去一趟我们家……南新华街46号，我娘家姓吴……叫他们来个人把两个孩子接走……"那时候家里没电话，大嫂二话没说蹬起自行车就走了。从府右街到和平门外南新华街大约3华里，工夫不大，姥爷来了，把她们娘儿仨接走了。这件事，过去这么多年她从来没说过，直到最近才无意中说起，让我感动而又惭愧得无地自容。

孩子渐渐长大了，还是她一个人天天带着孩子挤公交车上下学。孩子上中学了，她自己也40多岁了，和孩子一起练骑自行车，又带着两个孩子骑车上下学。那个时候单位的领导曾多次找她谈话，要提升她为中层干部。她都以"孩子小顾及不了领导工作"为由推辞了。以致同班同学都提升了，她仍不以为然。或单位派她外出参观学习，她也以"家里老的老，小的小，离不开身"为借口婉言谢绝。这一切的一切都是为了我能踏踏实实地在工地搞好田野考古工作，搞好自己的事业。"一个成功的男人，背后总有一个为之奉献的女人。"她为了我的事业牺牲了自己的一切。

40多年的文博工作心血灌溉了田野考古事业。在北京凡大型古遗址、古墓葬的发掘都有我的身影，并参加无数小型墓葬的发掘和遗址调查。1988年接受国家文物局首批颁发的《考古领队资格证》。1990年主持发掘北京门头沟龙泉务窑，2000年主持发掘北京房山金代皇陵。先后在《考古学报》《考古》《文物》三大杂志及《收藏家》《北京文博》《鉴宝》《中国文物报》《北京文物报》等杂志报纸发表考古报告、简报、论文等80余篇。完成《北京龙泉务窑发掘报告》

《北京金代皇陵》及《考古人生》等专著。其中《北京龙泉务窑发掘报告》获得"2001年度国家社会科学基金项目",其研究成果荣获"2004年北京市第八届社会科学优秀成果奖"。上述成绩取得,首先,和自己努力刻苦钻研业务分不开的。在此一并感谢北京大学考古学泰斗宿白教授,原中国考古学会理事长、中国社会科学院研究员徐苹芳先生,北京考古学会会长、研究员齐心先生及于杰、赵其昌、赵迅先生,他们对我无私的帮助和指导。其次感谢北京市文物研究所历届领导对我的工作支持与信任。文物保护专家研究员吴梦麟先生说得好:"最主要的你应该感谢你老婆——吴震荣,功不可没。"是的,感谢她对我的事业无私的奉献。

光阴荏苒,转眼间我已过古稀之年。如果于杰先生在天有灵,我可以欣慰地告诉他:我不是"考古匠"。退休之前把该写的"报告"、该整理的资料都干净利索地处理完了,圆满地完成了我一生的考古工作。2005年光荣退休,退休后第二天,我就到北京中拍国际拍卖公司上班去了,同时兼职北京嘉德拍卖公司专家顾问。2006年始在CCTV《鉴宝》、河南卫视《华豫之门》、北京卫视《天下收藏》、山东卫视《收藏天下》、广东卫视《盛世话收藏》等栏目聘请的专家团中任陶瓷鉴定专家,参加各地举办的鉴宝活动。

本书付梓之际,感谢北京市考古学会会长、研究员齐心先生为本书撰写《序言》,北京市文物局文保处王有泉处长和科研处韩更处长及科研处专家组全体成员,由于他们鼎力推荐,使本书得以与广大读者见面。本书回忆录中多篇文章得到文物出版社姚敏苏编审帮助,进行文字加工和润色,使文章更显生动,具有可读性。本书的出版得到北京联合出版公司的大力支持,责任编辑章懿对书稿的审核,资料核对,认真负责,使本书的体例更加规范。在此一并表示诚挚的感谢。

这是我一生从事文博事业的总结。人活一世,草木一秋。一辈子干一件事,干好了不容易。工作经验在于不断总结,以鞭策自己继续努力,发奋图强。往事不堪回首,18岁入行,一辈子没有离开自己热爱的工作。一直以来我都觉得自己仍然在工作而没有退休的概念。闲着没事就翻翻以前的照片,或勾起不少的回忆，查查资料写点东西。人过留名雁过留声。人生在世应该留下些东西可以让后人查询，有如古代文人的文集，书札，信札都是给后人留下的散见于史料价值。我的回忆录以弥补考古"发掘报告"之不足。考古报告专业性太强，读起来枯燥无味，而考古背后的故事则很难在《报告》中赘述，故另辟途径，以知识性、趣味性的回忆，点燃读者对考古工作的兴趣和爱好。

由于时间久远而又采用漫谈的形式，从整体看可能体系也不尽完善，记忆也会有所疏漏，其错谬之处敬请读者斧正。

黄秀纯

2018 年 5 月 7 日